全国高职高专经济管理专业“十三五”规划精品教材·会计类

成本核算与管理

主　编　于北方　金　洁　贲志红

副主编　朱淑贞　黄昱茹　严　萍

华中科技大学出版社

http://www.hustp.com

中国·武汉

图书在版编目(CIP)数据

成本核算与管理/于北方,金洁,贲志红主编. —武汉：华中科技大学出版社,2019.5
全国高职高专经济管理专业“十三五”规划精品教材·会计类
ISBN 978-7-5680-5153-8

Ⅰ.①成… Ⅱ.①于… ②金… ③贲… Ⅲ.①成本计算-高等职业教育-教材 Ⅳ.①F231.2

中国版本图书馆 CIP 数据核字(2019)第 085716 号

成本核算与管理
Chengben Hesuan yu Guanli

于北方 金 洁 贲志红 主编

策划编辑：聂亚文
责任编辑：史永霞
封面设计：孢 子
责任监印：朱 玢
出版发行：华中科技大学出版社(中国·武汉) 电话：(027)81321913
武汉市东湖新技术开发区华工科技园 邮编：430223
录 排：武汉正风天下文化发展有限公司
印 刷：武汉华工鑫宏印务有限公司
开 本：787mm×1092mm 1/16
印 张：13.5
字 数：342 千字
版 次：2019 年 5 月第 1 版第 1 次印刷
定 价：42.00 元

前言

在信息化时代，会计核算职能逐步被会计软件取代，成本会计发展转向深化管理职能。成本会计是高职高专会计专业的核心课程，配套教材应全面反映成本会计发展趋势，以核算为基础，以管理为导向，融合成本会计理论知识和实践操作能力。本书中，编者在坚持成本会计有关理论和方法的前提下，将理论与实践密切结合，以必需、够用为度，以成本会计案例的形式拓宽其核算领域，比较系统地论述成本会计的基本理论、基础知识和基本核算方法；结合高职高专人才培养目标，契合企业生产实际，按岗位设计教学单元内容，选取科学、有效的数据进行编写，业务既相互独立，又先后衔接，注重实效性、针对性；以工业制造企业为例，具有明显的代表性，打破了行业和所有制的限制，适合高职高专学生在各行业、各企业组织形式中运用。

本书的编写以财政部最新颁布的《企业会计准则》、现行《企业会计制度》为依据，比较系统地阐述了成本核算的基本原理、基础知识和基本方法，拓展成本管理知识。本书具有以下特点：第一，注重基本概念、基础知识和基本方法的介绍和运用；第二，注重实际业务，突出专业实践能力的培养；第三，反映会计制度改革的新成果和新要求；第四，通俗易懂，并附有复习思考题、练习题，以便于学生更好地理解和巩固所学知识。

本书是2016年江苏省高校“青蓝工程”资助项目（编者金洁为江苏省高校“青蓝工程”优秀青年骨干教师培养对象）成果，也是2016年沙洲职业工学院江苏省成人教育重点专业（会计）建设成果。在编写过程中编者结合成本会计多年的教学体会和实践经历，借鉴同行专家的观点，广泛听取实践工作者的意见，同时，也参考了一些优秀的成本会计教材、专著和文章。本书的编写得到了华中科技大学出版社的大力支持，在此表示诚挚的感谢！

本书由于北方、金洁、贲志红任主编，负责提纲编写、总撰、内容修改并定稿；由朱淑贞、黄昱茹、严萍任副主编。

本书适合作为高等职业技术学校、高等专科学校、成人高等学校的会计专业教材，也可以作为会计人员培训的教材和会计爱好者的自学参考书。

由于时间紧、任务重，加之编者水平有限，本书尚有很多缺憾和不足之处，敬请广大读者批评指正。

编　者

2018年12月

前言

目录

项目一

成本核算与管理基础知识

【知识目标】

- 了解成本会计的发展历史和任务；
- 掌握成本的含义、内容、职能以及成本会计的对象；
- 熟知成本会计的组织工作以及基础工作。

【管理能力】

- 能够分清广义成本、理论成本、现实成本、管理成本的界限；
- 能够把握成本管理范畴；
- 能够组织好成本会计工作；
- 能够建立健全成本会计的基础工作。

【案例导入】

在钢铁企业竞争日益激烈的今天，钢铁企业面临严峻形势。但是江苏沙钢集团推行“节省投资就是控制成本”的理念，实施“系统降本”管理新模式，实现效率、效益最大化。该集团每月、每季度都要定期对生产品种、原料结构、工艺结构和产品结构的各个数据进行详尽的具体分析，实现严格、实时、阶段对标；在人工成本管理上摒弃工资挂钩产量的方法，全面接轨市场，实施以工序利润、工序成本为核心的考核模式，很好地控制了钢铁制造成本。优化、科学的成本管理使得该集团高炉的利用系数、转炉的石灰消耗、电炉的冶炼电耗、工序能耗、吨钢盈利能力、人均产钢量、全员劳动生产率等指标均在行业内名列前茅，取得了显著的经济效益。请思考，成本核算与成本管理的关系是什么？在信息化技术日益发达的现代社会，会计专业大学生站在成本角度该如何提升自身职业能力？

导　语

成本会计是会计的一个重要分支，是以成本为对象的一种专业会计。成本的内涵和外延不断扩大，成本会计在企业管理中的作用日益突出。

任务一　成本的含义、内容和作用

要了解成本核算与管理，必须先了解什么是成本，成本包括哪些内容，成本在经济生活中发挥着怎样的作用。

一、成本的含义

人类历史是人们通过自己的劳动不断地利用自然、改造自然、改造社会、发展社会，并不断地改造自己、发展自己的历史。物质生产是人类生存和发展的最基本的实践活动。无论在任何社会，发展任何生产，生产什么产品，产品成本都是必然产生的。而且产品成本在物质生产的每一个环节都会出现，时时刻刻都会产生。不仅直接生产过程有成本，流通过程、交换过程、企业管理过程都有成本。不仅在生产产品时，在动态过程中产生成本，在生产相对静止时，也会产生成本。成本是一个普遍的经济范畴，凡有经济活动和业务活动的地方都必然有成本的存在，但是否需要核算和考核成本，要根据管理的需要和客观条件来决定。

（一）广义成本

人们为了达到一定的目的，必然要耗费一定的人力、物力和财力，而这些人力、物力和财力的耗费，都可以用货币来表现。我们把这种为了达到一定的目的和一定的任务而耗费的人力、物力和财力的货币表现称为成本。对于工业企业而言，要进行产品生产，就要发生各种生产耗费，如机器设备、原材料、人工等方面的耗费。工业企业在一定时期（例如一个月）内发生的、用货币表现的生产耗费，称为工业企业生产费用。工业企业为生产一定种类、一定数量的产品所支出的各种生产费用的总和，就是这些产品的成本。

（二）理论成本

根据马克思主义政治经济学，产品的价值由以下三个部分组成：(1)生产过程中耗费的劳动对象和劳动工具等物化劳动转移的价值(C)；(2)以工资形式分配给劳动者个人用于生活消费部分的活劳动中必要劳动所创造的价值(V)；(3)劳动者为社会创造的价值(M)。产品价值中(1)、(2)两部分，属于企业生产费用，它是构成企业产品成本的基础。因此，从理论上说，产品成本是企业在生产产品过程中已经耗费的、用货币表现的生产资料的价值与相当于工资的劳动者为自己劳动所创造的价值总和。这种成本，可以称为理论成本。

（三）现实成本

在实际工作中，为了促使工业企业加强经济核算，节约生产耗费，减少生产损失，某些不形成产品价值的损失（例如废品损失、停工损失）也作为生产费用计入产品成本。此外，工业企业为销售产品而发生的销售费用、为组织和管理生产经营活动而发生的管理费用，以及为筹集生产经营资金而发生的财务费用，由于大多按时期发生，难于按产品归集，为了简化成本核算工作，都作为期间费用处理，直接计入当期损益，从当期利润中扣除，不计入产品成本。因此，实际工作中的产品成本，是指产品的生产成本，亦称制造成本，不是指产品所耗费的全部成本。

（四）管理成本

管理成本是由于管理的需要而产生的成本概念。在商品生产条件下，耗费和补偿是对立统一体。耗费是生产经营者个人的事情，而补偿则是社会过程，并非由生产经营者本人主观决定。这就迫使生产经营者必须加强成本管理，力求以较少的耗费来寻求最大的补偿，以获得最大限度的利润，从而确立了成本在管理中的地位。成本同管理的结合，决定了成本内容必须依从管理的需要而发展。随着企业间竞争的加剧和企业管理的不断深化，美国会计学会于 1951 年曾对成本做了如下定义："成本是为了一定目的而付出的（或可能付出的）用货币测定的价值牺牲。"显然，这个定义使成本的概念，无论是外延还是内涵都远远超出了产品成本概念的范围。为预测、决策需要的变动成本、固定成本、边际成本、机会成本，为控制、考核需要的可控成本、责任成本等，都作为"管理成本"列入了成本的范围。

二、成本的内容

由于成本的范围非常宽泛，在这里全书仅对制造业产品成本的内容进行介绍。

根据国家统一会计制度的规定，产品成本的内容主要包括为制造产品而发生的直接材料、直接人工和制造费用。

直接材料包括企业生产经营过程中实际消耗的原材料、辅助材料、备品配件、外购半成品、燃料、动力、包装物以及其他直接材料。

直接人工包括企业为获取直接从事产品生产人员提供的服务而支付的各种形式的报酬以及其他相关支出，具体包括工资、奖金、津贴和补贴、职工福利费、社会保险费、住房公积金、工会经费和职工教育经费、非货币性福利等。

制造费用包括企业各个生产单位（车间、分厂）为组织和管理生产所发生的生产单位管理人员的薪酬，生产单位的折旧费、租赁费（不包括融资租赁费）、修理费（不包括固定资产日常维修费）、机物料消耗费、低值易耗品摊销费、取暖费、水电费、办公费、差旅费、运输费、保险费、设计制图费、试验检验费、劳动保护费、季节性生产和修理期间的停工损失以及其他制造费用。

以上产品制造成本的内容适用于我国境内各类工业企业，各企业不得擅自改变国家规定的产品成本内容。

三、成本的作用

1. 成本是补偿生产耗费和确定盈亏的尺度

马克思说：商品的成本价格必须不断买回各种已经在商品生产上消费的生产要素。由此可见，企业要维持简单再生产，进行持续经营的必要条件是必须补偿其在生产中发生的耗费，成本就是生产耗费补偿的价值尺度。同时，成本也是企业确定经营损益的重要依据，只有抵补了生产经营过程中发生的耗费后，企业才有可能盈利，成本越低，利润越高。

2. 成本是综合反映和控制各种劳动耗费和衡量企业综合经营管理水平的指标

产品成本的高低，是企业生产、技术和经营管理水平的综合反映。企业劳动生产率的高低、原材料的利用程度、固定资产的使用效率、资金运用的节约与否、生产工艺过程的合理与生产组织的协调与否、产品质量的优劣、产品产量的大小、企业定额或预算管理工作的好坏、经营管理水平的高低等，都会通过成本直接或间接地体现，因而成本是衡量企业综合经营管理水平的重要标志。

3. 成本是制定产品价格和提升企业竞争力的基础

企业在制定产品价格时，固然要考虑市场需求、消费水平等因素，以推出具有竞争力的价格；但也必须考虑企业目前的成本水平和可实现的成本目标，不可忽视企业的实际承受能力。

作为制定产品价格依据的成本，不是指一个企业的个别成本，而是社会成本或行业平均成本。很显然，在质量规格相同的情况下，价格越低越具有市场竞争力。

4. 成本是企业进行生产经营决策的重要数据

企业为了未来的利益，进行采购、生产、技术和投资决策时，与备选方案相联系的各种形式的未来成本，是进行经营决策、选择最优方案的重要依据。

任务二　成本会计的对象、职能和任务

一、成本会计的对象

成本会计的对象可以概括如下：

（一）各行业企业经营业务的成本

企业经营业务的成本因行业特点而具有不同的内容，例如工业企业的产品制造成本、商业企业的商品购销成本、建筑施工企业的工程施工成本、房地产开发企业的开发成本、交通运输企业的客货运成本、旅游及饮食服务企业的运营成本等。

（二）经营管理费用

经营管理费用属期间成本，包括各行业企业的管理费用、财务费用、销售费用。

（三）各种专项成本

随着成本概念的发展变化，成本会计的对象也扩大到各种专项成本，如质量成本、责任成本等。

二、成本会计的形成和发展

成本会计的形成和发展主要经历了三个阶段：

（一）成本会计产生的初级阶段

20 世纪初以前，企业的成本管理以利用成本信息进行事后分析为主要特征。

成本核算的思想很早就随着人类经济活动的发生而产生了。早在春秋战国时期，我国就有关于成本核算思想的记载。管子说："审度量，节衣服，俭财用，禁侈泰，为国之急也。不通于若计者，不可使用国。"（《管子·八观》）。到了西汉时期，司马迁在《货殖列传》中表达了更为丰富的成本思想。

在 1431 年，梅第奇工业合伙企业中已使用了一套相当完善的会计账簿。当时，设置了一个名为"制造和销售衣服"(cloth manufactured and sold)的账户，并编制了列示所有售出服装利润的报表。这一总账系统成为现代工厂总账和工业企业总账的先驱。正是随着独资与合伙企业的出现、行会及其内部的竞争，成本核算由一种思想转变为一种现实的、具有可操作性的会计技术方法，并在此基础上不断改进与完善，从而形成了成本会计的雏形。

真正意义上的成本会计，出现在英国工业革命时期工厂制度出现之后。当珍妮多轴的纺纱机诞生以后，尤其是水力的多轴纺纱机创造出来之后，工厂制度产生了。复杂的机器生产和竞争，使资本家对成本信息极为关注。他们需要对资产进行计价，需要对成本进行估价，进而进行合理决策。1887 年，埃米尔·加克(Emile Garcke)与 J. M. 费尔斯(J. M. Fells)合著的《工厂会计》一书，提出了在总账中设立"生产""产成品""营业"等账户来结转产品成本，最后通过"营业"账户借贷双方余额的结算，得出营业毛利。这一著作标志着成本会计的建立。

(二) 近代成本会计阶段

近代成本会计阶段指 20 世纪初到 1945 年，这一阶段的成本管理以成本的事中控制为主要特征。

美国南北战争结束后，美国开始实现工业化，对于提高生产率来说，管理成为最薄弱的环节，在这种情况下，泰勒(Taylor)走上了历史舞台。20 世纪初资本主义企业开始推行泰勒制，即通过动作研究、制定工作标准对生产进行科学管理，这一制度不仅推动了生产的发展，而且也促使成本会计进行了相应改革。在会计实践中，开始事先制定成本标准，据以进行日常的成本控制和定期的成本差异分析。1911 年美国会计师卡特·哈里逊第一次设计出一套完整的标准成本会计制度，从此标准成本脱离了实验，进入了实施阶段。按照标准成本控制实际成本，使成本会计的理论和方法进一步发展和完善，标准成本会计的形成，标志着成本会计进入一个新的发展阶段。标准成本制度最大的优点是在成本发生的过程中，建立了较好的系统反馈机制，发现差异，及时处理，有效地控制了成本的浪费，使成本管理的重点从成本的事后核算与分析转向了事中的成本控制。

(三)现代成本会计阶段

现代成本会计阶段指 1945 年以后，这一阶段的成本管理以成本的事前控制为主要特征。

第二次世界大战后，生产和资本日益集中，企业规模逐渐扩大，企业的生产经营日趋复杂，同时，科学技术的发展加速了产品的更新换代，市场竞争越来越激烈。成本会计不能仅停留于对生产过程中的成本控制和事后的成本核算与分析，而应将重点放在预测未来和寻求成本最佳组合方面。

这一阶段主要包括三大制度创新：适时制、倒推成本法和作业成本法。适时制产生于 20 世纪 70 年代的日本丰田汽车公司，这种生产制度以顾客的订单或下游工序的物料单要求为起点，保质保量地生产在产品、半成品和成品，并适时地送达下一工序(顾客)，实现存货最小化，甚至零存货。倒推成本法下从收到原材料到产品制成所耗用的时间大幅缩短，而且期末存货也变得很小。倒推成本法简化了会计处理方法，当产品完工或销售时，倒过头来计算在产品、产成品等的生产成本。作业成本法(activity-based costing，简称 ABC 法)产生于美国 20 世纪 70 年代，80 年代末期开始在美国、西欧等国的企业尤其是竞争激烈和人工成本很低的高新技术企业，得到了广泛的应用。这种方法比传统成本计算方法更为精细，它是将间接成本和辅助资源更准确地分配到作业、生产过程、产品、服务及顾客中的一种成本计算方法。ABC 法所提供的成本信息能够促使企业管理人员重新设计价值链上的作业活动，以节约企业资源。作业概念被引入成本领域是为了寻求一种更科学的间接费用分配方法。

在成本会计的最初阶段，其职能主要是进行成本计算，成本计算在相当长的时期内，都是作为财务会计的一个组成部分。随着成本会计与企业内部管理结合的日益紧密，成本会计在预测、控制、分析、考核、决策等成本管理方面的技术方法逐渐成熟。成本会计着重研究成本的计算、预测、控制和考核的理论与方法，为企业的理财决策、经营决策提供所需要的各种成本信息。

三、成本会计的职能

成本会计的职能是指成本会计所具有的客观功能，是其本身所固有的。如前所述，传统的成本会计是运用会计的一般原理、原则和方法，系统地记录某一企业生产产品过程所发生的各种生产费用，并确定各种产品和劳务的总成本和单位成本，供企业领导制定产销政策时参考。这种对成本费用实际发生额的记录反映和事后的核算，在现代成本管理中仍然是不可缺少的重要环节，但它远远不能满足当前科学技术日新月异、新产品层出不穷、市场竞争日趋激烈等对成本管理提出的新要求。现代成本会计应该是成本核算与生产经营管理的直接结合，它是根据成本核算及其资料，采用现代数学和数理统计的原理和方法，按照成本最优化的要求，对企业的生产经营活动进行预测、决策、控制和考核，以促使企业不断降低产品成本，提高产品市场竞争能力和获利能力的现代化管理行为。因而，现代成本会计应当具有成本核算、成本预测、成本决策、成本计划（预算）、成本控制、成本分析、成本考核等项职能。财政部印发的《企业产品成本核算制度》明确规定：企业应当充分利用现代信息技术，编制、执行企业产品成本预算，对执行情况进行分析、考核，落实成本管理责任制，加强对产品生产事前、事中、事后的全过程控制，加强产品成本核算与管理各项基础工作。

（一）成本预测

成本预测是指在认真分析企业内在和外在条件变化的基础上，根据现有的与成本有关的各种数据、企业内外环境的发展变化和可能采取的各项措施，采用一定的专门方法，对未来成本水平及其变化趋势做出科学的估计。成本预测既要在计划期开始之前、成本决策之前进行，又要在成本计划或预算执行过程中进行。

成本预测是确定目标成本和选择达到目标成本最佳途径的重要手段，是进行成本决策和编制成本计划的基础，通过成本预测可以寻求降低产品成本、提高经济效益的途径，可以减少生产经营管理的盲目性。

（二）成本决策

成本决策是指在成本预测的基础上，根据市场营销和产品功能分析，挖掘潜力，拟定降低成本、费用的各种方案，并采用一定的专门方法进行可行性研究和技术经济分析，选择最优方案，以确定目标成本。目标成本是成本控制的依据。确定目标成本的过程，也是对成本进行事前控制或前馈控制，使企业能未雨绸缪，及早采取降低成本的措施。成本决策是制定成本计划的前提，也是提高经济效益的重要途径。

（三）成本计划

成本计划是指根据成本决策所确定的成本目标与成本预测资料，为保证成本决策所确定的目标成本的实现，通过一定的程序，运用一定的方法，以货币形式规定计划期产品的生产耗费和各种产品的成本水平，并以书面文件的形式下达各执行单位和部门，作为计划执行和考核的依据。

编制成本计划、成本费用的控制标准、责任预算等，并提出为达到规定的成本费用水平应采取的措施，就是进一步挖掘企业内部潜力的过程。成本计划（预算）是进行成本控制、成本分析和成本考核的依据。

（四）成本控制

成本控制是指根据成本计划，制定各项消耗定额、费用定额、标准成本等，对各项实际发生和将要发生的成本费用进行审核，及时揭示执行过程中的差异，采取措施将成本费用控制在计划、预算之内。通过成本控制可以确保成本目标的实现。成本控制包括事前控制和事中控制。成本控制是对整个生产经营活动中各项生产费用的发生进行引导和限制，使之能按预定的目标或计划进行的一种管理制度。

（五）成本核算

成本核算是按照企业的生产工艺过程和生产组织的特点以及对成本管理的要求所确定的成本计算对象，采用与成本计算对象相适应的成本计算方法，按规定的成本项目，通过一系列的生产费用的归集与分配，做出有关的账务处理，正确划分各种费用界限，从而计算出各种产品的实际总成本和单位成本，并编制成本报表，为成本管理提供客观、真实的成本资料。

成本核算是成本会计工作的核心，成本核算过程，既是对产品生产中各种劳动耗费和费用支出进行如实反映的过程，也是对产品生产中各种劳动耗费和费用支出进行信息反馈和控制的过程。通过成本核算提供的成本资料可以反映成本计划完成的情况，为编制下期成本计划，进行未来成本的预测和决策提供资料，还可为制定产品价格提供依据。

（六）成本分析

成本分析是指根据成本核算所提供的信息和其他有关资料，将本期实际成本与目标成本、上年实际成本、国内和国外同类产品的成本等进行比较，分析成本水平与构成的变动情况，系统地研究影响成本费用升降的各种因素及其影响程度、成本超支节约的责任或原因，并提出积极建议，以采取有效措施，进一步挖掘增产节约、降低产品成本的潜力。通过成本分析可以寻求降低成本的途径。

（七）成本考核

成本考核是定期对成本计划及有关指标实际完成情况进行总结和评价。在成本分析的基础上，以各责任者为对象，以其可控制的成本为界限，并按责任的归属来核算和考核其成本指标完成情况，评价其工作业绩和决定其奖惩。成本考核将责、权、利紧密结合，能调动职工控制成本、降低成本的积极性。

上述成本会计的各项职能，既相互独立又相互联系地构成一个有机的体系。成本预测是成本决策的前提，成本决策是成本预测的结果，成本控制是为保证实现决策目标而对成本计划执行进行的监督；成本核算是对决策目标和成本计划完成情况的检验；成本分析在于找出影响成本变动的各种因素和原因，并对成本决策的正确性做出判断；成本考核是为了正确评价各责任部门、层次和个人履行责任的业绩来决定奖惩，供以调动企业全体职工完成成本计划，实现目标成本，充分发挥人的主动性、积极性和创造性。

必须注意的是：成本核算是成本会计的最重要、最基本的职能。在成本会计的各项职能中，成本核算是基础，其他各项职能是在成本核算的基础上，随着商品经济、管理科学的发展和企业经营管理要求的提高，逐步发展形成的。这些职能互相联系，相辅相成，并贯穿于企业生产经营的全过程，构成了现代成本管理的框架。

四、成本会计的任务

作为会计的一个重要分支，成本会计是企业经营管理的一个重要组成部分，其任务是受成本会计的内容和成本管理的要求所决定和制约的。但是，成本会计不可能全面地实现企业经营管理各个方面的要求，而只能在成本会计对象和职能的范围内，为企业经营管理提供所需的数据和信息，并参与经营管理，以达到降低成本、费用，提高经济效益的目的。因此，成本会计的任务还受成本会计对象和职能所制约。

根据企业经营管理的要求，适应成本会计对象和职能的特点，成本管理的基本要求就是要不断挖掘降低产品成本的潜力，努力提高企业的经济效益，其主要任务应该是：

(1) 做好成本的事前控制，进行成本预测，编制成本计划和费用预算，对企业发生的各项费用进行审核、控制，制止各种浪费和损失，以节约费用、降低成本。

（2）做好成本的事中控制，正确及时地核算生产费用和产品实际成本，检查成本计划的完成情况，加强经济核算。

（3）做好成本的事后控制，定期进行成本分析，考核企业的经营成果，开展专项成本分析，为企业经营决策提供依据。

（4）做好在产品的日常管理工作，反映在产品的增减变动情况，使产品成本和利润的计算真实可靠，保护企业财产的安全完整。

任务三　成本核算的基础工作

建立和健全成本核算的基础工作，是保证成本会计工作质量和完成成本会计任务的前提。成本核算的基础工作，主要包括以下：

一、建立健全有关成本核算的原始记录和凭证以及合理的凭证传递程序

原始记录是企业最初记录记载各项经济业务实际情况的书面证明。正确的原始记录是正确进行成本核算、做好成本会计工作的首要条件。

一般来说，企业需要设置以下原始记录：

（1）反映设备使用情况的原始记录和凭证；

（2）反映物资动态情况的原始记录和凭证；

（3）反映生产活动及产品产出的情况的原始记录和凭证；

（4）反映劳动工资方面的情况的原始记录和凭证；

（5）反映费用开支的情况的原始记录和凭证。

二、建立健全定额管理制度

定额是企业在进行生产经营活动过程中，对人力、物力、财力的配备、利用和消耗以及获得的成果等方面所应遵守的标准或应达到的水平所做的规定。

定额是成本管理的基础，指明了成本管理的方向，是企业决策、计划、预算、分析、考核和控制的依据，也是衡量经营成果和成本管理水平的尺度。

企业实施定额管理所应制定的主要定额有：

（1）原材料、燃料、辅助材料消耗定额；

（2）动力消耗定额；

（3）工模夹具消耗定额；

（4）劳动消耗定额；

（5）设备消耗定额；

（6）费用消耗定额。

三、建立健全材料物资的计量、验收、领退、盘存等制度

为了保证数量准确和质量可靠，企业中各种材料物资以及产成品的收发领退都必须认真进

行计量和检验，填制必要的凭证，办理必要的手续，对于车间、班组已领未用的材料，要进行清查盘点，不再需用的材料应及时退库，需要继续使用的材料，应办理转账手续，即进行“假退料”，以避免“以领代报”，造成产品成本不实，对在产品和库存材料物资要定期进行盘点，根据清查结果调账。

四、建立健全内部结算价格和结算制度

为了明确企业内部各车间、部门的经济责任，对材料物资、在产品、半成品、产成品等在企业内部各单位之间流转，可采用内部结算的形式进行核算和管理。因此，对企业内部流转的各种财产物资以及相互提供的劳务要制定合理的内部结算价格，作为内部结算的依据。

五、建立健全成本会计人员岗位责任制

为了加强成本会计工作，必须提高会计人员的政治业务素质，增强其适应成本会计工作的能力，在建立健全成本会计机构以及各车间、部门和班组、职工个人岗位责任制的同时，要建立健全会计人员岗位责任制，以明确工作责任，提高工作效率。

任务四　成本会计的组织工作

要完成成本会计的任务，合理组织成本会计工作，是重要的前提条件之一。

组织好成本会计工作需要设置合理的成本会计工作机构、配备得力的成本会计人员、建立健全成本会计的法规和制度。

成本会计机构是组织成本会计工作和执行成本会计各项任务的职能单位。它是在总会计师或会计主管（不设总会计师的企业）领导之下直接从事成本会计工作的。按照《会计法》的规定，成本会计机构应根据企业规模的大小、业务的繁简与工作量的多少来设置，可以在专设的会计机构中单独设置成本会计处、科、室、组等，也可以指定专人处理成本会计工作。

成本会计人员是企业中专门从事成本会计工作的人员，企业应当配备必需的成本会计人员。由于成本会计工作是一项综合性很强的工作，在企业管理工作中居于重要地位，其工作质量直接影响到企业工作的效果，所以对成本会计人员的业务素质、思想水平、组织能力等都提出了较高的要求，要求成本会计人员具有扎实的理论功底、熟练的实践操作技能、较强的责任意识和协调沟通能力，熟悉企业生产管理过程和行业现状。

成本会计制度是对组织和处理成本会计工作所做的规范，是会计制度的组成部分。成本会计工作绝不是一项任意而为的工作，它必须有一定的制度保证。企业应该根据企业会计基本准则、有关具体准则、企业内部管理的需要和生产经营的特点制定企业内部成本会计制度。制定成本会计制度的目的，在于从制度上对成本会计工作进行约束和指导，使企业的成本会计工作有章可循，有利于其规范化和具有协调性，从而提高成本信息的质量和成本管理的水平。其主要内容包括：《中华人民共和国会计法》中有关成本核算的原则规定；企业会计准则中有关成本核算的规定；企业在不违反国家相关的法律、法规和制度的前提下结合自身实际情况制定的内部会计核算制度中关于成本管理的规定；企业结合自身生产经营特点和管理要求制定的成本会计制度、规范等。

合理组织成本会计的工作，除了要有合理的成本会计机构、合格的成本会计人员、健全的成本会计制度做保证，还必须根据企业内部的管理需要确定成本会计工作的分工，划分成本控制的责任范围，在明确责任的前提下协调配合，提高工作效率。

一、确定成本会计工作的分工

成本会计机构内部的组织分工可以按照成本会计的职能进行，当然还应当按照分工建立成本会计岗位责任制。

企业内部各级成本会计机构之间的分工，可以分为集中处理方式和非集中处理方式（亦称分散处理方式）。

（一）集中处理方式

成本会计工作的集中处理方式，是指成本的预测、预算、核算、控制、考核、成本报表的编制和分析等主要的成本会计工作，都由厂部会计部门集中处理，车间、班组等基层单位只负责登记有关原始记录和填制有关原始凭证，对它们进行初步的审核、整理和汇总，为会计部门的成本核算和其他成本会计工作提供资料。采用集中处理方式，厂部成本会计机构可以比较及时地掌握企业有关成本的全面信息，便于集中使用电子计算机进行成本会计数据的计算与分析，可适当减少成本核算层次和工作人员，节约费用。但不利于实行责任成本核算，不便于直接从事生产经营活动的基层部门及时掌握成本信息和控制成本，影响其关心成本管理业绩的积极性，不利于全员成本意识的树立。

（二）非集中处理方式

成本会计工作的非集中处理方式，也称分散处理方式，是指企业内部各成本核算单位，分别对本单位发生的成本进行明细核算，并编制适应日常管理需要的成本报表，进行成本计划、控制和分析等；厂部成本会计机构则负责对各级核算单位的成本会计工作进行业务上的指导、监督和考核，处理不便于分散进行的成本会计工作，如进行全厂的成本预测、决策、计划、分析、考核等。采用非集中处理方式，虽然会相应增加成本核算层次和人员，相应增加费用，但有利于全员成本意识的树立，便于车间、班组等基层核算单位及时掌握成本信息和进行成本控制，促进各单位的生产经营管理，也便于配合经济责任制的贯彻，为考核各单位的成本控制业绩提供必要信息。

企业应结合自身的实际情况，本着扬长避短的原则确定成本会计工作的分工方式。一般来说，中小型企业应采用集中处理方式，大中型企业应采用非集中处理方式，也可以在一个企业中将两种方式结合起来。

二、划分成本控制的责任范围

采用分散处理方式的企业，各基层核算单位所核算的成本并非都是可控的。为了明确成本责任，按责任归属考核成本控制的业绩，应划分企业内部各有关单位对成本控制的责任范围，即建立成本中心。成本中心是发生成本并能对成本行使控制权的区域，也是可以评价其成本管理业绩的组织机构。成本中心的划分，应与企业的生产经营组织系统相适应。一个企业是一个大的成本中心，其下属的分厂或车间都是二级成本中心，而它们又分别由各该单位下属的若干工段、班组甚至个人等许多小的成本中心所组成。对于不进行生产活动无法提供物质成果但能提供一定专业性服务的职能部门，如会计部门、总务部门、劳资部门等，可称为费用中心。费用中心属于广义的成本中心。成本中心不论层次高低、责任大小，都有成本发生，都要对其所能控制的成本负责。

【项目总结】

成本会计是会计的一个重要分支，是以成本为对象的一种专业会计。成本是一个普遍的经济范畴，工业企业为生产一定种类、一定数量的产品所支出的各种生产费用的总和，就是这些产品的成本。

根据国家统一会计制度的规定，产品成本的内容主要包括为制造产品而发生的直接材料、直接人工和制造费用。

成本会计的对象包括各行业企业经营业务的成本、经营管理费用、各种专项成本。现代成本会计应当具有成本核算、成本预测、成本决策、成本计划（预算）、成本控制、成本分析、成本考核等项职能。

要保证成本会计工作质量和完成成本会计任务，应当建立和健全成本会计的基础工作。

合理组织成本会计的工作，必须有合适的成本会计机构、合格的成本会计人员和必要的制度保证。应根据企业内部的管理需要确定成本会计工作的分工，划分成本控制的责任范围。

1. 成本的含义是什么？
2. 产品成本的主要内容有哪些？
3. 现代意义的成本会计的主要职能是什么？
4. 成本会计的基础工作有哪些？
5. 成本会计的组织方式有哪两种？各有何特点？

【项目测试】

一、判断题

1. 产品实际成本的计算为企业计算盈亏和纳税提供依据。（ ）
2. 成本核算是现代成本会计最重要、最基本的职能。（ ）
3. 成本会计的对象可以概括为各行业生产经营业务的成本。（ ）
4. 广义的成本会计就是成本管理。（ ）
5. 成本会计的集中工作方式适用于大中型企业。（ ）

二、单项选择题

1. 工业企业在一定时期内发生的、用货币表现的生产耗费，称为（ ）。

A. 生产费用　　B. 经营管理费用
C. 生产经营管理费用　　D. 生产成本

2. 按照成本与产量变动的依存关系可以将成本划分为（ ）。

A. 生产成本与期间成本　　B. 固定成本和变动成本
C. 直接成本与间接成本　　D. 工艺成本与管理成本

3. 在实际工作中，工业企业的产品成本包括（ ）。

A. 废品损失　　B. 产品销售费用
C. 行政管理费用　　D. 筹集资金费用

4. 下列部门中，属于能产生可以用货币计量的物质成果的狭义成本中心是(　　)。

A. 总务科　　B. 财务科

C. 劳动工资科　　D. 装配车间

5. 下列各项中，属于专项成本的是(　　)。

A. 产品制造成本　　B. 商品采购成本

C. 施工工程成本　　D. 产品边际成本

三、多项选择题

1. 下列构成工业企业产品成本内容的有(　　)。

A. 废品损失　　B. 停工损失

C. 产品销售费用　　D. 营业外支出

2. 下列属于专项成本的是(　　)。

A. 边际成本　　B. 工程施工成本

C. 质量成本　　D. 可控成本

E. 固定成本

3. 企业成本会计的基础工作包括(　　)。

A. 建立健全定额管理制度　　B. 成本、费用的审批权限

C. 确定成本计算的对象　　D. 成本差异信息的反馈程序和时间限制

E. 建立健全内部结算价格和结算制度

4. 现代成本会计的对象包括(　　)。

A. 各行业生产经营业务成本　　B. 经营管理费用

C. 专项成本　　D. 营业外支出

5. 下列属于预计成本的是(　　)。

A. 计划成本　　B. 实际成本

C. 定额成本　　D. 标准成本

项目二

工业企业产品成本核算概述

【知识目标】

- 熟悉产品成本核算的基本要求；
- 掌握成本费用的分类及主要内容；
- 理解产品成本核算的原则；
- 了解产品成本核算账户。

【管理能力】

- 能够根据不同的管理要求确定成本费用的分类标准并准确加以运用；
- 能够根据成本管理的要求及经济活动的特点确定产品成本核算的程序及要求；
- 能够结合企业特点、成本核算原则构造成本核算的账户体系。

【案例导入】

某医疗器械公司招聘1名成本会计，应届毕业生张科竞争应聘，该公司10月购买了一台设备，支出100万元，增值税16万元；支付行政人员工资40万元，计提了福利费5.6万元，工会经费0.8万元，办公室其他费用5万元；支付本月生产工人工资200万元，计提了福利费28万元，工会经费4万元；支付广告费3万元；差旅费1万元；购进材料300万元；支付本月水电费15万元，其中车间耗用12万元，管理部门耗用3万元；本月折旧60万元，其中车间为50万元，管理部门为10万元；缴纳税费20万元；捐赠支出6万元。张科计算：该公司支出为804.4万元，能计入成本的生产费用为410万元。请问张科的做法对吗？

扫码查看案例分析

导　语

工业企业必须用销售收入弥补生产过程中的耗费，工业企业的成本核算与管理问题具有典型性。成本费用的分类是成本管理的需要，各种费用界限的划分是成本核算的基础。成本核算是整个会计核算体系中的一部分，必须借助于会计核算的专门方法，必须符合会计信息的质量要求。

任务一 成本费用的分类

工业企业的产品生产过程，既是物化劳动和活劳动的耗费过程，又是价值转移和产品创造的过程。成本费用是一定时期内企业为进行生产经营活动而发生的各种耗费的货币表现。实际工作中通常将产品成本简称为“成本”。

为了正确合理地组织生产费用的核算和产品成本的计算，便于产品成本计划的编制和成本分析以及满足成本管理的要求，有必要对成本费用按照一定的标准进行科学的分类。

一、按照经济内容分类

费用按照经济内容分类，可分为劳动对象消耗的费用、劳动手段消耗的费用和活劳动中必要劳动消耗的费用三个部分。这样的分类，在会计上称为费用要素或要素费用，通常可具体划分为下列各项：

(1) 外购材料，指企业为进行生产经营而耗用的一切由外部购入的原料及主要材料、半成品、辅助材料、包装物、修理用备件和低值易耗品等。

(2) 外购燃料，指企业为进行生产经营而耗用的一切由外部购入的各种固体、液体和气体燃料。

(3) 外购动力，指企业为进行生产经营而耗用的一切由外部购入的各种动力，包括电力、热力和风力等。

(4) 职工薪酬，指企业应计入成本费用的职工工资和企业为职工付出的其他支出。

(5) 折旧费，指企业按规定的方法计提的应计入成本费用的折旧费。

(6) 利息支出，指企业应计入成本费用的借入款项的利息支出减利息收入后的净额。

(7) 税金，指应计入管理费用的各种税金，如房产税、车船使用税、土地使用税、印花税等。

(8) 其他支出，指不属于以上各要素的费用支出，如差旅费、办公费、水电费。

企业的成本费用按经济内容分类，可以清楚地反映出各要素费用的耗费情况，并能将物化劳动的耗费明显划分出来，为国家计算国民收入提供数据资料，可以分析比较企业各个时期各项费用所占比重及耗费水平的变化并考核费用计划的执行情况，也可为企业控制流动资金占用以及编制材料采购计划提供依据。但这种分类不能说明各项费用的用途，因而不便于分析各种费用的支出是否合理和节约。

二、按照费用的经济用途分类

工业企业发生的费用开支可分为生产经营费用(即通常所说的成本、费用)和非生产经营费用。而成本费用按照经济用途分类可分为计入产品成本的生产费用和不计入产品成本的经营管理费用或称为期间费用。计入产品成本的费用在生产过程中的用途也各不相同。有的直接用于产品生产，有的间接用于产品生产。为了具体地反映计入产品成本的生产费用的各种用途，还应进一步划分为若干个项目，在会计上称为产品成本项目或简称成本项目。

根据生产特点和管理要求，工业企业一般可设立以下四个成本项目：

（1）直接材料：产品生产过程中耗用的构成产品实体或有助于产品形成的各种材料。也有企业直接以“原材料”作为成本项目。

（2）燃料及动力：简称燃动力，是指产品生产过程中耗用的外购和自制的燃料和动力。

（3）直接人工：企业直接从事产品生产的人员的薪酬。

（4）制造费用：企业直接用于产品生产，但不便于直接计入产品成本，因而没有专设成本项目的费用（例如机器设备的折旧费），以及间接用于产品生产的各项费用（例如车间厂房的折旧费）。制造费用是没有专设成本项目的其他费用。这些费用在“制造费用”账户归集后按一定标准分配计入有关产品生产成本的“制造费用”项目。

企业的成本项目并不是一成不变的，可以根据企业的实际情况本着重要性的原则适当增减。对于某些可以直接归属于有关产品的费用，若金额较大，或管理上需要单独反映、控制和考核的，可增设有关成本项目，如“自制半成品”“停工损失”“废品损失”等项目；否则，可并入“制造费用”等项目。

产品生产成本项目中只涉及某一项费用要素的称为单一成本项目，如“直接材料”“直接人工”项目等；涉及多项费用要素的称为综合成本项目，如“制造费用”“废品损失”等项目。单一成本项目与综合成本项目在费用归集与分配程序和方法上有所不同，这一划分也体现了重要性的要求。

期间费用是指企业在生产经营过程中发生的、与产品生产不存在明显因果关系，难以按产品归集的经营管理费用，包括企业行政管理部门为组织和管理生产经营活动而发生的管理费用、为筹集资金而发生的财务费用、在销售产品或提供劳务过程中发生的销售费用等。期间费用容易确定其发生期间和归属期间，但不容易确定其归属的对象。所以，期间费用不计入产品的生产成本，而是按照一定期间（月、季或年）进行汇总，直接计入发生当期的损益，从发生当期的收入中取得补偿。如果将期间费用纳入产品的生产成本，不仅使产品成本与其经济内涵发生较大背离，而且在企业产品积压时，既虚增当期营业利润，又虚增期末资产价值，不符合谨慎性的要求。

费用按经济用途分类，有利于反映产品生产成本的具体构成，有助于反映与监督产品消耗定额和费用预算的执行情况，便于进行成本分析和挖掘降低成本的潜力，最终提高成本管理的效果。

费用按经济内容的分类和按经济用途的分类，从不同的角度反映了企业生产经营过程中的耗费，前者主要说明发生了哪些耗费，后者主要反映费用到哪里去了。发生的各种耗费是否计入产品成本还要看其是否用于产品生产。

三、成本费用的其他分类

（一）按照费用与工艺过程的关系分类

1. 基本费用

基本费用是指企业在进行产品生产时工艺过程中必不可少的各种费用。如工艺技术过程耗用的原料及主要材料，支付给生产人员的薪酬等，可称为“直接生产费用”。

2. 一般费用

一般费用是指企业为生产产品而发生的各项间接费用，如车间管理人员的薪酬、办公费和劳动保护费等,可称为“间接生产费用”。

费用按照与工艺过程的关系划分,便于分析企业成本管理水平。一般情况下,产品成本中一般费用的比重越小,企业经营管理水平越高。反之,管理水平就越低。所以,不断降低产品成本中一般费用的比重,是考核企业成本管理水平的一个重要方面。

(二)按照费用与产品的关系分类

1. 直接费用

直接费用是指费用的发生仅与一种产品的生产有关,在计算产品的成本时,可根据费用发生的原始凭证直接计入该种产品成本的费用,可称为“直接计入费用”。

2. 间接费用

间接费用是指费用的发生与多种产品的生产有关,必须采用一定的方法在各种产品之间进行分配的费用,可称为“间接计入费用”。

正确地划分直接费用和间接费用,对于正确地计算产品成本有着重要作用。直接费用可根据有关凭证直接计入产品成本,间接费用要确定合理的分配标准进行分配计入产品成本。分配标准确定是否合理直接影响产品成本计算的正确性,这是成本计算中值得注意的一个重要问题。这也提醒我们在可能的情况下应减少间接费用的发生。

(三)按照费用与产量的关系分类

1. 变动费用

变动费用是指在一定时间和空间范围内随产量(或业务量)增减而成正比例升降的那部分费用。例如构成产品实体的主要原材料费用、生产工人的计件工资等。

2. 固定费用

固定费用是指在一定时间和空间范围内,当产量(或业务量)在一定幅度内变动时不随之增减而基本不变的那部分费用。例如采用直线法按月计提的固定资产折旧费等。

还有些费用则同时兼有变动成本和固定成本的习性,它们虽然也随产量的增减而变化,但不成正比例变化,通常称其为混合性费用,如机器设备的修理费。

正确区分变动费用和固定费用,有利于寻求降低产品成本的途径。降低变动费用应从降低单位产品消耗着手,降低固定费用应从提高产量和减少费用的绝对额着手。

划分变动成本与固定成本,还能为经营预测和决策提供重要依据。划分变动成本和固定成本是规划和控制企业经济活动的前提条件,有利于充分挖掘内部潜力,争取实现最佳经济效益。

(四)按照费用的可控性分类

1. 可控费用

可控费用是针对特定的责任单位(如分厂、车间、部门、班组)而言的,是指能够由该责任单位预知、计量并控制的费用。

2. 不可控费用

不可控费用是指不能被某责任单位预知、计量或控制的费用。例如,因材料质量问题造成的废品损失,对于材料供应部门属可控费用,而对于生产车间则为不可控费用。

费用的可控与否是相对的,对一个部门来说是可控的费用,对另一个部门来说很可能是不可控的。划分可控费用与不可控费用,对于正确计算责任成本,明确经济责任,进行成本考核,建立企业内部激励机制,具有重要意义。

任务二 产品成本核算的原则

产品成本核算作为成本会计的重要内容，既要适应生产的特点和管理的要求，也应符合国家对成本核算工作的基本规定。具体来说，应遵循以下一些原则：

一、分期核算原则

企业生产经营活动是连续进行的，为了充分发挥会计对生产经营活动过程的控制作用，满足决策者对短期信息的需求，需要人为地把持续不断的企业生产经营活动划分成一个个首尾相接、间隔相等的会计期间。

会计期间假设，是在持续经营假设的基础上人为地规定提供会计信息资料的期限和成本核算的分期，与会计期间月、季、年的划分一致，有利于经营成果的确定。但是产品成本的分期核算，与产品成本计算期是有区别的，产品成本计算期是对产品成本负担生产费用所规定的起讫期，它受产品生产类型的影响，可以按会计期间定期进行，也可以按各批或各件产品生产的周期不定期进行。

二、及时性原则

企业的成本核算是建立在权责发生制之上的。权责发生制是在会计期间假设的基础上根据经济权利和责任的发生与转移确定收入与费用的归属期，以权责发生制作为记账基础，有助于正确计算企业的经营成果。

对于产品成本计算来说，凡应当由本期产品成本负担的费用，不管其是否支付，均应计入本期产品成本。不应由本期产品成本负担的费用，即使在本期支出，也不能计入本期产品成本。生产费用要准确及时地在完工产品和在产品之间分配。

三、配比原则

收入与费用的配比原则也建立在会计期间假设的基础上。由于划分会计期间分期进行核算，为了正确计算各个会计期间的经营成果，必须将特定时期的收入与同一时期的费用相配比，权责发生制是根据权利、责任的发生或转移确定收入、费用的归属期，而配比原则则根据收入与费用之间的内在联系确定它们的归属期。收入与费用应该根据具体情况采用不同方式配比。

四、相关性原则

相关性原则主要是指成本信息要与使用者密切相关，成本核算要为管理当局提供有用的成本信息，为成本管理服务。

五、合法性原则

产品制造成本作为计算盈亏和确定应纳所得税款的重要依据，其核算应体现合法性的要求，符合国家宏观经济管理的要求，严格按照成本开支范围列支成本、费用，计入成本的费用都必须符合法律、法令、制度等的规定。

六、一致性原则

与成本核算有关的会计处理方法应保持前后期一致，使前后期的核算资料便于衔接，便于相互比较，避免通过任意改变核算方法以调节各期成本和利润。与成本核算有关的会计处理方法包括存货的计价方法，折旧的计算、提取方法，辅助生产费用的分配方法，废品损失和停工损失的计算、分配方法，制造费用的分配方法，在产品的计价方法和产品成本计算方法等。按照企业会计准则的规定，上述处理方法一经确定不得随意变更，如确需改变，应在有关报表中做出必要的说明。

七、按实际成本计价原则

按实际成本计价，可以减少成本计算的随意性，有利于成本信息的客观性和可验证性。企业必须按实际成本对产成品、自制半成品和劳务计价，采用了计划成本、定额成本和标准成本的应在期末调整为实际成本。

八、重要性原则

为了充分发挥成本信息对经营管理的作用，本着成本效益原则，对于产品成本中重要的内容，应单独设立项目进行重点反映，并力求准确；对于次要的内容，则可简化核算或与其他内容合并反映。

任务三　产品成本核算的基本要求

为了做好产品成本核算工作，除了做好成本核算各项基础工作外，还应遵守下列成本核算的基本要求。

一、正确处理核算与管理的关系

计算产品成本，既要防止为算而算，搞烦琐哲学，脱离成本管理和生产经营管理实际需要的做法；也要防止片面追求简化，不能为管理提供所需数据的做法。正确的做法应该是算管结合，算为管用。

二、正确划分各种界限

（一）正确划分收益性支出与资本性支出

进行产品成本核算必须划分收益性支出和资本性支出，凡支出的效益仅及于本会计年度的属于收益性支出。收益性支出中与产品生产存在明显因果关系的计入产品成本，无明显因果关系可循的作为期间费用。凡支出的效益及于几个会计年度的，属于资本性支出。资本性支出不能计入当期产品成本，应作为固定资产、无形资产按受益期进行摊配，或计入受益期的产品成本，或作为受益期的期间成本。在划分会计期间进行分期核算的条件下，混淆收益性支出与资本性支出,不利于对产品成本、企业利润和资产的如实反映。

（二）正确划分计入产品成本和不计入产品成本的费用界限

企业的经济活动是多方面的,所发生费用的用途也是多方面的。我们应根据费用的用途及国家的有关规定来确定哪些费用应计入产品成本,哪些费用不应计入产品成本。

（三）正确划分各个月份的费用界限

为了按月考核和分析产品成本计划的完成情况,企业必须按月结算费用并据以计算产品成本,对于应计入产品成本的费用,必须分清是由本期产品成本负担,还是由以后各期产品成本负担。

（四）正确划分各种产品的费用界限

为了正确计算各种产品的制造成本,应由本期产品成本负担费用,还必须在各种产品之间进行划分。凡能分清应由某种产品成本负担的费用,应根据费用原始凭证直接计入该种产品的成本,不能分清由哪种产品负担的费用,应采用适当方法加以分配计入各种产品成本,不得有意提高某种产品成本而压低其他产品成本。对于产品规格较多的企业,为了简化核算,可以将产品按耗用材料或工艺过程归类,按类别产品来计算成本。

（五）正确划分完工产品与在产品的费用界限

月末将各项费用计入各种产品成本之后,还应当采用适当的分配方法在完工产品与月末在产品之间进行分配,以便正确计算完工产品成本和月末在产品成本。分配的方法既要科学合理,又要简便易行,不得任意提高或压低月末在产品成本,避免人为地调节完工产品成本水平的错误做法。

上述费用界限划分,都应贯彻费用受益原则,即何者受益何者负担,何时受益何时负担,负担多少应与受益程度大小成正比。只有这样,成本计算才有可能比较准确和真实。

三、正确确定财产物资的计价和价值的结转方法

企业的财产物资是生产资料,其价值要结转到产品成本中去。因此,财产物资的计价和价值的结转方法,也是影响产品成本准确性的重要因素。为了正确计算产品成本,对于各种财产物资的计价和价值的结转,以及各种费用的分配,都应规定出科学、合理、简便、易行的方法。这些方法一经确定,应保持相对的稳定性,不得任意改变。为使各企业和各时期的产品具有可比性,这些财产物资的计价和价值的结转方法在国家统一会计制度中都有明确的规定,企业应结合自身生产经营的特点和管理要求做出合理的选择。

四、适应生产特点和管理要求,采用适当的成本计算方法

产品成本是在生产过程中形成的,生产组织和工艺过程不同的产品,应该采用不同的成本计算方法。计算产品成本是为了管理成本,管理要求不同的产品,也应该采用不同的成本计算方法。

任务四　产品成本核算的基本程序及账户设置

一、产品成本核算的基本程序

产品成本核算的过程,也就是成本费用归集和分配的过程。根据前述成本费用按经济内容

分类划分为若干生产费用要素，成本费用按经济用途分类划分为若干成本项目，以及产品成本核算的基本要求，产品成本核算的基本程序如下：

（1）审查和控制生产费用的支出。

根据国家有关制度、规定和企业的费用计划、定额，对实际发生的费用进行严格的审核和控制，对不符合制度、规定，不符合计划、定额的费用应加以控制和制止，并不得计入产品成本。

（2）划清应计入产品成本和不应计入产品成本的费用。

根据财务制度中有关成本费用的规定、成本开支条例和制造成本法的成本内容，划清哪些费用应当计入产品成本，哪些费用应当由其他资金渠道开支或应当作为期间费用计入当期损益，不得将不应计入产品成本的费用计入产品成本。同时，还应当按照会计分期原则和权责发生制原则，划分应计入本期成本和不应计入本期成本的费用。

（3）将应计入本期产品成本的费用在各种产品间进行横向分配。

生产一种产品的企业，应计入本期产品成本的费用都是直接费用，全部由该种产品负担，按费用性质直接记入该产品成本明细账对应的成本项目；生产多种产品的企业，对应计入本期产品成本的费用，凡能分清产品的直接费用，按费用性质直接记入各该产品成本明细账的相应成本项目，对不能分清产品的间接费用，应选择适当标准在各种产品之间进行分配，然后按费用性质记入各种产品成本明细账的相应成本项目。

（4）将计入各种产品的本期生产费用连同期初在产品成本在本期完工产品和期末在产品之间进行纵向分配，计算出本期完工产品的总成本和单位成本。

工业企业成本核算的一般程序如图 2-1 所示。

<table>
<tr><td colspan="8">工业企业的全部费用</td></tr>
<tr><td colspan="7">生产经营管理费用</td><td rowspan="3">非生产经营管理费用</td></tr>
<tr><td colspan="5">本月费用</td><td colspan="2">非本月费用</td></tr>
<tr><td colspan="4">本月生产费用</td><td>本月经营管理费用</td><td>待摊销费用</td><td>预计费用</td></tr>
<tr><td>甲种产品生产费用（按成本项目反映）</td><td>乙种产品生产费用（按成本项目反映）</td><td colspan="2">丙种产品生产费用（按成本项目反映）</td><td rowspan="2">直接计入当月损益</td><td rowspan="2">摊入本月和以后各月成本、费用</td><td rowspan="2">预先计入本月成本、费用</td><td rowspan="2">计入相关资产价值或营业外支出等</td></tr>
<tr><td>完工产品成本（全部完工）</td><td>在产品成本（全部未完工）</td><td>完工产品成本</td><td>在产品成本</td></tr>
</table>

图 2-1　工业企业成本核算一般程序

二、产品成本核算的主要账户

为了比较正确和科学地进行产品成本的计算，企业应将产品成本计算与会计账簿组织结合起来，通过设置和运用成本核算的相关账户，并在账户上按照生产费用的经济用途进行归集和分配，计算产品成本并进行成本管理。

无论采用何种成本计算方法，都有赖于一定的账户归集生产费用和计算产品成本。进行产品成本核算的主要账户是“生产成本”账户和“制造费用”账户。

（一）“生产成本”账户

“生产成本”账户核算企业生产各种工业产品(包括产成品、自制半成品、工业性劳务等)、自制材料、自制工具、自制设备,以及提供非工业性劳务等所发生的各项生产费用。企业发生的各项生产费用,能够确认为某一成本计算对象所发生的,应记入该账户的借方,不能直接计入成本计算对象成本的制造费用,应先通过“制造费用”账户归集,再按一定标准分配转入该账户的借方。制造完成并验收入库的产成品、自制半成品等的实际成本,以及提供劳务的实际成本,应借记有关账户而贷记该账户。该账户的月末借方余额,反映尚未加工完成的各项在产品的成本。企业可以根据具体情况,在“生产成本”账户下分设“基本生产成本”和“辅助生产成本”两个二级账户,也可以直接把“生产成本”账户分为“基本生产成本”和“辅助生产成本”两个总分类账户进行核算。本教材按分设后的两个总分类账户进行讲述。“辅助生产成本”账户用以归集动力、修理、运输等为生产单位和其他部门服务的辅助生产所发生的成本,并根据服务对象将服务成本分摊记入“基本生产成本”“制造费用”“管理费用”等账户的借方。

在小型工业企业中也可以将“生产成本”和“制造费用”两个总分类账户合并为“生产费用”一个总分类账户。

（二）“制造费用”账户

“制造费用”账户核算独立经营企业内各个生产单位为组织和管理生产所发生的各项费用,以及不能直接计入产品成本的机器设备的折旧、修理等费用。为了正确计算成本,凡能直接计入成本计算对象的费用,则应直接记入“生产成本”账户。平时归集所发生的间接制造费用时,借记“制造费用”账户;月末分配结转时,借记“生产成本”账户而贷记该账户。“制造费用”账户也可根据企业具体需要,分为“车间经费”和“厂部经费”两个账户进行核算。采用制造成本法进行产品成本核算,需要将制造费用和管理费用划分清楚,因为前者计入产品成本,而后者作为期间成本。在会计实务中,划分制造费用与管理费用,一般取决于费用发生的地点,发生在生产部门的计入制造费用,发生在行政管理部门的计入管理费用,难以区分的一般应计入管理费用。

除此之外,在生产费用核算和产品成本计算过程中,还会涉及“原材料”“自制半成品”“应付职工薪酬”“废品损失”“停工损失”“累计折旧”“应付账款”“低值易耗品”“库存现金”“银行存款”“管理费用”“销售费用”等有关的账户。

【项目总结】

为了正确合理地组织生产费用的核算和产品成本的计算,便于产品成本计划的编制和成本分析以及满足成本管理的要求,有必要对成本费用按照一定的标准进行科学的分类。按照费用的经济内容可分为若干个费用要素(或称要素费用);按照费用的经济用途可分为若干个成本项目;费用还可以按其他标准分类,以满足更多的管理要求。

产品成本核算作为成本会计的重要内容,应遵循以下一些原则:(1)分期核算原则;(2)及时性原则;(3)配比原则;(4)相关性原则;(5)合法性原则;(6)一致性原则;(7)按实际成本计价原则;(8)重要性原则。

为了做好产品成本核算工作,应遵守下列成本核算的基本要求:(1)正确处理核算与管理的关系。(2)正确划分各种界限。(3)正确确定财产物资的计价和价值的结转方法。(4)适应生产特点和管理要求，采用适当的成本计算方法。

产品成本核算的基本程序：(1)审查和控制生产费用的支出。(2)划清应计入产品成本和不应计入产品成本的费用。(3)将应计入本期产品成本的费用在各种产品间进行横向分配。(4)将计入各种产品的本期生产费用连同期初在产品成本在本期完工产品和期末在产品之间进行纵向分配，计算出本期完工产品总成本和单位成本。

为了比较正确和科学地进行产品成本的计算，企业应将产品成本计算与会计账簿组织结合起来。

1. 产品成本核算的原则是什么？
2. 成本费用有哪几种划分方法，如何划分？
3. 产品成本核算的基本要求是什么？如何理解？
4. 产品成本核算的程序是什么？一般需设置哪些账户？

【项目测试】

一、判断题

1. 生产费用是构成产品成本的基础，因此企业同一时期的生产费用与产品成本相等。（ ）
2. 直接生产费用都是直接计入费用，间接生产费用都是间接计入费用。（ ）
3. 成本计算期与会计报告期是一致的。（ ）
4. 企业设置了“生产费用”总账科目后，不必再设置“生产成本”和“制造费用”总账科目。（ ）
5. 在生产车间只生产一种产品的情况下，所有生产费用均为直接生产费用。（ ）

二、单项选择题

1. 下列不属于产品成本项目的是（ ）。

A. 直接材料　　B. 直接人工

C. 制造费用　　D. 折旧费用

2. 在企业对外的财务报表中，必须按（ ）产成品、自制半成品和劳务计价。

A. 实际成本　　B. 计划成本

C. 标准成本　　D. 变动成本

3. 下列成本项目中属于综合成本项目的是（ ）。

A. 燃料及动力　　B. 直接材料

C. 自制半成品　　D. 直接人工

4. 下列各项中，属于产品生产成本项目的是（ ）。

A. 直接材料　　B. 外购动力

C. 工资　　D. 利息费用

5. 在企业已设置了“基本生产成本”总账科目的情况下，不能再设置的总账科目是(　　)。

A. 辅助生产成本　　B. 生产费用

C. 制造费用　　D. 废品损失

三、多项选择题

1. 为了正确计算产品成本，必须划清的费用界限是(　　)。

A. 生产费用和期间费用　　B. 管理费用和财务费用

C. 各个会计期间的费用　　D. 各种产品的费用

2. “生产成本”账户核算企业生产或提供(　　)所发生的各项生产费用。

A. 产成品　　B. 自制半成品

C. 自制材料　　D. 自制工具

E. 工业性劳务

3. 某企业用同一原材料同时生产几种产品，其原材料费用属于(　　)。

A. 直接生产费用　　B. 间接生产费用

C. 直接计入费用　　D. 间接计入费用

4. 在企业设置了“辅助生产成本”总账科目的情况下，还可以设置的总账科目有(　　)。

A. 基本生产成本　　B. 制造费用

C. 废品损失　　D. 停工损失

5. 下列各项中，属于直接计入费用的有(　　)。

A. 几种产品共同耗用的原材料费用　　B. 一种产品耗用的原材料费用

C. 几种产品共同负担的机器设备折旧费　　D. 一种产品负担的制造费用

项目三

工业企业要素费用的核算

【知识目标】

- 熟悉工业企业要素费用的主要内容；
- 熟悉要素费用归集的业务处理；
- 掌握要素费用分配的主要方法及相关业务处理。

【管理能力】

- 能够做好各项要素费用核算的基础工作；
- 能够合理地归集各项要素费用；
- 能够按照合理的标准分配各项要素费用。

【案例导入】

某家具加工厂设有2个基本车间。该厂规模较小，第一个车间有两条生产线，车间内配套生产学生书桌椅；第二个车间内部只有一条生产线，只生产一种书柜。2017年12月该厂第一车间生产500套桌椅领用木材100 m^3，该厂材料采用全月一次加权平均法计价，当月单价核算出为每立方米3 000元，本车间生产工人工资100 000元，折旧费为30 000元；第二车间生产50套书柜领用木材35 m^3，本车间生产工人工资30 000元，折旧费为18 000元。请思考：第一、第二车间材料费和人工费核算有何区别？

扫码查看案例分析

导　语

要素费用是生产费用按经济内容分类的结果，是成本核算与管理的基础。要素费用反映了企业在生产经营过程中的消耗情况，为了分别计算产品成本，必须首先按用途将要素费用进行必要的归集与分配，不同的要素费用归集与分配的方法不尽相同。

任务一　要素费用核算概述

企业在发生材料、动力等直接用于产品生产、设有专门成本项目的各种要素费用时，应单独记入“基本生产成本”总账科目。若是直接计入费用，还应直接记入有关产品成本明细账的“原材料”或“燃料及动力”成本项目；若是间接计入费用，还应采用适当的分配方法，分配记入各有关产品成本明细账的“原材料”或“燃料及动力”成本项目。

采用适当的分配方法，就是要求分配所依据的标准与所分配的费用多少有比较密切的因果联系，能使分配结果比较合理，而且分配标准的资料比较容易取得，计算比较简便。

分配间接计入费用的计算公式，可以概括为：

$$费用分配率=\frac{待分配费用(耗量)总额(数)}{分配标准之和}$$

某种产品或某分配对象应负担的费用＝该产品或对象的分配标准额×费用分配率

对于直接用于辅助生产的费用，用于产品生产（基本生产和辅助生产）但没有专门设立成本项目的各项费用，应该分别记入“辅助生产成本”和“制造费用”总账科目和所属明细账进行归集；然后通过一定的账务处理程序，转入“基本生产成本”总账科目和有关的产品成本明细账的相关成本项目。这样，在“基本生产成本”总账科目和所属各种产品成本明细账的各个成本项目中，就归集了应由本月基本生产各种产品负担的全部生产费用；将这些费用加上月初在产品费用，以其合计数在完工产品和月末在产品之间进行分配，就可计算出各种完工产品和月末在产品的成本。

对于期间费用，则应分别记入“销售费用”“管理费用”和“财务费用”总账科目及其所属明细账的借方进行归集，然后从其贷方转入“本年利润”科目的借方，直接计入当月损益。

对于非生产经营管理费用，则应根据经济业务的具体情况分别记入相关的科目。

在实际工作中，各种要素费用的分配，都是通过编制相应的费用分配表来完成的，根据各种费用分配表编制会计分录，登记各种成本、费用等相关的明细账和总账。

任务二　直接材料费用的核算

一、直接材料费用的内容

工业企业在生产过程中所耗用的直接材料费用是指产品生产过程中耗用的构成产品实体或有助于产品形成的各种材料物资的货币表现。具体内容包括：

(1) 原料及主要材料:经过加工后,构成产品主要实体的各种原料和材料。

(2) 辅助材料:直接用于生产或有助于产品的形成,便于生产顺利进行,但不构成产品主要实体的各种材料。

(3) 外购半成品:从外部购入,还需继续加工或进行装配,构成产品主要实体的半成品及配套件。

(4) 燃料:在生产过程中用来燃烧发热或为创造正常劳动条件所用的各种燃料。

(5) 动力:在生产过程中耗用的水、电、风、汽等。

(6) 包装物:生产领用,构成产品实体和价值的组成部分的各种包装物品,如箱、桶、瓶、坛、袋等。

在生产过程中发生的各种边角余料,不可修复废品的残料,应当估价入账,从材料费用中扣除,已领未用的各种材料,应在月末办理退料手续,需留待下月继续使用的,应办理假退料手续,不得把领用数额当作消耗数额。

二、材料发出的原始凭证

材料费用在产品成本中占有很大比重,加强对材料费用的控制对于节约材料消耗、降低产品成本具有重要作用。要加强对材料费用的控制,节约产品生产的材料消耗,企业必须建立必要的材料消耗定额和领退料制度。对于各种原料及主要材料、辅助材料的消耗,凡能制定定额的,都要制定定额,并根据每月生产任务编制用料计划,按照用料计划实行限额领料,是节约材料的一项有效措施。

为了加强对制造产品耗用材料的控制和核算,并明确经济责任,领用材料一定要办理必要的手续和填制有关凭证。常用的有关原始凭证如下:

(一) 限额领料单

限额领料单是一种在有效期和限额内可多次使用的累计领发料凭证,它适用于经常使用,并有消耗定额材料的领用。限额领料单如表3-1所示。

表3-1 限额领料单

领料单位: 材料名称: 发料仓库:

计划产量: 单位消耗定额: 编号:

材料编号	材料名称	规格	计量单位	单价	领用限额	全月实用	
						数量	金额

领料日期	请领数量	实发数量	领料人签章	发料人签章	限额结余
合计					

供应部门负责人: 生产负责人: 仓库管理人员:

采用限额领料单是为了有效地控制材料领用。对于超过限额或变更规定材料的领料,应区别情况进行处理。如果是增加产量而超额领料，须经有关部门审核批准后，办理追加限额手续；如果是生产操作不当超过限额的领料，应另填领料单，说明原因和责任，经有关部门审核批准后才能据以领料；如果是用另一种材料代替原规定材料，也须经有关部门审核批准后另填领料单据以领料，并填明代用材料的数量，相应减少限额余额。

（二）领料单

领料单是一种一次使用的领发料凭证（一般采用一单一料制），它适用于不经常领用或未制定消耗定额的材料领发。领料单如表 3-2 所示。领料单一般一式三联，其中一联留存领料单位备查；一联留存发料仓库，据以登记材料明细账；另一联送交会计部门据以进行材料收发和材料费用的核算。

表 3-2　领料单

领用单位：　　　　　　　　　　年　月　日

用途：　　　　　　　　　　　　　　　　发料仓库：

种类	名称	规格	编号	计量单位	数量		金额	用途
					请领	实领		

领料负责人：　　　　领料：　　　　供应负责人：　　　　保管员：

（三）领料登记表

对于生产车间、班组常用又没有制定定额的消耗材料，不便于采用上述凭证进行核算，可采用“领料登记表”办理领料手续。领料登记表也是一种多次使用有效（一般为一个月）的凭证，如表 3-3 所示。

表 3-3　领料登记表

材料类别	材料型号	材料名称	规格	计量单位
日期	领用数量	累计领用数量	领料人	发料人

（四）退料单

退料单是一种用于领料单位向仓库退回原材料的凭证，制造产品所领材料如果月末有剩余，应办理退料手续，以便正确反映存货价值和计算产品成本。退料单如表 3-4 所示。

退料单一般一式三联，由退料单位、发料仓库、会计部门分别留存。当月末多余材料下月不再使用时，应办理退料手续，即填制本月的退料单或红字领料单，同时将实物退回仓库；当月末多余材料但下月还需继续使用时，应办理“假退料”手续，即同时填制本月的退料单或红字领料单和下月的领料单，但实物并不退回仓库。

表 3-4 退料单

编号：

工单号：　　　　　　　　　　　　　　　　　　　　　　　　　　　　　　退料日期：

序号	料号	产品名称	产品型号	数量	单位	退料原因	品质确认

制表人：　　　　　　　　　　　　审 核：　　　　　　　　　　接收人：

日　期：　　　　　　　　　　　　日 期：　　　　　　　　　　日　期：

三、发料成本的确定

确定发出材料的成本是一项重要而烦琐的工作，其准确与否直接关系到期末库存材料成本及产品成本的准确性。发料成本受发料数量和发料单价两个因素的影响。若材料日常核算采用计划成本计价，还应考虑材料成本差异。

（一）材料按实际成本核算时发料成本的确定

在按实际成本核算时，由于每次购入材料的价格并不相同，因此必须采用一定的方法确定发出材料的单价，然后根据确定的单价和发出材料的数量，计算发出材料的成本，并按领用部门及其用途进行账务处理。根据2006年2月颁布的《企业会计准则第1号——存货》，可采用以下方法确定发出材料的成本。

1. 先进先出法

先进先出法是假定先购入的材料先发出，并根据这种假定的实物流转程序对发出材料进行计价的方法。

先进先出法的存货成本流动比较接近其实物流动，尤其是在材料容易陈旧变质时更是如此。这种方法的优点是：①能对发出材料及时计价，有利于均衡核算工作；②期末库存材料的价值较接近现时成本，资产负债表中的存货成本能较接近现行市场价值；③企业不能任意选择存货计价操纵利润。缺点是：工作量比较大，但这一问题可以通过会计电算化解决。另外，当物价波动较大时这种方法会对利润的确定产生较大的影响。

2. 全月一次加权平均法

在定期盘存制下，到期末才计算发出材料的成本，因此平均成本只在期末计算，这时的加权平均法也就是全月一次加权平均法，是根据月初结存材料和全月收入材料的数量和金额，于月末一次计算出以数量为权数的全月加权平均单价，作为本月发出材料的单价，以求得本月发出材料成本的一种方法。

计算公式如下：

①全月一次加权平均单价＝(月初结存材料的实际成本＋本月收入材料的实际成本)÷(月初结存材料的数量＋本月收入材料的数量)

②本月发出材料成本＝发出材料数量×全月一次加权平均单价

全月一次加权平均法的优点是：加权平均单价于月末一次计算，计算简单，可以简化平时的核算工作。缺点是：①平时不能反映发出材料的成本；②计价工作集中在月末进行，影响成本计算的及时性。

在实际工作中，当购入材料价格比较稳定时，可用上月的加权平均单价作为本月发出材料的单价，这样就可以及时反映发出材料的成本了。

3. 移动加权平均法

在永续盘存制下，需要随时计算每次发出材料的成本，因此每次进货后都要重新计算一个加权平均成本即移动加权平均单价，这时的加权平均法也就是全月移动加权平均法。移动加权平均法是根据以前结存材料与本次购入材料的数量和金额，计算出以数量为权数的移动加权平均单价，作为其后发出材料的单价，以求得发出材料成本的一种方法。

移动加权平均法与全月一次加权平均法的计算原理基本相同，只是在每次购入材料时需重新计算加权平均单价。

计算公式如下：

① 移动加权平均单价＝(以前结存材料的实际成本＋本次收入材料的实际成本)÷(期初结存材料的数量＋本次收入材料的数量)

② 本次发出材料成本＝移动加权平均单价×本次发出材料数量

移动加权平均法在持续变动的基础上反映了现行平均成本，是一种较为客观的存货发出计价方法，且不易被企业管理当局操纵。其优点是：①可随时反映发出材料和期末结存材料的成本；②计价工作分散在月内进行，可以减轻月末核算工作量。缺点是：每购入一次材料就要重新计算一次单价，因而平时计价工作量比较大。这种方法不适用于实地盘存制。

4. 个别计价法

个别计价法是以原来购入材料时的单价作为发出材料的单价，以求得各该次(批)发出材料成本的一种方法。

采用这种方法一般须具备两个条件：①材料的批次可以辨别认定；②有详细的记录，可了解每次(批)材料的具体情况。这种方法使材料费用的流转与其实物的流转完全一致，便于确定每批材料盘盈或盘亏的数量，但工作量很大，对存货管理的要求较高。因此，这种方法主要适用于能分清批次、品种数量不多、单位成本较高的材料。

（二）材料按计划成本核算时发料成本的确定

对于材料日常核算采用计划成本核算的企业，发出材料的成本平时可先按事先制定的计划单位成本计算确定，月终再通过计算材料成本差异率确定应分摊的材料成本差异额，将发出材料的计划成本调整成实际成本。

有关计算公式如下：

① 月材料成本差异率＝(月初结存材料成本差异额＋本月收入材料成本差异额)÷(月初结存材料计划成本＋本月收入材料计划成本)×100%

② 发出材料应分摊的成本差异＝发出材料计划成本×月材料成本差异率

③ 发出材料实际成本＝发出材料计划成本＋发出材料应分摊的成本差异

上述差异率公式中材料成本的超支差异用“＋”表示，节约差异用“－”表示。

商品流通企业通常采用毛利率法和售价金额核算法反映发出存货的成本。

四、材料费用的归集和分配

对于生产产品耗用的直接材料，月末应根据领料凭证编制“材料费用分配表”进行归集和分配。属于某种产品或某种劳务耗用的直接材料费用，应直接记入“基本生产成本——某产品(或劳务)”或“辅助生产成本——某产品(或劳务)”账户的直接材料费用项目，对于这部分直接材料费用，可以根据领料单按照产品进行归集。对于几种产品共同耗用的材料费用，在领用时无法确定每种产品各用多少，就应该按照一定标准在各种产品之间加以分配，然后根据分配情况按照产品进行归集；对于车间、管理部门以及其他部门为组织和管理生产领用的材料不能视为直接材料费用的，应按照费用的发生地点和用途加以归集和分配。

对于多种产品共同耗用材料费用的分配，可采用的分配标准是很多的，有些产品采用定额耗用量比例，有些产品采用生产数量比例，有些产品采用面积比例，有些产品采用重量比例等，企业应根据具体情况选用适当的标准进行分配，尽可能使分配标准能够比较准确地反映各种产品所耗材料用量。在一般情况下，制造企业对各种产品都要制定各种消耗定额，所以采用定额耗用量的比例进行材料费用分配较为普通。现以定额耗用量比例为分配标准举例说明各种产品共同耗用材料费用的分配方法如下：

采用定额耗用量比例分配材料费用，首先根据各种产品的产量和各种产品的单位消耗定额，计算出各种产品的定额耗用量，再根据应分配材料费用的合计数和全部产品的定额耗用总量计算分配率，然后，根据分配率和各种产品的定额耗用量计算出该种产品应负担的材料费用。计算公式如下：

各种产品的定额耗用量＝该产品的实际产量×产品的单位消耗定额

材料费用分配率＝应分配直接材料费用合计÷全部产品的定额耗用总量

各种产品应负担的材料费用＝该产品定额耗用量×材料费用分配率

【例1】 某机械厂201×年5月份生产甲产品400件，乙产品600件，丙产品200件，共同耗用A种材料费用928 000元，甲、乙、丙三种产品的单位消耗定额分别为20 kg、15 kg和60 kg，根据资料计算分配A种材料费用如下：

(1) 各种产品的定额耗用量：

甲产品的定额耗用量＝400×20千克＝8 000千克

乙产品的定额耗用量＝600×15千克＝9 000千克

丙产品的定额耗用量＝200×60千克＝12 000千克

合计　　29 000千克

(2) 各材料费用分配率＝928 000÷29 000＝32。

(3) 各种产品应负担的材料费用:

甲产品应负担的材料费用=8 000×32 元=256 000 元
乙产品应负担的材料费用=9 000×32 元=288 000 元
丙产品应负担的材料费用=12 000×32 元=384 000 元

合计　928 000 元

(4) 材料费用分配表的编制如表 3-5 所示。

表 3-5　材料费用分配表

201×年 5 月　　单位:元

应借账户		成本或费用项目	直接计入	分配计入	原材料费用合计
基本生产成本	甲产品	直接材料	20 000	256 000	276 000
	乙产品	直接材料	10 000	288 000	298 000
	丙产品	直接材料	5 000	384 000	389 000
	小计		35 000	928 000	963 000
辅助生产成本	机修车间	直接材料	18 000		18 000
制造费用		机物料	16 000		16 000
管理费用		其他	16 000		16 000
合计			85 000	928 000	1 013 000

在实际工作中,材料费用的分配是通过“材料费用分配表”的形式进行的。根据材料费用分配表上所列材料用途编制领用材料的会计分录:

借:基本生产成本——甲产品　276 000
　　　　　　　　——乙产品　298 000
　　　　　　　　——丙产品　389 000
　　辅助生产成本——机修车间　18 000
　　制造费用　16 000
　　管理费用　16 000
　　贷:原材料——A 材料　1 013 000

任务三　直接人工费用的核算

一、直接人工费用的内容

《企业会计准则第 9 号——职工薪酬》规定,职工薪酬是指企业为获得职工提供的服务或解除劳动关系而给予的各种形式的报酬或补偿。具体包括:

（一）短期薪酬

短期薪酬是指企业在职工提供相关服务的年度报告期间结束后十二个月内需要全部予以支付的职工薪酬，因解除与职工的劳动关系给予的补偿除外（属于辞退福利）。具体包括：职工工资、奖金、津贴和补贴（项目很多，总额很少）；职工福利费（送温暖）；医疗保险费、工伤保险费和生育保险费等社会保险费（“五险”还包含养老保险费和失业保险费）；住房公积金；工会经费和职工教育经费；短期带薪缺勤；短期利润分享计划；非货币性福利；其他短期薪酬。

（二）离职后福利

离职后福利是指企业为获得职工提供的服务而在职工退休或与企业解除劳动关系后，提供的各种形式的报酬和福利，短期薪酬和辞退福利除外。

（三）辞退福利

辞退福利是指企业在职工劳动合同到期之前解除与职工的劳动关系，或者为鼓励职工自愿接受裁减而给予职工的补偿。

（四）其他长期职工福利

其他长期职工福利是指除短期薪酬、离职后福利、辞退福利之外所有的职工薪酬，包括长期带薪缺勤、其他长期服务福利、长期残疾福利、长期利润分享计划和长期奖金计划等。

在生产过程中，不仅要消耗物化劳动，还要消耗人的活劳动，人的活劳动的消耗也必须得到适当补偿，再生产活动才能进行下去。企业主要以支付工资的形式来补偿工人的劳动消耗，企业支付给职工的工资等劳动报酬，从产品生产耗费的角度称为人工费用。按人工费用计入产品成本的程序和方式的不同，人工费用可分为直接人工费用和间接人工费用两种。

直接人工费用是指直接从事产品生产而发生的人工费用，主要包括支付给直接从事产品生产人员的工资、奖金、津贴和补贴、职工福利费、社会保险费、住房公积金、工会经费和职工教育经费、非货币性福利等。直接人工费用直接计入产品制造成本，并在产品生产成本中以“直接人工”成本项目单独列示。

间接人工费用是指为了组织和管理生产活动，以及间接为生产活动服务而发生的人工费用，主要包括分厂和生产车间的管理人员，技术工程人员，为生产服务的勤杂人员、警卫消防人员的工资、奖金、津贴和补贴、职工福利费、社会保险费、住房公积金、工会经费和职工教育经费、非货币性福利等。间接人工费用应先按其发生地点归集于制造费用，月末对制造费用进行分配，再计入产品生产成本中，以“制造费用”成本项目综合列示。

二、直接人工费用核算的基础工作

考勤记录、产量记录和工时记录是计算应付工资、归集工资费用、分配工资费用和进行产品制造成本核算的基础。

（一）考勤记录

考勤记录是分月登记职工出勤、缺勤时间和情况的原始记录。它是企业计算计时工资，加班加点工资，病假工资，中班、夜班津贴和其他津贴、补贴等工资的依据，也是加强劳动纪律的重要手段。

随着现代科学技术的发展，考勤手段日益多样化，考勤记录有表 3-6 和表 3-7 等形式。

表 3-6 考勤簿

201×年×月

车间或部门：________　　生产小组：________　　考勤员：________

编号	姓名	工资等级	出勤和缺勤记录							出勤分类							缺勤分类								备注
			1	2	3	4	…	合计		计时工作	计件工作	中班次数	夜班次数	加班加点	停工	迟到早退	公假	工伤	探亲假	产假	婚丧假	病假	事假	旷工	
								出勤天数	缺勤天数																

表 3-7 甲半成品工作班工时记录

车间：一车间　　201×年 9 月　　单位：小时

姓名	刘月	赵江	王云	牛向	张西	李敏	邹其	唐旋	李超	钱行	合计
工时	130	150	145	125	168	172	140	130	137	154	1 451

（二）产量和工时记录

产量和工时记录是登记工人或生产班组在出勤时间内完成产品数量、质量和生产这些产品所耗费的工时数量的原始记录。产量和工时记录的主要作用是记录工人或生产班组完成工作或产品的质量和数量，记录工人或生产班组完成每项工作所耗用的实际工时和按单位产量消耗定额与实际产量计算的定额工时，考核工人的劳动成果，考核和监督企业劳动消耗定额的执行情况，为计算计件工资提供依据，并为直接人工费用、制造费用等的分配提供分配标准的资料。

产量记录的形式由于各个不同企业和企业内部不同生产车间的工艺过程和生产组织的特点不同而各不相同。就制造业而言，在加工产品经常发生变动的生产车间中可采用“工作通知单”；在成批生产类型企业的车间中可采用“工序进程单”和“工作班产量记录”（见表 3-8）。

表 3-8 工作班产量记录

职工		工作任务						检验结果											工资			
工号	姓名	等级	加工进程单编号	产品型号	零件编号	工序	发给加工数量	工时定额	交验数量	合格数量	退休数量	工废数量	料废数量	短缺数量	未加工数量	定额工时	实际工时	检验员	计件单价	合格品工资	废品工资	工资合计

（三）其他凭证

工资费用的归集和分配除了依据考勤记录、产量和工时记录外，还应填制一些其他凭证。例如废品损失报告单、停工损失报告单、各种奖金、津贴发放的通知单等。

三、直接人工费用的计算

直接人工费用中最重要的组成部分就是工资。按照国家统计局的规定，工资总额包括计时工资、计件工资、奖金、津贴和补贴、加班加点工资以及特殊情况下支付的工资等。直接人工费用计算的重点是计时工资和计件工资的计算。

工资总额＝计时工资(计件工资)＋加班加点工资＋特殊情况下支付的工资＋奖金＋津贴和补贴

(一) 计时工资的计算

应付职工的计时工资，是根据考勤记录登记的职工出勤或缺勤日数，按规定的工资等级、工资标准等进行的计算。

在实行计时工资制度的企业中，在采用月薪制的情况下，职工的工资都是按月计算的。不论月大、月小，都按同样的标准计算工资，若发生缺勤，则应按有关规定在全勤月工资中扣除，当然在实际工作中也有按出勤天数计发工资的做法。但无论怎样都需要计算日工资，在月标准工资确定的情况下，日工资的计算有赖于月标准天数。

日工资＝月标准工资÷月标准天数

月标准天数的确定有以下几种方法：

1. 按全年平均工作日数计算

全年平均工作日数＝全年工作日数÷全年月份数＝(365－52×2－11)÷12 天≈20.83 天

例：职工周立月标准工资为 4 960 元，201×年 1 月份缺勤 4 天(缺勤期间有法定休假日 1 天)。1 月份有 2 天节日，8 个休息日，则

日工资＝4 960÷20.83 元≈238.12 元

2. 按全年平均日历日数(30 天)计算

按前例，则

日工资＝4 960÷30 元≈165.33 元

日工资率计算标准一经选定，一年之内不得随意变更。

这样经过组合后计时工资的计算就有了四种方法。

(1) 按全年平均工作日数计算日工资，按缺勤日数扣月工资；

(2) 按全年平均工作日数计算日工资，按出勤日数算月工资；

(3) 按全年平均日历日数计算日工资，按缺勤日数扣月工资；

(4) 按全年平均日历日数计算日工资，按出勤日数算月工资。

按前例，则四种方法下的计时工资分别为：

(1) 按全年平均工作日数计算日工资，按缺勤日数扣月工资：

应付计时工资＝4 960 元－3×238.12 元＝4 245.64 元

(2) 按全年平均工作日数计算日工资，按出勤日数算月工资：

应付计时工资＝18×238.12 元＝4 286.16 元

(3) 按全年平均日历日数计算日工资，按缺勤日数扣月工资：

应付计时工资＝4 960 元－4×165.33 元＝4 298.68 元

(4) 按全年平均日历日数计算日工资，按出勤日数算月工资：

应付计时工资＝(18＋9)×165.33 元＝4 463.91 元

(二) 计件工资的计算

在实行计件工作制的企业或车间，计件工资是根据当月生产的合格品的数量加上料废品的数量再乘以规定的计件单价计算的标准工资。料废品是指由于材料本身的缺陷而造成的废品。这部分废品数量应按照计件单价照付工资，所以在计算工资时应视为合格品数量，如属于职工过失而造成的工废品数量则不能支付工资，甚至还要视情况赔偿。

计件工资按结算对象不同分为个人计件工资和集体计件工资两种。

1. 个人计件工资的计算

应付计件工资 $=\sum$[(合格品数量＋料废品数量×支付比例)×计件单价]

例如，假定某工人本月生产甲合格品 300 件，废品 40 件，其中料废品 16 件，料废按 80％支付，该产品计件单价为 3 元；乙合格品 80 件，该产品计件单价为 4 元。则

应付工资＝[(300＋16×80％)×3＋80×4]元＝1 258.4 元

2. 集体计件工资的计算

这种计件工资的计算应分两步：第一步是先计算该集体应得的计件工资总额，其计算方法与个人计件工资的计算一样；第二步是在第一步计算的基础上将集体应得的计件工资总额在小组成员之间进行分配，求出每个成员应得的计件工资额。常用的分配方法有两种：

(1) 按计时工资作为分配标准，在集体各成员之间进行分配：

工资分配率＝小组计件工资总额÷小组成员计时工资之和

某成员应得计件工资＝该成员计时工资×工资分配率

(2) 按实际工作时数作为分配标准，在集体各成员间进行分配：

工资分配率＝小组计件工资总额÷小组成员实际工作小时之和

某成员应得计件工资＝个人实际工作时数×工资分配率

例如，某企业一车间车工组 8 月份生产甲合格品 2 200 件，废品 80 件，其中料废品 60 件，料废全额支付，该产品计件单价为2.5 元；生产乙合格品 700 件，该产品计件单价为 3.0 元，其他资料如表 3-9 所示。

表 3-9　工资费用记录表

工人姓名	工资等级	小时工资	实际工作时数
A	7	8.0	170
B	6	7.2	175
C	4	5.5	200
D	3	4.4	200
E	1	3.5	180
合计			925

第一步：计算车工组 8 月份应得计件工资额：

[(2 200＋60)×2.5＋700×3.0]元＝7 750 元

第二步：将车工组应得计件工资额在各成员之间进行分配。现分别按照两种不同的标准进行分配：第一种，按计时工资作为分配标准进行分配，如表 3-10 所示。

表 3-10　工资费用分配表(按计时工资)

工人姓名	实际工作时数	小时工资	计时工资	分配率	计件工资
A	170	8.0	1 360		2 015.2
B	175	7.2	1 260		1 867.1
C	200	5.5	1 100		1 630.0
D	200	4.4	880		1 304.0
E	180	3.5	630		933.7
合计	925		5 230	1.4818	7 750.0

第二种,按实际工作时数作为分配标准进行分配,如表 3-11 所示。

表 3-11　工资费用分配表(按实际工作时数)

工人姓名	实际工作时数	分配率	计件工资
A	170		2 015.2
B	175		1 867.1
C	200		1 630.0
D	200		1 304.0
E	180		933.7
合计	925	8.378	7 750.0

显然按计时工资标准进行分配能够体现技术因素,在技术级别相差悬殊的情况下,这种分配方法较为合理;而按实际工作时数作为分配标准进行分配,虽然比较简单,但技术因素不能体现,因此这种分配方法只能在小组成员技术级别相同或相差不大的情况下才能使用,在实际工作中,前者采用较为普遍。

四、工资费用的汇总和分配

(一) 直接工资费用的汇总

直接工资费用的汇总和结算都是以工资计算为基础的。会计部门应根据算出的职工工资,编制工资结算凭证,凭证中按职工姓名、部门和类别填列应付工资、代扣款项和实发金额,作为与职工进行工资结算的依据。工资结算凭证根据其作用和范围的不同分为工资结算单和工资结算汇总表两种形式。

1. 工资结算单

工资结算单(或称工资单)是按月分车间、部门编制的,用以反映企业与每一职工的工资结算情况。一般一式三份,一份按职工姓名裁成"工资条",连同工资一起发给职工,以便查对;一份作为劳动工资部门进行劳动工资统计的依据;一份经过职工签收后作为工资结算和付款的原始凭证。工资结算单也是会计部门进行全厂工资费用汇总的原始凭证。其参考格式如表 3-12 所示。

表 3-12　工资结算单

部门：　　　　　　　　　　　　　年　月　　　　　　　　　　　　第　页

月份	编号	姓名	隶属部门	应付工资						各项扣款						实发工资	签字
				基本工资	岗位津贴	交通补贴	加班工资	奖金	其他	房租	水电费	公积金	养老保险	医疗保险	其他		
合　计																	

2. 工资结算汇总表

工资结算汇总表是根据工资结算单汇总编制的，用以反映全厂工资结算的总括情况，并据以进行工资结算总分类核算。由于它按车间、部门和工资的不同用途汇总了全厂的工资费用，因此它又是企业进行工资费用分配的依据。其参考格式如表 3-13 所示。

表 3-13　工资结算汇总表

年　月　　　　　　　　　　　　第　页

月份	编号	部门	应付工资						各项扣款						实发工资
			基本工资	岗位津贴	交通补贴	加班工资	奖金	其他	房租	水电费	公积金	养老保险	医疗保险	其他	
合　计															

单位主管：　　　　　　　　　　核算员：　　　　　　　　　　盖章：

（二）直接工资费用的分配

根据规定，企业对职工应付工资总额，不论是否在当月支付，在月末都要及时记入“应付职工薪酬”账户的贷方并记入有关账户的借方。

工资费用分配时，首先，要分清列支渠道，即确定工资费用的分配对象，一般应根据工资费用发放的部门和用途记入有关的成本费用账户。具体来说，基本生产车间生产工人的工资，应直接或分配记入生产成本明细账的“直接人工”成本项目中；基本生产车间管理人员的工资应记入“制造费用”明细账中；辅助生产车间人员的工资，一般应比照基本生产车间进行处理，出于简化核算的考虑，也可全部记入“辅助生产成本”明细账中；行政管理部门人员的工资，应记入“管理费用”明细账中；企业专设销售机构人员的工资，应记入“销售费用”明细账中；其他人员如从事工程施工建设人员的工资，应记入“在建工程”等账户。

其次，要分清生产工人的工资是直接计入费用还是间接计入费用，对间接计入费用如何分配计入各种产品成本。在生产一种产品的车间，生产工人工资属于直接计入费用，由所生产的产品成本负担；对于生产多种产品的车间，在计时工资制下，生产工人工资属于间接计入费用，应按产品的实际生产工时(或定额工时)比例分配计入有关产品的成本；在计件工资下，生产工人工资属于直接计入费用，奖金、津贴、补贴等一般也属于间接计入费用，应按直接计入费用或生产工时比例分配。

目前企业对于直接人工费用的分配都是按照各种产品实际(或定额)工时消耗的比例在各种产品之间进行分配。按照产品的生产工时比例分配生产工人工资费用，能够将产品的工资费用与劳动生产率水平联系起来，资料容易取得，计算也比较简便。其计算公式如下：

分配率＝生产工人工资费用总额÷各种产品实际或定额工时之和

某种产品应负担的直接工资费用＝该种产品生产实际(或定额)工时×分配率

【例 2】 某制造企业 201×年 10 月生产甲、乙两种产品，甲产品 4 000 件，单位定额工时为 4 小时，乙产品 3 000 件，单位定额工时为 8 小时，本月内应付生产工人人工费用总额为 32 000 元，则

分配率＝32 000÷[(4 000×4)＋(3 000×8)]＝0.8

甲产品应负担工资费用＝4 000×4×0.8 元＝12 800 元

乙产品应负担工资费用＝3 000×8×0.8 元＝19 200 元

在实际工作中，直接工资费用的分配是通过编制工资费用分配表进行的，其参考格式如表 3-14 所示。

表 3-14 工资费用分配表

201×年 10 月 单位：元

应借账户		成本或费用项目	直接计入	分配计入	工资费用合计
基本生产成本	甲产品	直接人工	1 000	300	1 300
	乙产品	直接人工	2 000	600	2 600
	小计		3 000	900	3 900
辅助生产成本	机修车间	直接人工	1 800		1 800
制造费用		人工费	1 600		1 600
管理费用		人工费	1 700		1 700
合计			8 100	900	9 000

会计分录：

借：基本生产成本——甲产品 1 300
　　　　　　　　——乙产品 2 600
　　辅助生产成本——机修车间 1 800
　　制造费用 1 600
　　管理费用 1 700
　贷：应付职工薪酬——工资 9 000

五、其他人工费的核算

除工资外的其他人工费，国家有规定计提基础和比例的按照国家规定的标准计提后根据受

益对象分别记入有关成本费用账户;国家没有规定计提基础和比例的根据历史经验数据和实际情况合理预计后再根据受益对象分别记入有关成本费用账户中。

任务四 其他费用的核算

一、动力费用的核算

动力费主要包括电力费和蒸汽费,可以分为自制和外购两种,自制部分应通过辅助生产核算,这里只说明外购动力费用的核算。

(一) 外购动力费用的结算

外购动力一般根据计量仪表所显示的耗用动力数量,按一定的动力计价标准计算。供应单位定期抄录耗用数量,开列账单向耗用单位收取所供动力费用。由于外购动力费用账单的起讫期与会计期间往往不一致,各会计期实付电费与应付电费也往往不一致。根据权责发生制的要求,企业可以将实付电费作为暂付款项处理,记入"应付账款"账户的借方和"银行存款"账户的贷方。月末根据计量仪表显示的全月动力耗用量和动力单价计算出实际发生数,作为本月的动力费用。按照用途分配时,借记有关成本、费用账户,贷记"应付账款"账户。

如果每月支付动力费用的日期基本固定,且每月付款日到月末的应付动力费用相差不多时,也可不通过"应付账款"账户,可在支付外购动力费时直接借记有关成本、费用账户,贷记"银行存款"账户。

(二) 外购动力的分配

1. 动力消耗列入成本费用的途径

外购动力有的直接用于产品生产,有的间接用于产品生产,有的用于经营管理。企业应根据外购动力的用途及其发生地点分别计列有关的成本费用。具体来说,基本车间生产产品的动力费用,应直接或分配记入"基本生产成本"明细账"燃料及动力"成本项目中;基本生产车间组织、管理生产的动力费用以及用于产品生产但未专设成本项目的动力费用,应记入"制造费用"明细账"水电费"费用项目中;辅助生产车间的动力费用,一般应比照基本生产车间进行处理,但有时出于简化的考虑,可全部记入"辅助生产成本"明细账"燃料及动力"费用项目中;行政管理部门管理和组织生产经营活动的动力费用,应记入"管理费用"明细账"水电费"费用项目中;专设销售机构的动力费用,应记入"销售费用"明细账"水电费"费用项目中。

2. 外购动力费用的分配方法

外购动力费用在各车间、部门之间的分配,由于各车间、部门一般都分别装有记录动力耗用量的仪表,因此可以据计量仪表记录的实际耗用数和外购动力的计价标准计算分配;而对于生产车间为生产产品耗用的外购动力,由于一般不能按产品分别安装计量仪表,因此,生产车间的外购动力费用在各产品之间的分配应选择适当的标准,采用一定的方法分配计入各种产品成本。分配间接计入的外购动力费用,常用的分配标准有生产工时、机器工时、机器功率时数(机器标牌功率×机器开动时数)、定额耗用量等。

在实际工作中,外购动力费用的分配是通过编制外购动力费用分配表进行的。其参考格式如表 3-15 所示。

表 3-15　外购动力费用分配汇总表

201×年 8 月　　　　单位:元

应借账户		成本或费用项目	分配标准(生产工时)	分配率	分配金额
基本生产成本	A 产品	燃料及动力	9 800	0.25	2 450
	B 产品	燃料及动力	19 000	0.25	4 750
	小计		28 800		7 200
辅助生产成本	供电车间	燃料及动力			600
	供水车间	燃料及动力			200
	小计				800
制造费用	基本生产车间	水电费			600
管理费用		水电费			850
销售费用		水电费			300
合计					9 750

根据表 3-15 编制会计分录如下:

借:基本生产成本——A 产品　　2 450
　　　　　　　——B 产品　　4 750
　辅助生产成本——供电　　600
　　　　　　　——供水　　200
　制造费用——基本生产车间　　600
　管理费用　　850
　销售费用　　300
　贷:应付账款或银行存款　　9 750

二、低值易耗品摊销的核算

低值易耗品是指劳动资料中单位价值在规定的限额以下或者使用年限在 1 年以内的物品。作为劳动资料,低值易耗品与固定资产有相似之处。它在生产过程中可以多次使用而不改变其原有的实物形态,在使用中也需维修,报废时可能有残值,但它毕竟价值较低,使用年限较短,故其价值转移可采用比较简便的方法,即采用一定的摊销方法计入产品成本和有关费用。若按计划成本核算,各种摊销方法下均应在低值易耗品从账面上注销时分摊其成本差异。

(一) 一次摊销法

一次摊销法又称一次转销法或一次计入法,这种方法的特点是在领用低值易耗品时,将其价值全部一次计入成本、费用,它适用于价值很小或使用期限很短,而且领用数量不多的低值易耗品以及如玻璃器皿等容易破碎的低值易耗品。

这种方法核算简便，但容易造成产品成本负担不均衡，也不利于加强实物管理。

【例 3】 某基本生产车间本月领用低值易耗品一批，计划成本 800 元，本月低值易耗品的成本差异率为节约 1%，同时，本月又报废一批以前月份领用的低值易耗品，计划成本 400 元，回收残料 50 元。其有关账务处理如下：

(1) 领用时：

借：制造费用　800

　贷：周转材料——低值易耗品　800

(2) 月终，分摊差异额：

借：制造费用　8

　贷：材料成本差异　8

(3) 报废时：

借：原材料　50

　贷：制造费用　50

(二) 分期摊销法

分期摊销法的特点是低值易耗品在领用时根据耐用期限分期摊入成本费用，或者按预计产量进行摊销，它适用于使用期限较长、单位价值较高或一次领用数量较多的低值易耗品，或者低值易耗品的消耗与产品产量有密切联系的各种低值易耗品。

这种方法可使各月成本相对比较均衡，并且在账面上始终保留未报废低值易耗品，便于企业内部控制严格化，但在实务中估计低值易耗品的预计使用年限和产量可能有一定难度，也容易受主观因素影响。

例如，某基本生产车间本月领用低值易耗品一批，计划成本 8 000 元，估计可使用 10 个月，本月低值易耗品的成本差异率为－1%；10 个月后报废，回收残料 100 元。假定采用分期摊销法，其有关账务处理如下：

(1)领用时：

借：周转材料——低值易耗品——在用低值易耗品　8 000

　贷：周转材料——低值易耗品——在库低值易耗品　8 000

(2)月终，分摊差异额：

借：制造费用　80

　贷：材料成本差异　80

同时，摊销由当月负担的数额(8 000÷10＝800)：

借：制造费用　800

　贷：周转材料——低值易耗品——低值易耗品摊销　800

(3)报废时：

借：周转材料——低值易耗品——低值易耗品摊销　8 000

　贷：周转材料——低值易耗品——在用低值易耗品　8 000

借：原材料　100

　贷：制造费用　100

企业可以自主选择低值易耗品的摊销方法，但所用方法一经确定，不得随意变动。

三、折旧费用的核算

折旧费用的核算，包括折旧费用的计算与分配两方面。

（一）折旧的计算

计算折旧最重要的是要确定每一个时期，例如每一个月的折旧额。这就需要采用适当的折旧方法。折旧的计算方法很多，由于折旧方法的选用直接影响到企业成本、费用的计算，也影响企业的利润和纳税，因此企业应选择适当的折旧方法。折旧方法一经确定，不得随意变更。

常用的折旧方法有以下四种：

1. 平均使用年限法

平均使用年限法又称直线法，是将固定资产的应计折旧额均衡地分摊到预计使用年限中每一年的一种折旧方法。在这种方法下使用年限中每一年的折旧额是相等的，一年中每一个月的折旧额也是相等的。这种方法简便易行但没有考虑技术进步和市场行情发生变化以及固定资产的使用情况，一般适用于经常使用且使用程度较均衡的固定资产。

相关的计算公式如下：

年折旧额＝(原值－预计净残值)÷预计使用年限

月折旧额＝年折旧额÷12

年折旧率＝(1－预计净残值率)÷预计使用年限×100％

月折旧率＝年折旧率÷12

月折旧额＝固定资产原值×月折旧率

2. 工作量法

工作量法，是根据实际工作量计提折旧额的一种折旧方法。在这种方法下折旧额的大小取决于完成的工作量的大小，考虑了固定资产的使用情况，体现了收入与其相关的成本费用相配比的要求，但也没有考虑技术进步和市场行情发生变化的情况，一般适用于各期使用程度不均衡的固定资产。

计算公式如下：

单位工作量折旧额＝固定资产原值×(1－预计净残值率)÷预计总工作量

某项固定资产月折旧额＝该项固定资产当月实际工作量×单位工作量折旧额

3. 双倍余额递减法

双倍余额递减法，是根据各年期初固定资产账面净值和双倍的直线法折旧率(不考虑残值)计提各年折旧额的一种折旧方法。这种方法在固定资产使用的早期多提折旧，后期少提折旧，折旧费用逐年递减，这种方法充分考虑了技术进步和市场行情发生变化的情况，属于加速折旧法，一般适用于技术更新较快的固定资产。

计算公式如下：

年折旧率＝2÷预计使用年限×100％

年折旧额＝固定资产期初账面净值×年折旧率

月折旧额＝年折旧额÷12

采用这种方法计提折旧，应在其预计使用年限最后两年内，将应计折旧额与累计已提折旧额的差额平均分摊。

4. 年数总和法

年数总和法，是将固定资产的原值减去预计净残值后的净额乘以一个逐年递减的分数（即折旧率）计算各年折旧额的一种折旧方法。这个分数的分子代表固定资产尚可使用年数，分母代表使用年数的各年数字总和。

计算公式如下：

年折旧率＝尚可使用年数÷预计使用年限的年数总和×100%

年折旧额＝(固定资产原值－预计净残值)×年折旧率

这种方法与双倍余额递减法相似，也属于加速折旧法。

企业在具体计提固定资产折旧时，应以月初应提折旧的固定资产账面原值为依据，即当月增加的固定资产，当月不提折旧，从下月起计提折旧；当月减少的固定资产，当月仍提折旧，从下月起停提折旧。因此，企业各月计提折旧时，可以在上月计提折旧的基础上对上月固定资产的增减变动情况进行调整后计算当月应计提的折旧额。本月应提折旧额的计算公式为：

本月应计提折旧额＝上月计提折旧额＋上月增加固定资产计提折旧额－上月减少固定资产计提折旧额

采用不同的折旧方法，各期折旧费用相差较大，产品成本及经营管理费用也就大不相同。

（二）折旧费用分配的核算

1. 折旧费用的分配

折旧费用应按固定资产使用的车间、部门和用途分别记入“制造费用”“辅助生产成本”“管理费用”“销售费用”“其他业务成本”“应付职工薪酬”等账户中。

基本生产车间机器设备的折旧费是直接用于产品生产的费用，但因没有专设成本项目，同基本生产车间间接用于产品生产的折旧费一起记入“制造费用”账户。

2. 折旧费用分配的账务处理

折旧费用分配一般通过编制“折旧费用分配汇总表”进行，根据折旧费用分配汇总表借记有关的成本费用账户，贷记“累计折旧”账户。

四、预付费用、税金、固定资产日常维修费及其他费用的核算

（一）预付费用的核算

预付费用，是指按照权责发生制要求，费用在当期或前期已经支付，需要当期及以后期间分摊的费用。预付费用如果涉及车间等生产部门，将构成产品成本的组成内容。

【例4】 甲企业在本年1月份支付上半年度2份报纸杂志费1 200元，车间主任和部门经理各1份。则有关的账务处理为：

(1) 1月份支付报纸杂志费时：

借：预付账款　　1 200

　贷：银行存款　　1 200

(2) 1月至6月末每月分摊报纸杂志费时：

借：制造费用　　100

　管理费用　　100

　贷：预付账款　　200

（二）税金的核算

要素费用中的税金，是特指应计入管理费用的各项税金，属于管理费用的一个费用项目，也不构成产品成本的组成部分。具体包括房产税、车船使用税、土地使用税、印花税等。房产税、车船使用税、土地使用税应该通过“应交税费”账户核算，印花税不通过“应交税费”账户核算，在发生时直接记入“管理费用”账户。

（三）固定资产日常维修费的核算

固定资产的日常修理费用等支出只是确保固定资产的正常工作状况，一般不产生未来的经济利益，因此通常不符合固定资产的确认条件，在发生时应直接计入当期损益。企业生产车间（部门）和行政管理部门等发生的固定资产修理费用等后续支出记入“管理费用”；企业设置专设销售机构的，其发生的与专设销售机构相关的固定资产修理费用等后续支出，记入“销售费用”。

【例5】 某公司本月发生固定资产日常维修费5 000元，其中车间4 000元，行政部门600元，销售部门400元，月底用银行存款支付。

结算维修费时：

借：管理费用　　　　4 600
　　销售费用　　　　　400
　　贷：银行存款　　　　　　5 000

（四）其他费用的核算

企业要素费用中的其他费用，是指除了前面所述各要素以外的费用，包括机物料消耗、邮电费、差旅费、租赁费、办公费、印刷费、排污费、报刊订阅费等，这些费用均没有专设成本项目。因此，在发生时，按发生的车间、部门和用途，分别借记“制造费用”“管理费用”等账户，贷记“银行存款”等账户。

【项目总结】

工业企业要素费用的核算是成本核算的基础。首先，要做好各项要素费用核算的基础工作；其次，要合理地归集各项要素费用；最后，要选择合理的标准对各项要素费用进行分配。

本章重点讲述了材料费用、直接人工费用、动力费用、低值易耗品、折旧费用的核算。

材料费用包括原料及主要材料、辅助材料、外购半成品、燃料、动力、包装物等的费用。材料费用成本可以按照实际成本核算，也可以按照计划成本核算。对于多种产品共同耗用材料费用的分配，可采用的分配标准是很多的，有些产品采用定额耗用量比例，有些产品采用生产数量比例、面积比例或重量比例等，企业应根据具体情况选用适当的标准进行分配，尽可能使分配标准能够比较准确地反映各种产品所耗材料用量。

直接人工费用是指直接从事产品生产而发生的人工费用，主要包括支付给直接从事产品生产人员的工资、奖金、津贴和补贴、职工福利费、社会保险费、住房公积金、工会经费和职工教育经费、非货币性福利等。直接人工费用直接计入产品制造成本，并在产品生产成本中以“直接人工”成本项目单独列示。直接人工费用包括的内容很多，但工资费用是其中最重要的内容。

按工资费用计入产品成本的程序和方式的不同，工资费用可分为直接工资费用和间接工资费用两种。直接人工费用的计算可以采用计时工资制、计件工资制。工资费用应该按照车间或者部门进行汇总。工资费用分配时，首先，要分清列支渠道，即确定工资费用的分配对象；其次，要分清生产工人的工资是直接计入费用还是间接计入费用，对间接计入费用如何分配计入各种产品成本。

外购动力一般根据计量仪表所显示的耗用动力数量，按一定的动力计价标准计算。外购动力费用的分配标准有生产工时、机器工时、机器功率时数（机器标牌功率×机器开动时数）、定额耗用量等。

低值易耗品价值的转移是通过摊销的方式完成的。低值易耗品摊销的主要方法有一次摊销法、分期摊销法。企业可以自主选择低值易耗品的摊销方法，但一经确定，不得随意变动。

固定资产折旧应分期计入产品成本和经营管理费用。折旧费用计算的常用方法有平均使用年限法（又称直线法）、工作量法、双倍余额递减法、年数总和法。折旧费用应按固定资产使用的车间、部门分别记入“制造费用”“管理费用”“销售费用”等明细账的“折旧费”费用项目中。

企业要素费用中的其他费用，按发生的车间、部门和用途，分别记入“制造费用”“管理费用”等账户。重点关注预付费用、税金、固定资产日常维修费入账的特殊性。

特别需要指出的是，要素费用的分配是成本会计的核心内容。要素费用的分配其实可以分为广义分配和狭义分配。广义分配就是解决费用的列支渠道问题，即根据费用发生的部门和用途计入有关成本费用；而狭义分配解决的则是几种产品共同发生的费用在各种产品之间的划分问题。

另外，在学习时应注意材料消耗定额与定额消耗量、工时定额与定额工时等概念的区分。

1. 直接材料费用的含义及内容是什么？
2. 直接材料费用计入产品成本的原则是什么？
3. 分配材料费用可采用哪些标准？如何分配？
4. 归集材料费用时需做好哪些基础工作？
5. 如何编制材料费用分配表？
6. 结合一个企业的实际情况说明如何加强材料费用的管理。
7. 直接人工费用的含义及内容是什么？
8. 工资费用核算需要哪些原始记录？
9. 如何计算计时工资，如何计算计件工资？
10. 集体计件工资如何在集体内部各成员之间进行分配？
11. 如何选择折旧方法？
12. 常用的折旧方法有哪些？试说明其特点。
13. 各种折旧方法对成本有什么影响？
14. 影响折旧的因素有哪些？预计固定资产使用寿命对计提折旧有何意义？
15. 怎样分配折旧费用？如何进行折旧的账务处理？
16. 外购动力费用怎样计算和分配？
17. 低值易耗品的摊销有哪些方法，其对成本的影响如何？

【项目测试】

一、判断题

1. 企业发生的直接用于产品生产有专设成本项目的费用，应单独记入“基本生产成本”科目。 （ ）

2. 计入管理费用的各项税金，均需通过“应交税费”账户核算。 （ ）

3. 列入工资结算单的所有款项都属于工资总额的内容。 （ ）

4. 企业的照明用电，应分配记入各产品成本明细账的“燃料及动力”成本项目。 （ ）

5. 所谓“假退料”，就是填制一张本月的退料凭证同时将材料实物退回仓库。 （ ）

6. 采用分期摊销法进行低值易耗品摊销时，“低值易耗品——低值易耗品摊销”科目的月末余额应为“低值易耗品——在库低值易耗品”科目月末余额的50%。 （ ）

7. 折旧方法的选择对产品成本和利润的计算不会产生影响。 （ ）

8. 在实行计件工资制的企业，所有不合格产品均不应计发工资。 （ ）

9. 个别计价法主要适用于能分清批次，品种数量不多，单位成本较高的材料。 （ ）

10. 工业企业的职工薪酬就是企业发放给生产工人的工资。 （ ）

11. 根据工人完成的产量和计件单价计算计件工资与根据工人完成的定额工时和小时工资率计算计件工资的结果是相同的。 （ ）

12. 在按平均工作日数计算日工资率的企业中，节假日应按出勤日计发工资。 （ ）

二、单项选择题

1. “假退料”的办法是指（ ）。

A. 材料实物不动，填本月份退料单和下月份领料单

B. 材料实物不动，填本月份退料单和本月份领料单

C. 材料实物不动，填下月份退料单和下月份领料单

D. 材料退回仓库，不填领、退料单

2. 月末编制材料费用分配汇总表时，对于退料凭证的数额，应（ ）。

A. 冲减制造费用　　B. 在下月领料数额中扣除

C. 不做任何处理　　D. 从当月原定用途的领料数额中扣除

3. 下列关于“材料采购”科目的说法正确的是（ ）。

A. 借方登记采购材料的实际成本　　B. 借方登记转出的材料采购成本节约差异

C. 贷方登记发出材料的实际成本　　D. 贷方登记转出的材料采购成本超支差异

4. 下列（ ）在发生时直接记入“管理费用”科目，不必通过“应交税费”科目核算。

A. 车船使用税　　B. 房产税

C. 土地使用税　　D. 印花税

5. 下列应计入产品成本的费用是（ ）。

A. 印花税　　B. 长期病假人员工资

C. 机器设备的折旧费　　D. 无形资产的摊销费

6. A企业低值易耗品采用计划成本计价，3月份基本生产车间领用低值易耗品56 000元（计划成本），分8个月摊销。“低值易耗品”账户3月末余额64 000元。“材料成本差异——低值易耗品成本差异”账户3月末调整差异前贷方余额为6 000元，则3月份低值易耗品的摊销额

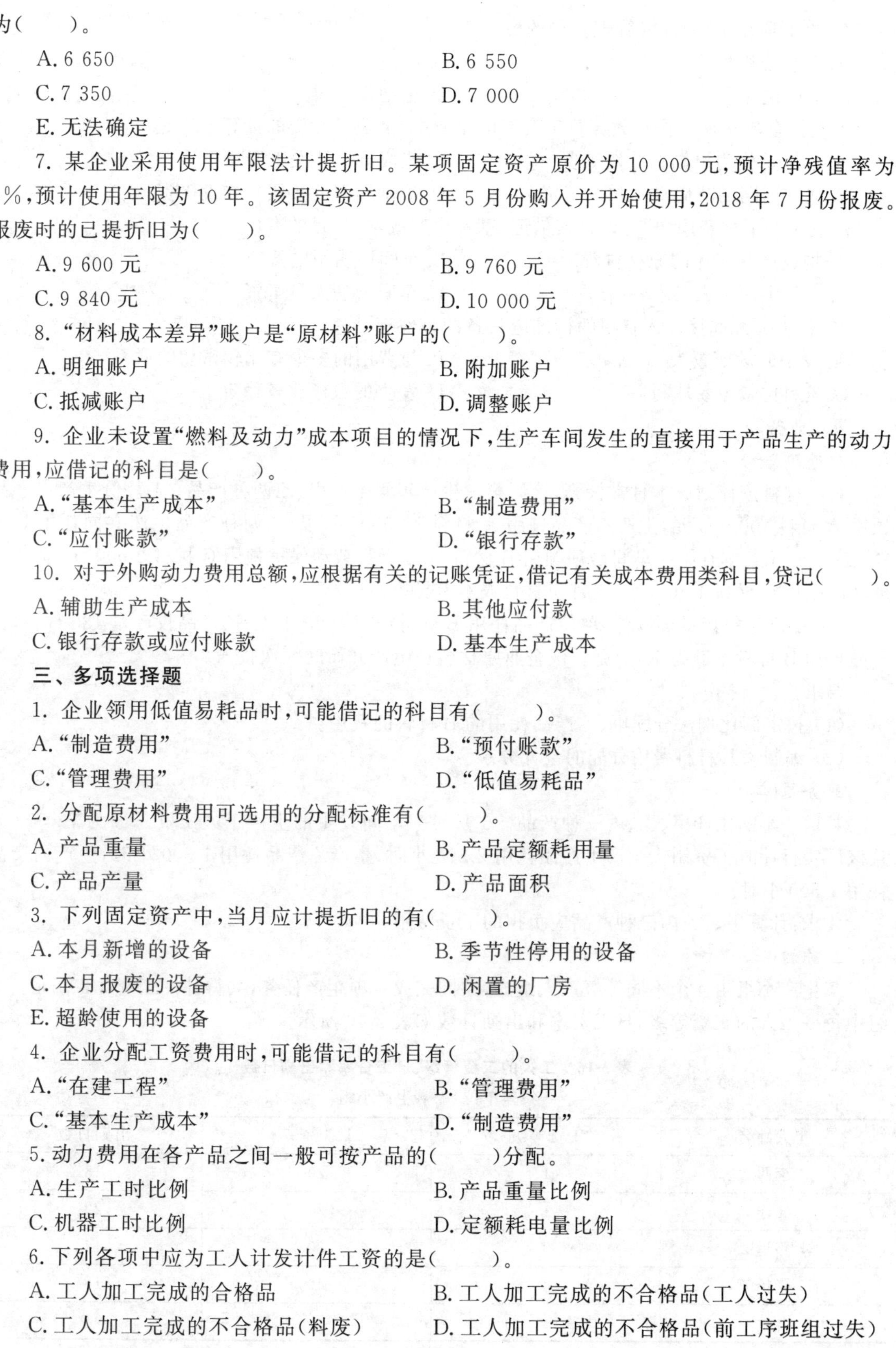

为（　　）。

A. 6 650　　B. 6 550

C. 7 350　　D. 7 000

E. 无法确定

7. 某企业采用使用年限法计提折旧。某项固定资产原价为 10 000 元，预计净残值率为 4%，预计使用年限为 10 年。该固定资产 2008 年 5 月份购入并开始使用，2018 年 7 月份报废。报废时的已提折旧为（　　）。

A. 9 600 元　　B. 9 760 元

C. 9 840 元　　D. 10 000 元

8. “材料成本差异”账户是“原材料”账户的（　　）。

A. 明细账户　　B. 附加账户

C. 抵减账户　　D. 调整账户

9. 企业未设置“燃料及动力”成本项目的情况下，生产车间发生的直接用于产品生产的动力费用，应借记的科目是（　　）。

A. “基本生产成本”　　B. “制造费用”

C. “应付账款”　　D. “银行存款”

10. 对于外购动力费用总额，应根据有关的记账凭证，借记有关成本费用类科目，贷记（　　）。

A. 辅助生产成本　　B. 其他应付款

C. 银行存款或应付账款　　D. 基本生产成本

三、多项选择题

1. 企业领用低值易耗品时，可能借记的科目有（　　）。

A. “制造费用”　　B. “预付账款”

C. “管理费用”　　D. “低值易耗品”

2. 分配原材料费用可选用的分配标准有（　　）。

A. 产品重量　　B. 产品定额耗用量

C. 产品产量　　D. 产品面积

3. 下列固定资产中，当月应计提折旧的有（　　）。

A. 本月新增的设备　　B. 季节性停用的设备

C. 本月报废的设备　　D. 闲置的厂房

E. 超龄使用的设备

4. 企业分配工资费用时，可能借记的科目有（　　）。

A. “在建工程”　　B. “管理费用”

C. “基本生产成本”　　D. “制造费用”

5. 动力费用在各产品之间一般可按产品的（　　）分配。

A. 生产工时比例　　B. 产品重量比例

C. 机器工时比例　　D. 定额耗电量比例

6. 下列各项中应为工人计发计件工资的是（　　）。

A. 工人加工完成的合格品　　B. 工人加工完成的不合格品（工人过失）

C. 工人加工完成的不合格品（料废）　　D. 工人加工完成的不合格品（前工序班组过失）

7. 以下项目中，应计入管理费用的税金有(　　)。

A. 车船使用税　　B. 增值税

C. 房产税　　D. 土地使用税

8. 在按全年平均工作日数算日工资率的企业中，节假日工资的计算方法是(　　)。

A. 节假日作为出勤日计发工资　　B. 节假日不计发工资

C. 缺勤期间的节假日不扣发工资　　D. 缺勤期间的节假日扣发工资

9. 发生的下列费用中，可以直接借记"基本生产成本"科目的有(　　)。

A. 构成产品实体的原材料费用　　B. 车间照明用电费

C. 车间生产工人工资　　D. 车间管理人员工资

10. 作为分配间接计入费用的标准应具备的条件有(　　)。

A. 发生的数额较大　　B. 与费用的多少有比较密切的联系

C. 资料比较容易取得　　D. 发生的数额比较稳定

四、业务题

业务题(一)

某厂材料按计划成本日常核算，该厂第一生产车间生产甲、乙两种产品。1月份生产甲产品领用A材料100 000元，生产乙产品领用A材料88 000元，甲、乙两种产品生产共同耗用B材料225 000元。本月第二车间修理领用B材料7 000元，劳动保护领用C材料2 000元，企业管理部门领用C材料1 400元。1月份材料成本差异率为－2%。

1月甲产品投产量360件，单位产品耗用B材料定额为20千克；乙产品投产量120件，单位产品耗用B材料定额为15千克。该企业原材料在生产开始时一次投入。

要求：

(1) 按定额比例法分配甲、乙产品耗用的B材料的费用。

(2) 编制该月材料费用分配的会计分录。

业务题(二)

某厂一车间生产甲、乙、丙三种产品。5月份一车间发生的生产工人工资总额为72 500元且该厂实行计时工资制。生产甲产品耗用2 200小时，生产乙产品耗用1 300小时，生产丙产品耗用1 500小时。

要求：计算甲、乙、丙三种产品应负担的工资费用。

业务题(三)

某生产小组由4个不同等级工人组成，共同完成一项生产任务，共得计件工资2 800元。小组中每一工人的工资等级、日工资率和出勤日数如表3-16所示。

表3-16　工人的工资等级、日工资率和出勤日数

集体单位：××生产小组

工人姓名	工资等级	日工资率	出勤日数
李西	1	20	18
汪洋	1	20	22
路远	3	30	16
张扬	4	40	18
合计	—	—	74

要求:分配计算每人应得的计件工资。

业务题(四)

达山厂5月20日通过银行支付电费110 000元。该月末查明各车间、部门耗电度数为:基本生产车间动力用电22 500度,辅助生产车间动力用电5 700度,基本生产车间照明用电3 300度,辅助生产车间照明用电1 100度,行政管理部门照明用电2 400度。该月应付外购电力费用合计10 5000元。

要求:

(1) 按照用电度数分配计算各车间、部门动力和照明用电费。

(2) 按照生产工时分配计算基本生产车间甲、乙两种产品的动力费用。产品生产工时分别为:甲产品1 150工时;乙产品850工时。

(3) 编制该月份支付外购电力费用的会计分录。

(4) 编制该月份分配外购电力费用的会计分录。

项目四

辅助生产费用的核算

【知识目标】

• 了解辅助生产费用的含义、主要内容；
• 掌握辅助生产费用归集的方法；
• 掌握辅助生产费用分配的主要方法。

【管理能力】

• 能够认识辅助生产费用对产品成本的影响；
• 能够根据企业管理的要求及经济活动的特点合理选择辅助生产费用的分配方法；
• 能够熟练地运用各种辅助生产费用的分配方法解决实际问题。

【案例导入】

小李刚毕业，参加本市人才招聘会，有3家公司招聘成本会计岗位。一家为塑料杯制造公司，除基本加工车间以外，另外设置一个模具车间，模具制造成本较高；另外一家为西服加工厂，设置一个蒸汽辅助生产车间（为全厂提供熨烫蒸汽），该公司定额、计划等基础资料制定完善；第三家为机械设备制造厂，单独开设一个供电辅助生产车间，用于夏季用电高峰供电。三家公司地处同一区域，3家公司的考官都出了关于辅助生产的问题：辅助生产车间应该如何设置“账户体系”？本公司辅助生产核算上更倾向于什么方法？如何加强辅助生产车间材料管理？如何通过“账户”设置来减少辅助生产车间会计核算成本？

扫码查看案例分析

导　语

本着受益的原则，辅助生产所发生的费用应由受益的部门主要是生产车间和管理部门来承担。辅助生产费用的高低对产品成本有一定影响。作为一项综合性费用，辅助生产费用的归集与分配有其特殊性。

企业在生产经营过程中发生的各项要素费用，根据发生的地点和用途一部分已记入了“基本生产成本”账户，由各有关产品的成本负担，另一部分则记入了“辅助生产成本”“制造费用”等账户。对于记入“辅助生产成本”“制造费用”等账户而归集起来的这部分综合性费用，还需要将它们分配后计入产品成本。本章首先说明辅助生产费用的归集和分配问题。

任务一　辅助生产费用的归集

一、相关的概念

辅助生产是指企业内部主要为基本生产和行政管理部门服务而进行的产品生产或劳务供应。有的只生产一种产品或提供一种劳务，如供电、供水、供汽等，有的则生产多种产品或提供多种劳务，如制造工具、模具和修理等辅助生产。辅助生产提供的产品或劳务，有时也对外销售，但这并不是辅助生产的主要任务。

辅助生产车间提供劳务或产品所耗费的各种生产费用之和，构成这些劳务或产品的成本，从辅助生产车间的角度来说称之为辅助生产成本。但从整个企业来说，这些辅助生产车间的劳务或产品成本相对于受益部门来说又是一种费用，故可称之为辅助生产费用。

辅助生产车间在为基本生产车间和行政管理部门等提供劳务或产品过程中发生的耗费一般包括该车间自身发生的各项费用(如耗用的各项要素费用等，包括直接材料、直接人工和制造费用等)和从其他辅助生产车间分进来的费用(这部分费用是当存在多个辅助生产车间时，由于相互提供劳务或产品而从其他辅助生产车间分进来的交互服务费用)。根据辅助生产的这一特点，必须对辅助生产发生的生产费用单独进行归集并将其分配给各受益对象，所以，辅助生产费用的核算，对产品成本计算程序和成本水平有重要影响。辅助生产车间提供劳务或产品成本的高低，对于企业产品成本的水平有着直接的影响。同时，也只有在辅助生产的劳务或产品成本确定以后，才能完整地计算产品成本。因此，正确、及时地组织辅助生产费用的归集和分配，对于节约生产费用、降低产品成本，以及正确、及时地计算产品成本有着重要意义。

二、辅助生产费用的归集

为了核算辅助生产费用和计算其成本，需设置“辅助生产成本”账户，其借方登记为进行辅助生产所发生的一切费用，包括辅助生产车间内直接发生的费用以及其他辅助生产车间分配转来的费用，贷方登记向其他辅助生产车间、基本生产车间、管理部门、销售部门和企业外部提供的产品、劳务以及完工入库的自制材料、工具等的成本。该账户的期末余额表示辅助生产车间的在产品成本。在实际工作中，辅助生产费用的归集可以通过设置“辅助生产成本”“制造费用”账户来进行，具体有以下两种方法可供选择。

1. 只设置“辅助生产成本”账户，不设置“制造费用”账户

这是一种简化的处理方式。如果辅助生产不对外提供产品，而且辅助生产车间规模很小，制造费用很少，为了简化核算工作，一般可以采用这种方法。

在这种方法下，凡是辅助生产车间发生的各项费用全部记入“辅助生产成本”账户。该账户一般应按车间别，以及劳务或产品别设置明细账。在只提供一种劳务或产品的辅助生产车间，只需按车间别设置；在提供多种劳务或产品的辅助生产车间，除按车间别设置外，还应按各种劳务或产品设置明细账。账内可按成本项目与制造费用项目相结合设立专栏，其参考格式如表 4-1 所示。

表 4-1　辅助生产成本明细账

车间名称：机修车间

劳务（产品）：常规维修　　　　　　　　　　　　　　　　　　金额单位：元

××年		凭证号数	摘要	直接材料	机物料消耗	燃料及动力	直接人工	折旧费	办公费	差旅费	保险费	其他	合计
月	日												

2. 设置“辅助生产成本”和“制造费用”两个账户

在这种方法下，与基本生产车间的处理相类似。对于辅助生产车间提供劳务或产品发生的有专设成本项目的费用记入“辅助生产成本”及其所属明细账，而对于辅助生产车间为组织和管理生产等发生的或未专设成本项目的费用先记入“制造费用——辅助生产车间”账户，月末再分配转入“辅助生产成本”账户，经分配结转后，“制造费用——辅助生产车间”账户应无余额。如果辅助生产的产品或劳务对外提供应采用这种方法。

任务二　辅助生产费用的分配

一、辅助生产费用分配的特点

归集在“辅助生产成本”总账及其明细账借方的辅助生产费用，由于辅助生产类型的不同，其费用结转和分配的程序也不同。提供产品（辅助生产的产品不同于基本生产，基本生产提供的产品称为产成品或库存商品，辅助生产提供的产品是服务于基本生产的，表现为原材料、工具、模具等）的辅助生产费用，在其产品完工入库时，其成本也从有关的辅助生产成本账户的贷方转入“自制半成品”“低值易耗品”“原材料”等账户的借方，不存在辅助生产费用的分配问题。待以后领用时，再根据用途按原材料发出的各种计价方法或低值易耗品、包装物的摊销方法，记入有关的成本、费用类账户。而提供水、电、运输、修理等劳务发生的辅助生产费用，则应按受益单位的耗用量，采用一定的分配方法在受益单位之间进行分配。另外，在某些辅助生产车间之间，也存在相互提供产品和劳务的情况，为了能正确确定基本生产产品和各受益单位所耗用的劳务数量和金额，还应在辅助生产车间之间进行费用的交互分配。

二、辅助生产费用分配的方法

辅助生产费用的分配应当分别车间进行，在实际工作中一般应编制“辅助生产费用分配表”，据以进行相关的账务处理，并登记入账。

辅助生产费用的分配方法很多，主要有直接分配法、一次交互分配法、计划成本分配法、顺序分配法和代数分配法等。

（一）直接分配法

直接分配法（直接对外分配法）是将辅助生产费用直接分配到辅助生产车间之外的受益单

位，而不考虑辅助生产车间之间相互提供产品或劳务的情况。

公式为：

$$某项劳务单位成本(分配率)=\frac{某辅助生产车间直接发生的费用}{辅助生产车间以外的部门耗用的劳务数量总和}$$

某受益单位应分配的费用=该受益单位耗用劳务数量×该项劳务单位成本(分配率)

【例1】 沙洲厂的锅炉车间、机修车间直接发生的费用分别为40 000元和15 000元。假定这两个辅助生产车间劳务供应的对象和数量如表4-2所示。

表4-2 两个辅助生产车间劳务供应的对象和数量

<table>
<tr><th colspan="2">受益对象</th><th>供汽/吨</th><th>机修/小时</th></tr>
<tr><td rowspan="2">辅助生产部门</td><td>锅炉车间</td><td></td><td>100</td></tr>
<tr><td>机修车间</td><td>500</td><td></td></tr>
<tr><td colspan="2">基本生产车间</td><td>12 500</td><td>900</td></tr>
<tr><td colspan="2">行政管理部门</td><td>7 500</td><td>600</td></tr>
<tr><td colspan="2">合计</td><td>20 500</td><td>1 600</td></tr>
</table>

根据上述资料，用直接分配法计算各辅助生产部门的费用分配率如下：

供汽劳务单位成本=40 000元÷20 000吨=2元/吨

机修劳务单位成本=15 000元÷1 500小时=10元/时

根据费用分配率计算的各受益对象应负担的辅助生产成本，用分配表列示如表4-3所示。

表4-3 辅助生产费用分配表(直接分配法)

201×年8月　　　　金额单位：元

<table>
<tr><th colspan="3">辅助生产部门名称</th><th>锅炉车间</th><th>机修车间</th><th>合计</th></tr>
<tr><td colspan="3">直接发生的费用</td><td>40 000</td><td>15 000</td><td>55 000</td></tr>
<tr><td colspan="3">供应辅助生产部门以外单位的劳务量</td><td>20 000吨</td><td>1 500小时</td><td></td></tr>
<tr><td colspan="3">劳务单位成本</td><td>2元/吨</td><td>10元/时</td><td></td></tr>
<tr><td rowspan="4">应借账户</td><td rowspan="2">制造费用——基本生产车间</td><td>耗用劳务量</td><td>12 500吨</td><td>900小时</td><td></td></tr>
<tr><td>应分配金额</td><td>25 000</td><td>9 000</td><td>34 000</td></tr>
<tr><td rowspan="2">管理费用</td><td>耗用劳务量</td><td>7 500吨</td><td>600小时</td><td></td></tr>
<tr><td>应分配金额</td><td>15 000</td><td>6 000</td><td>21 000</td></tr>
<tr><td colspan="3">分配金额合计</td><td>40 000</td><td>15 000</td><td>55 000</td></tr>
</table>

根据表4-3计算数据编制会计分录如下：

借：制造费用——基本生产车间　　34 000
　　管理费用　　21 000
　贷：辅助生产成本——锅炉车间　　40 000
　　　　　　　　　——机修车间　　15 000

采用直接分配法，计算方法简单，但各辅助生产车间的费用是不完整的(没有包括耗用其他辅助生产车间提供劳务的成本)，而且分配给各受益单位的费用也不准确(因为不计算辅助生产车间之间相互供应劳务数量)，因此这种方法只适用于各辅助生产车间相互提供劳务较少的企业。

（二）一次交互分配法

一次交互分配法实际是将辅助生产车间费用的分配分两次进行，第一次分配涉及各辅助生产车间之间的交互分配，第二次分配在辅助生产车间之外的范围内进行。

第一次分配（亦称交互分配或对内分配）：只在各辅助生产车间之间交互分配费用，对辅助生产车间以外的受益单位不进行分配。

第二次分配（亦称直接分配或对外分配）：将辅助生产分配前的费用，加上交互分配分进来的费用，减去交互分配分出去的费用，计算出各辅助生产车间的实际费用，再采用直接分配法分配给辅助生产车间以外的各受益单位。有关计算公式如下：

(1) 交互分配的计算公式：

$$交互分配前某项劳务单位成本=\frac{某辅助生产车间直接发生的费用}{该辅助生产车间提供的劳务数量总和}$$

某辅助生产车间应分配劳务费用＝该辅助生产车间耗用的劳务数量×交互分配前该项劳务单位成本

(2) 对外分配的计算公式：

$$交互分配后某项劳务单位成本=\frac{某辅助生产车间交互分配后的费用总额}{辅助生产车间以外的各受益单位耗用劳务数量总和}$$

某辅助生产车间交互分配后的费用总额＝该辅助生产车间直接发生的费用＋交互分配转入费用－交互分配转出费用

辅助生产车间以外的受益单位应分配劳务费用＝该车间（部门）耗用劳务的数量×交互分配后该项劳务单位成本

【例 2】 仍沿用前例资料，按一次交互分配法编制辅助生产费用分配表如表 4-4 所示。

表 4-4 辅助生产费用分配表（一次交互分配法）

201×年 8 月　　　　金额单位：元

<table>
<tr><td colspan="4">项目</td><td colspan="3">交互分配</td><td colspan="3">对外分配</td></tr>
<tr><td colspan="4">辅助生产部门名称</td><td>锅炉车间</td><td>机修车间</td><td>合计</td><td>锅炉车间</td><td>机修车间</td><td>合计</td></tr>
<tr><td colspan="4">直接发生的费用</td><td>40 000</td><td>15 000</td><td>55 000</td><td>39 962</td><td>15 038</td><td>55 000</td></tr>
<tr><td colspan="4">劳务供应总量</td><td>20 500 吨</td><td>1 600 小时</td><td></td><td>20 000 吨</td><td>1 500 小时</td><td></td></tr>
<tr><td colspan="4">劳务单位成本</td><td>1.951</td><td>9.375</td><td></td><td>1.998</td><td>10.025</td><td></td></tr>
<tr><td rowspan="9">应借账户</td><td rowspan="5">辅助生产成本</td><td rowspan="2">锅炉车间</td><td>数量</td><td></td><td>100 吨</td><td></td><td></td><td></td><td></td></tr>
<tr><td>金额</td><td></td><td>937.5</td><td>937.5</td><td></td><td></td><td></td></tr>
<tr><td rowspan="2">机修车间</td><td>数量</td><td>500 小时</td><td></td><td></td><td></td><td></td><td></td></tr>
<tr><td>金额</td><td>975.5</td><td></td><td>975.5</td><td></td><td></td><td></td></tr>
<tr><td colspan="2">金额小计</td><td>975.5</td><td>937.5</td><td>1 913</td><td></td><td></td><td></td></tr>
<tr><td rowspan="2">制造费用</td><td rowspan="2">基本生产车间</td><td>数量</td><td></td><td></td><td></td><td>12 500 吨</td><td>900 小时</td><td></td></tr>
<tr><td>金额</td><td></td><td></td><td></td><td>24 975</td><td>9 023</td><td>33 998</td></tr>
<tr><td rowspan="2">管理费用</td><td rowspan="2">行政管理部门</td><td>数量</td><td></td><td></td><td></td><td>7 500 吨</td><td>600 小时</td><td></td></tr>
<tr><td>金额</td><td></td><td></td><td></td><td>14 987</td><td>6 015</td><td>21 002</td></tr>
<tr><td colspan="4">对外分配金额合计</td><td>40 000</td><td>15 000</td><td></td><td>39 962</td><td>15 038</td><td>55 000</td></tr>
</table>

据此编制会计分录如下：

(1)交互分配分录：

借:辅助生产成本——锅炉车间　　937.5
　贷:辅助生产成本——机修车间　　937.5

借:辅助生产成本——机修车间　　975.5
　贷:辅助生产成本——锅炉车间　　975.5

(2)对外分配分录：

借:制造费用——基本生产车间　　33 998
　管理费用　　21 002
　贷:辅助生产成本——机修车间　　15 038
　　　　　　　　——锅炉车间　　39 962

采用一次交互分配法,克服了直接分配法在辅助生产车间之间不分配费用的缺点,提高了分配结果的准确性。但由于交互分配的费用分配率(单位成本)是根据交互分配以前的待分配费用计算的,不是该辅助生产的实际单位成本,因而分配结果还不够准确;采用这种方法分配辅助生产费用,由于计算两个分配率,实际进行两次分配,计算烦琐,往往影响成本核算的及时性。一次交互分配法一般适用于各辅助生产车间之间相互提供劳务较多的企业。

(三) 计划成本分配法

计划成本分配法是按劳务的计划单位成本和实际耗用劳务的数量分配辅助生产费用,对于辅助生产车间的实际费用和按计划成本计算的分配额之间的差异,为便于考核和简化核算,可不再按受益比例进行分摊,而直接增加或冲减制造费用或管理费用,在这种方法下分配辅助生产费用也分两步进行。

第一步,按计划成本对所有的受益部门进行费用的分配。公式如下：

某受益单位负担的某项劳务成本＝该部门耗用该项劳务的数量×该项劳务计划单位成本

第二步,计算并处理各辅助生产车间的差异。公式如下：

某辅助生产车间的成本差异＝该辅助生产车间直接发生的生产费用＋其他辅助生产车间按计划成本分配转入的费用

【例 3】 以上例资料为基础,假定沙洲厂按照计划成本分配辅助生产费用,计划单位成本锅炉车间的蒸汽每吨 1.8 元,机修车间每小时 9.5 元,按计划成本分配法编制辅助生产费用分配表如表 4-5 所示。

表 4-5　辅助生产费用分配表(计划成本分配法)

201×年 8 月　　　　金额单位:元

劳务供应 项目	锅炉车间		机修车间		费用合计
	数量/吨	费用	数量/小时	费用	
直接发生的费用		40 000		15 000	55 000

续表

项目 \ 劳务供应				锅炉车间		机修车间		费用合计
				数量/吨	费用	数量/小时	费用	
计划成本分配	计划单位成本				1.8		9.5	
	应借账户	辅助生产成本	锅炉车间			100	950	950
			机修车间	500	900			900
			小计		900		950	1 850
		制造费用	基本生产车间	12 500	22 500	900	8 550	31 050
		管理费用		7 500	13 500	600	5 700	19 200
	按计划成本分配合计				36 900		15 200	52 100
辅助生产“实际”成本					40 950		16 200	57 150
辅助生产成本差异额					4 050		1 000	5 050

根据辅助生产费用分配表，编制会计分录如下：

按计划成本分配的分录：

借：辅助生产成本——锅炉车间　　950

　　　　　　　——机修车间　　900

　　制造费用——基本生产车间　　31 050

　　管理费用　　19 200

　　贷：辅助生产成本——锅炉车间　　36 900

　　　　　　　　　——机修车间　　15 200

结转成本差异的分录：

借：管理费用　　5 050

　　贷：辅助生产成本——锅炉车间　　4 050

　　　　　　　　　——机修车间　　1 000

采用计划成本分配法便于考核企业内部各单位的成果，在分配表内反映各辅助生产车间的成本差异，便于考核辅助生产车间的成本管理工作，剔除辅助生产成本差异的影响，便于分析考核各基本生产车间的成本水平。采用计划成本分配法还可以简化和加速核算工作，由于计划成本是事先确定的，而且各辅助生产车间的费用只分配一次，因此，各受益单位根据耗用辅助生产车间劳务或产品的数量，即可确定应负担的费用，而无须相互等待。但是采用这种方法，必须具有比较准确的计划单位成本，否则影响分配的准确性。

（四）顺序分配法

顺序分配法，是将各辅助生产车间按受益多少的顺序依次排列，受益少的排在前，先将费用分配出去，受益多的排在后，后将费用分配出去，排列在前的分配给排列在后的，排列在后的不再分配给排列在前的。但应注意的是：受益多少，是指受益金额的大小，而不是指受益数量的多少。排列在后的进行分配时，应在原发生的费用基础上加上排列在前的辅助生产车间费用分配转入数。

【例 4】 以上例资料为基础，假定沙洲厂锅炉车间蒸汽的计划单位成本每吨 2 元，机修车间每小时 8 元。

锅炉车间受益额＝100 小时×8 元/小时＝800 元

机修车间受益额＝500 吨×2 元/吨＝1 000 元

可见，锅炉车间受益较少，先行分配。按顺序分配法，分配锅炉车间直接发生的费用，编制辅助生产费用分配表如表 4-6 所示。

表 4-6 辅助生产费用分配表(顺序分配法——锅炉车间)

201×年 8 月　　　　金额单位：元

供应单位＼应借账户		辅助生产成本		制造费用	管理费用	合计
		锅炉车间	机修车间	基本生产车间		
锅炉车间	供应数量		500 吨	12 500	7 500	20 500
	直接发生的费用					40 000
	待分配费用					40 000
	分配率					1.951 2
	分配金额		976	24 390	14 634	40 000

根据以上业务编制会计分录如下：

借：辅助生产成本——机修车间　　976

　制造费用——基本生产车间　　24 390

　管理费用　　14 634

　贷：辅助生产成本——锅炉车间　　40 000

机修车间受益额较多，应后进行分配。在原发生的费用基础上加上锅炉车间的分配转入数求和，再对合计数进行分配，并且不再分配给锅炉车间。

机修车间待分配费用：直接发生的费用＋分配来的费用＝15 000 元＋976 元＝15 976 元。

对机修车间进行分配，编制辅助生产费用分配表如表 4-7 所示。

表 4-7 辅助生产费用分配表(顺序分配法——机修车间)

201×年 8 月　　　　金额单位：元

供应单位＼应借账户		辅助生产成本		制造费用	管理费用	合计
		锅炉车间	机修车间	基本生产车间		
机修车间	供应数量			900	600	1 500
	直接发生的费用					15 000
	待分配费用					15 976
	分配率					10.650 7
	分配金额			9 585.63	6 390.37	15 976

根据以上业务编制会计分录如下：

借：制造费用——基本生产车间　　　　9 585.63

　　管理费用　　　　　　　　　　　　6 390.37

　贷：辅助生产成本——机修车间　　　　　15 976

采用顺序分配法，各种辅助生产费用也只分配一次，分配方法简单。这种分配方法既分配给辅助生产以外的受益单位，又分配给排列在后的其他辅助生产车间，使得排列在后的辅助生产车间费用归集较全，因而分配结果正确性较直接分配法有所提高。但由于排列在前的辅助生产车间不负担排列在后的辅助生产车间的费用，因此，其分配结果的正确性受到排列顺序的影响。

这种分配方法适宜在各辅助生产车间之间相互受益具有明显差异的企业中采用。

（五）代数分配法

代数分配法，是根据初等代数中解多元一次联立方程的原理，先算出各辅助生产车间劳务的单位成本，然后根据该单位成本和各受益单位（包括辅助生产车间）耗用的数量计算分配辅助生产费用的一种方法。

【例 5】 仍沿用前例资料，按代数分配法计算如下：

设 x 为每吨汽的成本，y 为每小时修理的成本，则设立联立方程式为

$$\begin{cases} 40\,000+100y=20\,500x \\ 15\,000+500x=1\,600y \end{cases}$$

上述联立方程式求解得：$\begin{cases} x=2 \\ y=10 \end{cases}$

编制辅助生产费用分配表如表 4-8 所示。

表 4-8　辅助生产费用分配表（代数分配法）

201× 年 8 月　　　　金额单位：元

<table>
<tr><td colspan="4">辅助生产部门名称</td><td>锅炉车间</td><td>机修车间</td><td>合计</td></tr>
<tr><td colspan="4">直接发生的费用</td><td>40 000</td><td>15 000</td><td>55 000</td></tr>
<tr><td colspan="4">劳务供应总量</td><td>20 500</td><td>1 600</td><td></td></tr>
<tr><td colspan="4">用代数分配法算出实际单位成本</td><td>2</td><td>10</td><td></td></tr>
<tr><td rowspan="9">应借账户</td><td rowspan="5">辅助生产成本</td><td rowspan="2">锅炉车间</td><td>耗用数量</td><td></td><td>100 小时</td><td></td></tr>
<tr><td>分配金额</td><td></td><td>1 000</td><td>1 000</td></tr>
<tr><td rowspan="2">机修车间</td><td>耗用数量</td><td>500 吨</td><td></td><td></td></tr>
<tr><td>分配金额</td><td>1 000</td><td></td><td>1 000</td></tr>
<tr><td colspan="2">分配金额小计</td><td>1 000</td><td>1 000</td><td>2 000</td></tr>
<tr><td rowspan="2">制造费用</td><td rowspan="2">基本生产车间</td><td>耗用数量</td><td>12 500</td><td>900</td><td></td></tr>
<tr><td>分配金额</td><td>25 000</td><td>9 000</td><td>34 000</td></tr>
<tr><td rowspan="2">管理费用</td><td colspan="2">耗用数量</td><td>7 500</td><td>600</td><td></td></tr>
<tr><td colspan="2">分配金额</td><td>15 000</td><td>6 000</td><td>21 000</td></tr>
<tr><td colspan="4">分配金额合计</td><td>41 000</td><td>16 000</td><td>57 000</td></tr>
</table>

根据以上业务编制会计分录如下：

借:辅助生产成本——锅炉车间　　1 000
　　　　　　　——机修车间　　1 000
　制造费用——基本生产车间　　34 000
　管理费用　　21 000
　贷:辅助生产成本——锅炉车间　　41 000
　　　　　　　　——机修车间　　16 000

采用代数分配法,分配结果最准确。这种方法一般适宜在辅助生产车间不多或已经实现会计电算化的企业中采用。

【项目总结】

辅助生产主要是为基本生产和行政管理部门服务而进行的生产。在进行辅助生产过程中发生的各种生产费用,站在辅助生产车间的角度称之为辅助生产成本,但相对于受益部门来说是一种费用,可称之为辅助生产费用。

辅助生产费用的归集,主要是通过“辅助生产成本”和“制造费用”账户来完成的,若辅助生产车间规模小,制造费用少,也可不设置“制造费用”账户。

对辅助生产费用的分配必须分别车间进行,一般应编制“辅助生产费用分配表”。辅助生产费用的分配方法很多,主要有直接分配法、一次交互分配法、计划成本分配法、顺序分配法和代数分配法等。

1. 什么是辅助生产？辅助生产核算的意义是什么？

2. 怎样归集辅助生产费用？在什么情况下,辅助生产发生的制造费用可以不通过“制造费用”账户核算？

3. 简要说明辅助生产费用分配的特点。辅助生产费用的分配有哪些方法？说明各种分配方法的特点、优缺点及适用性。

4. 辅助生产费用的一次交互分配法与按计划成本法的分配程序怎样？两者在确定各辅助生产车间实际费用时有何不同？为什么？

【项目测试】

一、判断题

1. 辅助生产车间发生的各项生产费用均可直接记入“辅助生产成本”科目。（　）

2. 在企业只有一个辅助生产车间时采用直接分配法分配结果最准确。（　）

3. 采用顺序分配法进行辅助生产费用分配,应按照辅助生产车间受益金额大小的顺序排列,受益大的排在前,受益小的排在后。（　）

4. 按一次交互分配法分配辅助生产费用时，各辅助生产车间、部门交互分配后的实际费用，应等于交互分配前的费用加上交互分配转出的费用减去交互分配转入的费用。（　　）

5. 采用计划成本分配辅助生产费用时，本着简化核算的原则辅助生产成本差异可以全部转入管理费用，不再分配给辅助生产以外的各受益单位。（　　）

6. 辅助生产费用的直接分配法，就是按照对外提供劳务的数量将辅助生产费用全部分配给辅助生产部门以外的各受益单位。（　　）

7. 辅助生产费用的代数分配法，通过解联立方程将辅助生产费用直接分配给各受益车间、部门，不需要计算辅助生产劳务单位成本。（　　）

8. “辅助生产成本”账户月末一定没有余额。（　　）

9. 一次交互分配法能够计算准确的对外分配的单位成本，因而能够提供准确的费用分配资料。（　　）

10. 在辅助生产车间不设置“制造费用”科目的情况下，辅助生产成本明细账中必须设置“制造费用”成本项目。（　　）

11. 按计划成本分配法分配辅助生产费用，不必在辅助生产车间之间进行交互分配。（　　）

12. 采用按计划成本分配法分配辅助生产费用时，将辅助生产成本差异全部计入管理费用，有利于简化费用分配工作，也有利于各受益单位的成本考核和分析。（　　）

二、单项选择题

1. 辅助生产车间完工的模具入库时，应借记的科目是（　　）。

A.“基本生产成本”　　B.“辅助生产成本”

C.“原材料”　　D.“低值易耗品”

2. 辅助生产车间完工的材料入库时，应借记的科目是（　　）。

A.“基本生产成本”　　B.“辅助生产成本”

C.“原材料”　　D.“低值易耗品”

3. 按计划成本分配辅助生产费用时，某辅助生产车间实际总成本的计算方法是（　　）。

A. 该车间直接发生的费用加上按计划成本分配转入的费用

B. 该车间直接发生的费用减去按计划成本分配转出的费用

C. 该车间直接发生的费用加上分配转出的费用减去分配转入的费用

D. 该车间直接发生的费用加上分配转入的费用减去分配转出的费用

4. 采用一次交互分配法时，辅助生产费用的直接分配率是（　　）。

A. 根据该车间直接发生的费用和提供的劳务总量计算的

B. 根据该车间交互分配以后的费用和提供的劳务总量计算的

C. 根据该车间直接发生的费用和对辅助生产以外部门提供的劳务总量计算的

D. 根据该车间交互分配以后的费用和对辅助生产以外部门提供的劳务总量计算的

5. 下列便于分析和考核各受益单位的成本，有利于分清企业内部各单位经济责任的是（　　）。

A. 代数分配法　　B. 直接分配法

C. 计划成本分配法　　D. 顺序分配法

6. 辅助生产费用一次交互分配后的实际费用，应在(　　)。

A. 所有受益单位之间分配　　B. 辅助生产以外的各受益单位之间分配

C. 所有辅助生产单位之间分配　　D. 各受益的基本生产车间之间进行分配

7. 在辅助生产车间、部门较多，计算工作较为复杂，已经实现电算化的企业，分配辅助生产费用选择(　　)较好。

A. 直接分配法　　B. 代数分配法

C. 一次交互分配法　　D. 计划成本分配法

8. 辅助生产费用一次交互分配法的交互分配是在(　　)之间的分配。

A. 辅助生产车间与基本生产车间　　B. 企业内部各生产车间

C. 基本生产车间与管理部门　　D. 各辅助生产车间、部门

9. “辅助生产成本”科目月末结转后(　　)。

A. 一定没有余额　　B. 如果有余额，余额一定在借方

C. 如果有余额，余额一定在贷方　　D. 可能有借方或贷方余额

10. 某项辅助生产费用分配时，编制的会计分录是：借记“基本生产成本”科目，贷记“辅助生产成本”科目。该项费用可能是(　　)。

A. 修理车间的修理费　　B. 运输车间的运输费

C. 动力车间的动力费　　D. 供水车间的水费

11. 采用辅助生产费用分配的一次交互分配法，对外分配的费用总额是(　　)。

A. 交互分配前直接发生的费用

B. 交互分配前直接发生的费用加上交互分配转入的费用

C. 交互分配前直接发生的费用减去交互分配转出的费用

D. 交互分配前直接发生的费用加上交互分配转入的费用，减去交互分配转出的费用

12. 为了简化核算工作，按计划成本分配形成辅助生产成本差异一般全部记入(　　)。

A. “辅助生产成本”　　B. “基本生产成本”

C. “制造费用”　　D. “管理费用”

三、多项选择题

1. 企业进行辅助生产费用分配时，可能借记的科目有(　　)。

A. “基本生产成本”　　B. “辅助生产成本”

C. “制造费用”　　D. “在建工程”

2. 下列方法中，属于辅助生产费用分配方法的有(　　)。

A. 直接分配法　　B. 交互分配法

C. 约当产量法　　D. 代数分配法

3. 辅助生产费用按计划成本分配的优点是(　　)。

A. 分配结果最正确　　B. 便于考核辅助生产成本计划执行情况

C. 成本计算比较及时　　D. 有利于分清企业内部各单位的经济责任

4. 下列(　　)属于交互分配的方法，考虑了辅助生产车间之间相互提供劳务的情况。

A. 一次交互分配法　　B. 直接分配法

C. 代数分配法　　　　D. 按计划成本分配法

5. 采用顺序分配法分配辅助生产费用时,应当(　　)。

A. 按受益数量多少排列　　　　B. 按受益金额多少排列

C. 受益金额少的排列在前　　　　D. 受益金额多的排列在后

6. 辅助生产符合下列(　　)条件时,可以不设"制造费用"账户。

A. 制造费用金额很小　　　　B. 辅助生产车间规模很小

C. 辅助生产车间对外提供商品产品　　　　D. 辅助生产车间不对外提供商品产品

7. 某企业采用代数分配法分配辅助生产费用。某月份供电车间的待分配费用为 10 500 元,供电总量为 30 000 度,其中供水车间耗用 5 000 度;供水车间的待分配费用为 9 000 元,供水总量为 10 000 吨,其中供电车间耗用 1 000 吨。根据上述资料,应设立的方程式有(　　)。

A. $10\ 500+5\ 000x=30\ 000y$　　　　B. $9\ 000+5\ 000x=10\ 000y$

C. $10\ 500+1\ 000y=30\ 000x$　　　　D. $9\ 000+1\ 000y=10\ 000x$

8. 采用代数分配法分配辅助生产费用的优点是(　　)。

A. 能够提供正确的分配计算结果　　　　B. 能够简化费用的分配计算工作

C. 便于分析考核各受益单位的成本　　　　D. 适用于实行电算化的企业

四、业务题

业务题(一)

某企业辅助生产的制造费用不通过"制造费用"科目核算。辅助生产车间某月共发生生产费用 73 146 元。其中:原材料费用 51 200 元,机物料费用 3 420 元;应付生产工人工资 5 472 元,应付管理人员工资 2 394 元;应提折旧 3 340 元;开出支票支付其他各项费用共计 7 320 元。月末完工工具一批,其计划成本为 3 300 元,实际成本为 3 310 元。该月为各单位提供的劳务费用为:为基本生产车间提供动力(该企业基本生产成本设有"燃料及动力"成本项目)53 820 元,提供一般劳务 8 210 元;为行政管理部门提供劳务 3 110 元;为专设的销售机构提供劳务 4 696元。

要求:

(1) 编制辅助生产费用归集的会计分录。

(2) 编制辅助生产费用分配的会计分录。

业务题(二)

1. 资料见上面业务题(一)。

2. 该企业辅助生产的制造费用改为通过"制造费用"科目核算。

3. 该企业基本生产的产品设有"直接材料""直接人工""燃料及动力"和"制造费用"四个成本科目;辅助生产的产品和劳务未设"燃料及动力"成本项目,即只设三个成本项目。

要求:

(1) 按照工业企业的费用要素,分别编制分配各种要素费用的会计分录(有关生产成本的科目要列示成本项目,有关制造费用的科目要按基本生产和辅助生产分别列示)。

(2) 编制结转辅助生产制造费用的会计分录。

(3) 编制分配辅助生产费用的会计分录。

业务题(三)

沙洲厂辅助生产车间的制造费用不通过“制造费用”科目核算。该企业机修和运输两个辅助生产车间之间相互提供劳务。修理耗用的材料不多,修理费用均按修理工时比例分配。该企业201×年8月有关辅助生产费用的资料如表4-9所示。

表4-9 沙洲厂201×年8月有关辅助生产费用的资料

辅助生产车间名称		运输车间	机修车间
待分配费用		9 600元	9 500元
供应劳务数量		16 000公里	19 000小时
耗用劳务数量	运输车间		1 000小时
	机修车间	1 000公里	
	基本生产一车间	6 000公里	9 200小时
	基本生产二车间	5 000公里	6 800小时
	行政管理部门	4 000公里	2 000小时

计算时,分配率的小数算四位,第五位四舍五入;分配的小数尾差,计入管理费用。

要求:根据上述有关资料,分别采用直接分配法、一次交互分配法编制辅助生产费用分配表和相应的会计分录。

业务题(四)

沙洲厂有供水和供电两个辅助生产车间。201×年7月份供水车间供水24 000吨,全月发生的生产费用为7 200元,每吨水计划成本为0.65元;供电车间供电40 000度,全月发生的生产费用为21 000元,每度电计划成本为0.50元。水电均为一般消耗用。辅助生产车间不设置“制造费用”账户。本月各车间、部门消耗水电情况如表4-10所示。

表4-10 各车间、部门消耗水电情况

耗用	单位	供水车间	供电车间	基本生产车间	行政管理部门
水	吨	—	6 000	13 000	5 000
电	度	6 000	—	30 000	4 000

要求:按计划成本分配法分别编制2个车间分录,并计算供水车间和供电车间的成本差异。

项目五

制造费用的核算

【知识目标】

- 了解制造费用的含义及主要内容；
- 熟悉制造费用归集的业务处理；
- 掌握制造费用分配的主要方法及相关业务处理。

【管理能力】

- 能够分清制造费用与管理费用的界限；
- 能够根据企业管理的要求及经济活动的特点对制造费用进行合理的归集；
- 能够根据各种制造费用分配方法的特点选择适合企业具体情况的分配方法。

【案例导入】

小张毕业后受雇于一家记账公司，项目经理要求他完成3家新公司的制造费用处理业务。甲公司为一家网络电视机顶盒研发制造公司，引进最新生产线，车间进行全自动化生产；乙公司是当地老牌纺织企业，依赖于20世纪进口的日本生产线生产；丙公司是一家小型冷饮生产厂商。如果你是小张，在确定制造费用业务时，综合考虑上述3家公司的特点，应如何选择合适的方法来完成项目经理布置的任务？另外，如果记账人员提出科学合理的成本管理建议，3家公司将采纳并给予一定的奖励，如果你是小张，有何建议？

扫码查看案例分析

导　语

制造费用在产品成本中占有一定的比重，它是构成产品成本的综合性成本项目，由多个要素费用所构成。本章将对制造费用的归集和分配问题进行阐述。

任务一　制造费用的归集

一、制造费用的内容

制造费用是指工业企业的生产部门(包括车间和分厂)为组织和管理生产而发生的各项费用,以及直接用于产品生产但未专设成本项目和间接用于产品生产的各项费用。

制造费用大部分是间接用于产品生产的费用。例如机物料消耗,车间和分厂生产用房屋及建筑物的折旧费、租赁费和保险费,车间和分厂生产用的照明费、取暖费、运输费、劳动保护费,以及季节性停工和生产用固定资产修理期间的停工损失等。

制造费用还包括直接用于产品生产,但管理上不要求单独核算或者不便于单独核算,因而未专设成本项目的费用。例如机器设备的折旧费、租赁费和保险费,生产工具摊销费,设计制图费和试验检验费,以及未专设成本项目的生产工艺用动力等。

制造费用也包括车间、分厂用于组织和管理生产的费用。具体包括:车间或分厂管理人员的人工费,车间或分厂管理用房屋和设备的折旧费、租赁费和保险费,车间或分厂管理用具摊销费,车间或分厂管理用的照明费、水电费、取暖费、差旅费和办公费等。

制造费用在产品成本中占有一定的比重,即这些费用最终要计入产品成本中去,但间接费用一般难以根据原始凭证确认为某一产品生产所发生的,因此不能按产品制定定额,也不能按产品进行归集,只能按车间、部门编制费用计划或预算加以控制。因而平时我们对制造费用的归集是按车间来进行的,也就是要按车间或部门来设明细账以监督制造费用计划或预算的执行情况,并将制造费用采用恰当的方法分配计入各种产品成本中去,以达到正确计算产品成本的目的。

二、制造费用的归集

制造费用的归集是通过设置“制造费用”账户进行的。该账户按用途和结构属于集合分配账户,借方归集月份内发生的制造费用,贷方反映分配转出的费用,除季节性生产企业外,月末一般无余额。为了分别反映各车间、部门各项制造费用的支出情况,“制造费用”账户应按车间、部门设置明细账,账内按费用项目设立专栏,分别反映各车间、部门各项制造费用的支出情况,以便于成本、费用的考核和分析。

制造费用的内容比较复杂,为了减少费用项目,简化核算工作,制造费用明细账中的费用项目,一般是按相同性质的费用合并设立的。如将车间、分厂生产用房屋建筑物的折旧费和机器设备的折旧费,以及车间、分厂管理用房屋、设备的折旧费合并设立一个“折旧费”项目。不论其用途是直接用于产品生产、间接用于产品生产还是用于组织和管理生产。制造费用的费用项目,一般应包括机物料消耗、人工费、折旧费、租赁(不包括融资租赁)费、保险费、低值易耗品摊销、水电费、取暖费、运输费、差旅费、办公费、劳动保护费、设计制图费、试验检验费等。

企业应遵循重要性和可比性的要求,可以根据费用大小及管理要求,另行设立费用项目或对上述费用项目再进行合并或细分，但一经确定，不应任意变更，以利于各期成本费用资料的对比。

由于制造费用大多与产品生产工艺无直接联系（即大多是间接生产费用），而且一般是间接计入费用，因而，只能按车间、部门和费用项目编制计划加以控制。

制造费用归集时，应根据各种记账凭证和各种费用分配表进行登记，在车间发生各项费用时，借记“制造费用”账户，贷记“原材料”“应付职工薪酬”“库存现金”“银行存款”“周转材料”等有关账户，在生产车间发生有关冲减费用事项时，应分别根据有关凭证从“制造费用”账户的贷方转出，并以红字或负数记入明细账户的有关项目中，以便正确地归集和核算制造费用总额，月终将制造费用分配结转到“基本生产成本”账户中去。

如果辅助生产车间发生的制造费用是通过“制造费用”账户核算的，则应比照基本生产车间发生的制造费用核算。

任务二　制造费用的分配

制造费用分配的对象应是各车间（或分厂）本期所生产的各种产品和劳务。制造费用的分配应按不同车间（或分厂）分别进行，在该车间（或分厂）所生产的各种产品（或劳务）之间进行分配，而不应将各车间（或分厂）的制造费用汇总起来在全厂范围内统一分配。

具体分配时，在只生产一种产品的车间（或分厂）中，发生的制造费用是直接计入费用，全部由该产品负担，即制造费用直接记入该产品的“基本生产成本”明细账。在生产多种产品的车间（或分厂）中，如果各生产班组按产品品种分工，则各班组本身发生的制造费用也是直接计入费用，应直接计入各该产品的成本，而各班组共同发生的制造费用是间接计入费用，应采用适当的方法分配计入各种产品的成本；如果各生产班组按生产工艺分工，则全部制造费用都是间接计入费用，都应采用适当的分配方法，分配计入该车间（或分厂）各种产品的成本。

在生产多种产品的车间（或分厂）中，其共同发生的制造费用需按一定的分配标准在受益产品的范围内进行分配，选择分配标准时应注意分配标准必须与被分配制造费用的发生具有密切联系，并适当考虑计算手续的简便。常用的制造费用的分配方法主要有实际分配率法、计划分配率法和累计分配率法三类。

一、实际分配率法

实际分配率法是将各生产车间和分厂归集的各期实际制造费用按照根据实际情况选定的分配标准进行制造费用分配的方法。期末按实际分配率法分配结转之后，制造费用账户应无余额。实际分配率法下可供选择的标准很多，分述如下：

（一）生产工时比例法

生产工时比例法是以各种产品的生产工时作为标准来分配制造费用的一种方法。生产工时可以是实际工时，也可以是定额工时，其计算公式为：

$$费用分配率=\frac{制造费用总额}{各种产品生产工时总额}$$

某种产品应负担的制造费用=该种产品的生产工时数×费用分配率

优点:①生产工时(实际工时或定额工时)的资料比较容易取得,核算比较简便;②能将劳动生产率与产品负担的费用水平联系起来(因为采用这种方法是假定制造费用与直接人工密切相关,直接人工每增加一小时,便增加若干制造费用)。

缺点:不适用于产品生产的机械化程度相差悬殊的企业,否则,制造费用中机器设备的折旧费等将大部分由机械化程度低的产品来负担,显得很不合理。

【例 1】 假设沙洲厂有两个生产车间,1 月份第一车间生产甲、乙两种产品,共发生制造费用84 000元,第二车间生产丙产品,发生制造费用 36 000 元,三种产品实际耗用工时分别为:甲26 000小时,乙 30 000 小时,丙 40 000 小时。要求对制造费用进行分配。

第一车间制造费用的分配:

制造费用分配率=84 000 元÷(26 000+30 000)小时=1.5 元/时

甲产品应分配的制造费用=26 000 小时×1.5 元/时=39 000 元

乙产品应分配的制造费用=30 000 小时×1.5 元/时=45 000 元

第二车间发生的制造费用,因为只生产丙产品一种产品,因而,全部由丙种产品成本来负担,不需要进行分配。

实际工作中,制造费用的分配是通过编制“制造费用分配表”来完成的,具体如表 5-1 所示。

表 5-1 制造费用分配表

201×年 1 月　　　　单位:元

成本计算对象	实际耗用工时/小时	制造费用分配率	第一车间费用	第二车间费用	合计
甲产品	26 000		39 000		39 000
乙产品	30 000		45 000		45 000
小计	56 000	1.5	84 000		84 000
丙产品	40 000			36 000	36 000
合计	96 000		84 000	36 000	120 000

根据制造费用分配表做如下会计分录:

借:基本生产成本——甲产品　　39 000
　　　　　　　——乙产品　　45 000
　　　　　　　——丙产品　　36 000
　贷:制造费用——第一车间　　　84 000
　　　　　　——第二车间　　　36 000

(二) 生产工人工资比例法

生产工人工资比例法是以直接计入各种产品成本的生产工人工资作为标准对制造费用进行分配的一种方法。其计算公式为:

$$费用分配率=\frac{制造费用总额}{各种产品生产工人工资总额}$$

某种产品应负担的制造费用＝该种产品的生产工人工资×费用分配率

优点:①生产工人工资的资料容易取得;②计算方法简便;③适用于产品机械化程度大致相同、生产工人的熟练程度相仿的情况。

缺点:采用这种方法的前提是假定制造费用与人工成本密切相关,所以在产品机械化程度相差悬殊、工人熟练程度不同的情况下,制造费用则大部分由机械化程度低和加工等级低的产品来负担,这样显然不合理。

（三）机器工时比例法

机器工时比例法是以各种产品的机器工时作为标准对制造费用进行分配的一种方法。其计算公式为:

$$费用分配率=\frac{制造费用总额}{各种产品耗用的机器工时之和}$$

某种产品应负担的制造费用＝该种产品耗用的机器工时数×费用分配率

适用性:由于这种方法是假定制造费用与机器操作时间密切相关,因而,它适用于机械化、自动化程度很高并且具备各种产品所耗机器工时原始记录的企业。

缺点:①当不同机器设备单位工作时间折旧、修理费相差悬殊时,将影响分配结果的准确性(补救措施:可以通过系数折合成标准工时进行分配)。②实际制造费用中并非全部项目都与机器操作有关,都按机器工时比例分配显然不合理(补救措施:可对制造费用进行划分,分别按机器工时和其他标准进行分配)。③核算工作量比较大。④只适用于基本生产车间制造费用的分配,而不适用于与机器工时没有直接关系的分厂制造费用的分配。

（四）直接材料成本比例法

直接材料成本比例法是以各种产品耗用的直接材料成本作为标准对制造费用进行分配的一种方法。

优点:资料容易取得,计算简便。

缺点:局限性大,制造费用中的很多项目与产品生产耗用的直接材料的成本没有直接关系,因而它只适用于各种产品使用同一种原料及主要材料,加工过程比较简单,制造费用中由于对原料及主要材料进行处理的费用所占比重较大的企业或车间。

（五）直接成本比例法

直接成本比例法是以各种产品耗用的直接材料和直接人工成本之和作为标准对制造费用进行分配的一种方法。

由于直接成本中材料成本所占比重大,分配结果受材料成本影响较大,而且由于直接材料成本和直接人工成本对制造费用影响程度不一致,以二者之和作为标准分配制造费用,计算结果缺少实际意义,因而实际工作中很少采用。

（六）标准产量比例法

采用标准产量为分配标准,首先要在各生产车间或分厂所生产的产品中确定某种产品为标准产品,并将该种产品的系数定为1,然后将其他产品采用一定的方法与标准产品进行比较,确定各自的系数,最后,根据各种产品本期的实际产量和各自已定的系数核算成标准产量。

【例2】 某企业一车间A产品本期实际产量为4 000件,B产品本期实际产量为8 000件,假设该车间以A产品为标准,其核算系数为1,B产品核算系数按B产品与A产品的定额工时比例确定，设A产品单位定额工时为4小时，B产品的定额工时为6小时，则B产品的核算系数为1.5(即6÷4)，一车间制造费用总额为480 000元。

$$费用分配率=\frac{480\ 000元}{(4\ 000\times1+8\ 000\times1.5)件}=30元/件$$

A产品应负担4 000×1×30元=120 000元。

B产品应负担8 000×1.5×30元=360 000元。

制造费用是为组织和管理生产而发生的生产耗费，它与产品生产的数量关系最为密切，但各种产品在数量上的不可比性，使得制造费用不能以产品实际产量为分配标准，但将实际产量换算成标准产量，以标准产量为分配标准，就使得制造费用的分配与生产的数量联系在一起，从而可以保证费用分配的合理性、正确性。

以标准产量为分配标准主要适用于系列产品生产的车间和企业，即生产的产品都属同一种类的产品，生产所耗用原材料、加工工艺过程都相同，只是产品的规格、型号不同，这样才有可能比较客观地确定各规格、型号产品的核算系数，保证制造费用分配的正确性。

以上所采用的各种标准，统称为实际分配率，在实际分配率法下，采用单一标准对制造费用进行分配，而制造费用的项目很多，包括很多性质和用途完全不相同的费用。例如，制造费用中有相当一部分属于基本费用，它与产品生产工艺过程有直接关系，如固定资产折旧费、修理费、租赁费、动力费等；也有相当一部分属于一般费用，它与组织和管理生产发生直接关系，如管理人员工资、办公费等。因而，无论采用哪一种标准对制造费用进行分配，都有不合理之处，都有一定的局限性。为了弥补这一缺陷，可以尝试对不同性质的费用采用不同的标准进行分配。

二、计划分配率法

计划分配率法是根据企业正常生产经营条件下的各生产车间或分厂的制造费用年度预算和年度计划产量的定额分配标准，事先计算出各生产车间或分厂的制造费用预定分配率，然后根据预定分配率和各月实际产量计算定额分配标准量分配制造费用的一种分配方法。这种方法按照预先确定的全年度内适用的计划分配率分配制造费用，不管各月实际发生多少制造费用，各月各种产品成本中的制造费用均按年度计划分配率分配。假定以定额工时作为分配标准，其计算公式如下：

$$年度计划分配率=\frac{年度制造费用预算(计划)总额}{年度各种产品计划产量的定额工时总数}$$

某月某种产品应负担的制造费用=该月该种产品实际产量的定额工时数×年度计划分配率

【例3】 某企业一车间生产甲、乙两种产品，甲产品单位工时消耗定额为4小时，乙产品工时消耗定额为7小时，全年计划生产甲产品4 000件，乙产品2 000件，该车间制造费用预算额为36 000元，1月份实际发生制造费用为4 800元，实际产量为甲产品450件，乙产品300件。分配1月份的制造费用如下：

$$年度计划分配率=\frac{36\ 000元}{(4\ 000\times4+2\ 000\times7)小时}=1.2元/时$$

$$\left.\begin{array}{l}1月份甲产品应负担制造费用=1.2\times(450\times4)元=2\ 160元\\1月份乙产品应负担制造费用=1.2\times(300\times7)元=2\ 520元\end{array}\right\}4\ 680元$$

可见1月份发生的制造费用按年度计划分配率并未全部分掉，即采用年度计划分配率分配制造费用，“制造费用”账户月末可能有借方余额，也可能有贷方余额。平时的差额保留在“制造费用”账户中，暂不分配，年终调整分配后，“制造费用”账户应无余额。全年制造费用的实际发生额与计划分配额的差额，通常应在年末调整。差异的处理方法很多，以下两种方法可供参考：

（1）按各产品全年已承担的制造费用比例追加分配。

【例 4】 某基本生产车间全年累计制造费用超支差为 600 元（借方余额），该车间生产 A、B 两种产品，A 产品全年按预定分配率分配计算，共承担制造费用 80 000 元，B 产品全年按预定分配率分配计算，共承担制造费用 120 000 元。

追加分配率＝600÷（80 000＋120 000）＝0.003

A 产品应负担差异＝0.003×80 000 元＝240 元

B 产品应负担差异＝0.003×120 000 元＝360 元

分录为：借：基本生产成本——A 产品　　240
　　　　　　　　　　　——B 产品　　360
　　　　贷：制造费用　　　　　　　　　600

（2）将差额并入 12 月份制造费用实际发生额中，然后采用实际分配率法分配 12 月份制造费用。

【例 5】 某基本生产车间生产甲、乙两种产品，其制造费用采用年度计划分配率法进行分配，11 月末制造费用账户为借方 500 元，12 月份该车间实际发生制造费用 4 500 元，生产甲产品耗用工时 3 000 小时，乙产品 2 000 小时。则：

分配率＝（4 500＋500）元÷（3 000＋2 000）小时＝1 元/时

甲产品应负担制造费用＝3 000×1 元＝3 000 元

乙产品应负担制造费用＝2 000×1 元＝2 000 元

分录为：借：基本生产成本——甲产品　　3 000
　　　　　　　　　　　——乙产品　　2 000
　　　　贷：制造费用　　　　　　　　　5 000

两种方法的共同点在于制造费用的差异都是由 12 月份产品成本来负担的。

年度计划分配率法的优点：①可随时计算完工产品应负担的制造费用，大大提高了成本计算的及时性，有利于产品成本的日常控制；②简化了分配手续（全年只用一个分配率）；③特别适用于季节性生产的企业，使全年产品成本比较均衡。因为在这种生产企业中，每月发生的制造费用相差不大，但生产的淡季和旺季产量却相差悬殊，如果按实际费用进行分配，各月单位成本中的制造费用就会忽高忽低，因而不利于成本分析与考核。而采用年度计划分配率法分配制造费用，有利于均衡各月产品成本水平。

缺点：必须有较高的计划定额管理水平，否则年度的费用预算数和分配标准的预计数脱离实际太大，会影响成本计算的正确性。

值得注意的是：在年度计划分配率法下每月各种产品中的制造费用都按年度计划分配率分配，在发现全年制造费用的实际数可能与按年度计划分配率分配数发生较大的差额时，应及时调整计划分配率。

三、累计分配率法

上述制造费用分配方法都是将当月发生的制造费用对受益对象进行分配的方法，属于当月分配法。若企业产品生产周期较长（一个月以上），产品生产批次较多，每月完工产品的批次占全部产品批次的一部分，那么采用当月分配法就会增加分配和登记成本明细账的工作量。为了简化制造费用分配计算和登记工作，可采用累计分配率法分配制造费用。

累计分配率法是指将当月完工批次的产品应负担的全部制造费用，在其完工时一次进行分配，而对当月未完工批次的在产品应负担的制造费用保留在“制造费用”账户中，暂不分配，待其完工后，连同继续耗费的制造费用一起分配的一种方法。这种方法将在简化的分批法中介绍。

在实际工作中无论采用哪种方法分配制造费用都应编制制造费用分配表，根据制造费用分配表编制会计分录并据以登记有关的总分类账和明细分类账。

【项目总结】

制造费用是各个生产单位为组织和管理生产而发生的各项费用，以及直接用于产品生产但未专设成本项目和间接用于产品生产的各项费用。

企业制造费用项目很多，基本上都是间接费用，一般包括：(1)间接用于产品生产的费用；(2)直接用于产品生产，但未专设成本项目的费用；(3)车间、分厂用于组织和管理生产的费用。

制造费用的归集是通过设置“制造费用”账户进行的。“制造费用”账户应按车间、部门设置明细账，账内按费用项目设立专栏，分别反映各车间、部门各项制造费用的支出情况。

制造费用主要的分配方法有实际分配率法、计划分配率法和累计分配率法三类。选择分配标准时应注意分配标准必须与被分配制造费用的发生具有密切联系，并且适当考虑各种分配方法的优缺点及计算手续的繁简。

需要特别指出的是，制造费用的归集、分配、制定预算等都是分别车间、部门进行的。

1. 什么是制造费用？制造费用的主要内容是什么？
2. 制造费用分配有哪些方法，试说明各种分配方法的优缺点及适用条件。
3. 说明年度计划分配率法的分配程序及优缺点，“制造费用”账户的月末余额如何处理？

【项目测试】

一、判断题

1. 企业各车间、部门的制造费用应于月末进行汇总，在整个企业所生产的各种产品之间统一分配。（　　）
2. 制造费用中的全部费用项目均为间接生产费用。（　　）
3. 生产车间内所有人员的人工费，均应记入“制造费用”账户。（　　）
4. 无论采用何种分配方法，“制造费用”科目期末均无余额。（　　）
5. 若车间中产品生产的机械化程度较高，应采用生产工时比例分配法分配制造费用。（　　）
6. 生产车间发生的所有直接生产费用，都应直接记入“基本生产成本”科目。（　　）
7. 在季节性生产的企业中，适宜采用按年度计划分配率法分配制造费用。（　　）

8. 在产品生产机械化、自动化程度较高的企业，应采用生产工人工时比例法分配制造费用。（　　）

9. 制造费用是工业企业为生产产品而发生的各项间接生产费用。（　　）

10. 分厂发生的没有专设成本项目的费用也属于制造费用。（　　）

二、单项选择题

1. 某车间采用按年度计划分配率法进行制造费用分配，年度计划分配率为6。6月初“制造费用”科目贷方余额为1 200元。6月份实际发生的制造费用为10 000元，实际产量的定额工时为1 600小时。该车间6月份分配的制造费用为（　　）。

A. 7 800元　　B. 9 600元

C. 10 000元　　D. 11 000元

2. 制造费用分配以后，若有余额，则可能是在（　　）。

A. 季节性生产车间　　B. 辅助生产车间

C. 工时定额比较准确的产品　　D. 机械化程度较高的车间

3. 如果车间所生产的各种产品机械化水平大致相同，其制造费用的分配可选择（　　）。

A. 年度计划分配率分配法　　B. 生产工时比例法

C. 机器工时比例法　　D. 直接成本比例法

4. 甲厂有两个基本生产车间，共同生产A、B两种产品。1月份一车间制造费用合计为80 000元，生产工时为A产品2 200小时，B产品1 800小时；二车间制造费用合计60 000元，生产工时为A产品500小时，B产品700小时。则该月A产品应负担的制造费用为（　　）。

A. 69 000元　　B. 79 000元

C. 71 000元　　D. 72 000元

5. 机器工时比例分配法适用于（　　）。

A. 制造费用较多的车间　　B. 制造费用较少的车间

C. 机械化程度较高的车间　　D. 机械化程度较低的车间

6. 如果企业未设“燃料及动力”成本项目，则直接用于产品生产的动力费用，应记入（　　）账户。

A. “基本生产成本”　　B. “辅助生产成本”

C. “制造费用”　　D. “管理费用”

7. 下列各项中，（　　）不属于直接生产费用。

A. 机器设备的修理费　　B. 生产工具摊销费

C. 车间厂房折旧费　　D. 辅助材料

8. 下列方法中，可能使“制造费用”科目有月末余额的是（　　）。

A. 生产工人工时比例分配法　　B. 生产工人工资比例分配法

C. 机器工时比例分配法　　D. 按年度计划分配率分配法

9. “制造费用”科目月末（　　）。

A. 一定没有余额　　B. 如果有余额，余额一定在借方

C. 如果有余额，余额一定在贷方　　D. 可能有借方或贷方余额

10. 若采用生产工人工时比例法和生产工人工资比例法分配制造费用的结果相同，则说明生产工人工资是按（　　）分配的。

A. 实际生产工时比例　　B. 定额生产工时比例
C. 产品产量比例　　D. 机器工时比例

三、多项选择题

1. 下列项目中，属于制造费用所属项目的有（　　）。
A. 机物料消耗　　B. 设计制图费
C. 税金　　D. 保险费
2. 制造费用包括的内容可能有（　　）。
A. 直接生产费用　　B. 间接生产费用
C. 直接计入费用　　D. 间接计入费用
3. 制造费用分配计入产品成本的方法有（　　）。
A. 实际分配率法　　B. 累计分配率法
C. 定额分配率法　　D. 计划分配率法
4. “制造费用”总账及其所属明细账户月末（　　）。
A. 一定没有余额　　B. 可能有余额
C. 余额一定在借方　　D. 余额可能在贷方
5. 在生产多种产品的企业中，各生产小组按生产工艺分工的情况下，车间的制造费用（　　）。
A. 都是间接计入费用
B. 一部分是间接计入费用，一部分是直接计入费用
C. 都应分配计入产品成本
D. 应将一部分间接计入费用分配计入产品成本
6. 制造费用包括（　　）。
A. 间接用于产品生产的费用
B. 直接用于产品生产，但没有专设成本项目的费用
C. 组织和管理车间生产的费用
D. 分厂用于组织和管理生产的费用
7. 制造费用大部分是企业为生产产品和提供劳务而发生的各项间接生产费用，包括（　　）。
A. 生产车间的办公费　　B. 生产车间厂房的折旧费
C. 生产车间的劳动保护费　　D. 生产车间的取暖费
8. 下列科目中，月末既可能有借方余额，也可能有贷方余额的是（　　）。
A. “基本生产成本”　　B. “制造费用”
C. “管理费用”　　D. “材料成本差异”

四、业务题

业务题（一）

沙洲厂设有一个基本生产车间和一个辅助生产车间。基本生产车间生产甲、乙两种产品，辅助生产车间提供修理劳务。4 月份发生的有关经济业务如下：

1. 领用原材料 11 583 元。其中，直接用于产品生产 5 600 元，用作基本生产车间机物料 1 523元；直接用于辅助生产 2 620 元，用作辅助生产车间机物料 810 元；用于行政管理部门1 030 元。

2. 应付工资 10 476 元。其中基本生产车间生产工人工资 3 648 元，管理人员工资 2 496

元;辅助生产车间生产工人工资 1 710 元,管理人员工资 798 元;行政管理人员工资 1 824 元。

3. 计提固定资产折旧费 9 140 元。其中,基本生产车间 5 850 元,辅助生产车间 1 320 元,行政管理部门 1 970 元。

4. 用银行存款支付其他费用 7 020 元。其中,基本生产车间 4 980 元,辅助生产车间 960 元,行政管理部门 1 080 元。

该企业辅助生产的制造费用通过"制造费用"科目核算。基本生产车间的制造费用按产品生产工时比例分配,其生产工时为:甲产品 3 640 小时,乙产品 3 273 小时。辅助生产车间提供的劳务采用直接分配法分配,其中,应由基本生产车间负担 5 890 元,应由行政管理部门负担 2 328元。

要求:

(1) 编制各项费用发生的会计分录,归集和分配辅助生产和基本生产的制造费用。

(2) 计算基本生产车间甲、乙产品应分配的制造费用。

业务题(二)

某工业企业只有一个车间,全年制造费用计划为 158 400 元。全年各种产品的计划产量为:甲产品 1 200 件,乙产品 800 件。单件产品的工时定额为:甲产品 8 小时,乙产品 6 小时。11 月份实际产量为:甲产品 110 件,乙产品 100 件。该月实际制造费用为 15 100 元;"制造费用"科目月初余额为借方 1 200 元。

要求:

(1) 计算制造费用年度计划分配率;

(2) 计算并结转 11 月份应分配转出的制造费用;

(3) 计算并结转 12 月份应分配转出的制造费用("制造费用"科目年末不保留余额),12 月份实际产量为:甲产品 80 件,乙产品 90 件。该月实际制造费用为 17 680 元,差异按 12 月分配。

项目六

生产损失的核算

【知识目标】

- 了解生产损失的含义及主要内容；
- 掌握废品损失的计算及账务处理；
- 掌握停工损失的计算及账务处理。

【管理能力】

- 能够正确区分生产损失和非生产损失；
- 能够根据企业管理的要求及经济活动的特点正确核算废品损失；
- 能够根据企业管理的要求及经济活动的特点正确核算停工损失。

【案例导入】

港达公司是一家节能灯加工厂，产品由毛管、塑料件、灯头组成，分三个车间进行生产。其中毛管和灯头采用国内外最新全自动生产线，除偶尔的设备供电中断等原因，废品很少；塑料件由该公司原来的老生产线生产，依赖于人工，有一定的废品率。成本会计部李红负责该公司废品损失的核算与管理工作。李红在处理废品损失的时候，应当如何根据不同的情况处理各车间的废品损失？如何借助成本核算降低废品损失率，强化成本管理？

另外，港达公司也在电商平台开设了电子交易，对本公司的产品采取7天内"包退""包换"等销售手段，某月被退回20个节能灯，其中质量问题的有15个，不符合顾客要求的合格品有5个，请问李红应该如何处理？

导　语

工业企业在生产经营过程中难免会发生这样或那样的损失，企业发生的各种损失按其是否计入产品制造成本，可分成生产损失和非生产损失两大类。生产损失的产生对产品成本的高低和成本管理有一定影响。

生产损失是指企业在产品生产过程中或由于生产原因而发生的各种损失。如由于生产了不合格产品而造成的废品损失，由于机器设备发生故障等而造成的停工损失，由于对在产品管理不善而造成的在产品盘亏、毁损、变质损失等。生产损失都是与产品生产活动直接有关的损失，因此，生产损失应由产品成本承担，是产品制造成本的组成部分。

非生产损失主要是由于企业经营管理或其他原因造成的损失。例如，坏账损失，材料、产成品的盘亏、毁损、变质损失，汇兑损失，投资损失，固定资产盘亏、毁损损失，非常损失等。非生产损失由于与产品生产无直接关系，因此不能计入产品制造成本，而应根据损失的性质、原因和现行制度的规定列入期间费用、营业外支出或冲抵投资收益等。

本书重点结合成本核算与管理重点讨论生产损失，即在产品生产过程中或由于生产原因所发生的各种损失，包括废品损失，停工损失，在产品盘亏、毁损、变质损失等。本章将重点介绍废品损失的核算，简单介绍停工损失的核算，在产品盘亏、毁损、变质损失将在下一项目中介绍。

任务一　废品损失的核算

一、相关的概念

废品是指由于产生不符合规定的技术标准，不能按照原定用途使用，或者需要加工修复后才能使用的产成品、在产品、半成品、零部件。由于生产原因而造成的废品所形成的损失称为废品损失。

废品按其产生的原因不同，可分为料废品和工废品两类。料废品是由于非工人原因，如原材料(或半成品)不符合质量要求而造成的废品，工人对此不承担责任，应计发一定比例的工资，这部分工资费用构成了废品损失的一部分；工废品是由于人工操作等原因造成的废品，工人对此承担责任，不仅不应计发工资，还应视情况让工人进行赔偿。分清造成废品的原因，目的在于明确责任。

废品按其是否可修复，分为可修复废品和不可修复废品两种。区分时主要考虑技术可行性和经济可行性两方面的因素。可修复废品是指技术上可以修复而且所需的修复费用在经济上是合算的废品。不可修复废品是指技术上不可修复，或者所需的修复费用在经济上是不合算的废品。区分可修复废品与不可修复废品的目的，在于明确废品损失的内容。

废品损失的内容包括在生产过程中发现的和入库后发现的各种废品的报废损失和修复费用。

废品的报废损失，是指不可修复废品的生产成本扣除回收的材料和废料价值后的净损失。

废品的修复费用，是指可修复废品在返修过程中所发生的修理费用(耗用的直接材料、直接人工、制造费用等)。

对于应由造成废品(不论可修复废品，还是不可修复废品)的过失单位或个人负担的赔款，应抵减废品损失。

根据以上所述，可以列出废品损失的计算公式：

可修复废品的损失＝全部修复费用－残值－责任人赔款

不可修复废品的损失＝废品成本－残值－责任人赔款

核算中应注意：等级品的降价损失，产品入库后由于保管不善而损坏变质的损失，实行包退、包修、包换的"三包"企业在产品出售以后发现的废品所发生的损失直接计入当期损益，不列入废品损失核算范围。

二、废品损失的核算

废品损失的核算有两种情况：一种是不单独核算废品损失，另一种是单独核算废品损失。

（一）不单独核算废品损失

在不单独核算废品损失的企业中，不设"废品损失"总账账户及明细账户，在"基本生产成本"账户中不设"废品损失"成本项目。可修复废品的修复费用应直接记入有关的成本项目，不可修复而报废的废品只扣除产量，不结转成本；废品的残料价值、应收的赔款可直接从基本生产成本明细账的"直接材料"和"直接人工"成本项目中扣除。

不单独核算废品损失可以简化核算，但会对废品损失的分析和控制产生不利影响，这种方法一般可以在废品得到严格控制或采用分批法核算产品成本的企业使用。

（二）单独核算废品损失

单独核算废品损失的企业，可以单独设置"废品损失"总账账户（或在"基本生产成本"账户下设置"废品损失"二级账户）及其所属明细账，同时在产品生产成本明细账中增设"废品损失"成本项目，用以归集和分配所发生的废品损失。"废品损失"账户应按车间设立明细账，账内按产品品种分设专户，并按成本项目分设专栏或专行，进行明细分类核算。

单独核算废品损失会带来一定的工作量，但在大量大批生产的企业中，如果管理基础工作较差，不单独核算废品损失，不利于控制成本损失的发生额，也不利于对成本控制的情况进行考核。因此，对于废品损失时有发生，且数额较大，对产品成本影响较大的企业，应该单独核算废品损失。

"废品损失"账户是为了归集和分配废品损失而设立的。该账户借方登记可修复废品的修复费用和不可修复废品的生产成本，贷方登记转出废品残料的回收价值和应收的赔款以及分配结转到"基本生产成本"账户中去的废品净损失数额。废品净损失应分配转由本月生产的同种或同类产品成本负担。通常情况下，期末在产品不负担废品损失，废品损失全部由本期完工产品负担。"废品损失"账户月末没有余额。

需要注意的是：不论产生了工废品还是料废品，所有不可修复废品的成本和可修复废品的修复费用、废品残料回收的价值，供应单位或过失人赔偿的款项，都应登记入账，月终结出废品损失的金额。在不单独核算废品损失的企业，将月末结出的废品损失的金额转入有关成本项目，在单独核算废品损失的企业，将月末结出的废品损失的金额由本月生产的同种产品成本负担，记入本月同种产品成本计算单的"废品损失"项目。登记不可修复的废品损失时，一般应按报废废品的实际成本结转，但也可以按照计划成本或定额成本结转。

三、废品损失的计算及账务处理

当发现废品时，由质检部门填制"废品通知单"，列明废品的种类、数量、产生的原因和过失人等，"废品通知单"经审核后，作为废品损失核算的原始凭证。

(一)废品损失的计算

1. 不可修复废品损失的计算

首先,要计算截止报废时已经发生的废品生产成本,然后扣除残值和应收赔款,算出废品净损失。

由于不可修复废品的生产成本是同合格品的成本一起发生的,所以必须采用一定的方法加以划分确定。计算方法一般可按所耗的实际费用计算,也可按所耗定额费用计算。计算过程通常通过编制"废品损失计算表"来进行。

(1) 按所耗的实际费用计算不可修复废品的生产成本。

按所耗实际费用计算不可修复废品的生产成本,需采用适当的分配方法,将合格品和废品共同发生的费用按照成本项目在合格品与废品之间进行分配,计算出废品的成本。公式为:

$$\text{废品应负担的材料费用}=\frac{\text{某产品直接材料成本总额}}{\text{合格品数量}+\text{废品约当量}}\times\text{废品约当量}$$

$$\text{废品应负担的工资费用}=\frac{\text{某产品直接人工总额}}{\text{合格品数量(工时)}+\text{废品约当量(工时)}}\times\text{废品约当量(工时)}$$

$$\text{废品应负担的制造费用}=\frac{\text{某产品制造费用总额}}{\text{合格品数量(工时)}+\text{废品约当量(工时)}}\times\text{废品约当量(工时)}$$

【例 1】 沙洲厂一车间生产 A 产品,201×年 8 月份合格品为 7 920 件,生产过程中发现废品 80 件,合格品和废品共发生工时 25 000 小时,其中,废品生产工时为 280 小时,合格品和废品共发生费用为:直接材料 160 000 元,直接人工 40 000 元,制造费用 72 000 元。废品残料回收价值为 400 元,由于责任心不强由过失人赔款 200 元。原材料在生产开始时一次投入,直接材料按产品数量比例分配,其他费用按照生产工时比例分配,要求计算废品成本及废品损失。

废品应负担材料成本=160 000 元÷(7 920+80)×80=1 600 元

废品应负担人工成本=40 000 元÷25 000×280=448 元

废品应负担制造成本=72 000 元÷25 000×280=806.40 元

废品成本=(1 600+448+806.4)元=2 854.40 元

废品损失=(2 854.40−400−200) 元=2 254.40 元

可编制"废品损失计算表",如表 6-1 所示。

表 6-1 废品损失计算表

产品名称:A

车间:一车间　　201×年 8 月　　废品数量:80 件　　单位:元

项目	产量/件	工时	直接材料	直接人工	制造费用	合计
费用总额	8 000	25 000	160 000	40 000	72 000	272 000
费用分配率			20	1.6	2.88	
废品成本	80	280	1 600	448	806.40	2 854.40
减:残值			400			400
赔款				200		200
废品净损失			1 200	248	806.40	2 254.40

(2) 按所耗定额费用计算不可修复废品的生产成本。

在实际工作中,也有按照定额成本结转的方法。采用这种方法,不考虑废品实际发生的生产费用数额,直接根据废品数量和各项费用定额计算废品成本,从而简化废品核算工作并且可以不受废品实际费用水平高低的影响，便于进行成本的分析与考核，对于具备比较准确和完善的定额资料的企业尤为适用。

其计算公式为：废品定额成本＝各成本项目的费用定额×废品数量

【例 2】 沙洲厂二车间 B 产品在验收入库时发现不可修复废品 10 件，其各项费用定额：直接材料 300 元，直接人工 70 元，制造费用 60 元。废品残料回收价值 500 元。根据资料编制“废品损失计算表”如表 6-2 所示。

表 6-2 废品损失计算表

产品名称：B

车间：二车间　　201×年 8 月　　废品数量：10 件　　单位：元

项目	直接材料	直接人工	制造费用	合计
费用定额	300	70	60	430
废品定额成本	3 000	700	600	4 300
减：残值	500			500
废品损失	2 500	700	600	3 800

2. 可修复废品损失的计算

可修复废品的损失是在发现废品后额外发生的费用，因此，只要根据有关原始凭证和有关费用分配表登记入账即可。应由过失单位或个人赔偿部分修复费用的，则将应收赔偿款抵减废品损失。

【例 3】 假定例 1 中该企业一车间生产的 A 产品中还发现可修复废品 10 件，当即进行了修复，耗用直接材料 850 元，直接人工 300 元，制造费用 630.80 元，由责任人赔偿 100 元。则：

可修复废品的修复费用＝(850＋300＋630.80) 元＝1 780.80 元

可修复废品净损失＝(1 780.80－100) 元＝1 680.80 元

（二）废品损失的账务处理

1. 单独核算废品损失

若单独核算废品损失，则根据前例有关资料编制会计分录如下：

【例 4】 编制例 1 的会计分录。

(1) 转出不可修复废品的生产成本：

借：废品损失——A 产品　　2 854.40
　贷：基本生产成本——A 产品(直接材料)　　1 600
　　　　　　　　——A 产品(直接人工)　　448
　　　　　　　　——A 产品(制造费用)　　806.40

(2)回收废品残料及责任人赔款：

借：原材料　　400
　　其他应收款　　200
　贷：废品损失——A 产品　　600

(3)结转废品净损失，由本月生产的同种产品负担：

借：基本生产成本——A 产品(废品损失)　2 254.40
　贷：废品损失——A 产品　　2 254.40

【例 5】 编制例 2 的会计分录。

(1)转出不可修复废品的生产成本：

借:废品损失——B 产品　　　　4 300

　贷:基本生产成本——B 产品(直接材料)　　3 000

　　　　　　　　——B 产品(直接人工)　　700

　　　　　　　　——B 产品(制造费用)　　600

(2)回收废品残料：

借:原材料　　500

　贷:废品损失——B 产品　　500

(3)结转废品净损失,由本月生产的同种产品负担：

借:基本生产成本——B 产品(废品损失) 3 800

　贷:废品损失——B 产品　　　　3 800

【例 6】 编制例 3 的会计分录。

(1) 结转可修复废品发生的修复费用(根据有关费用分配表)：

借:废品损失——A 产品　　1 780.80

　贷:原材料　　　　850

　　应付职工薪酬　　300

　　制造费用　　　　630.80

(2)反映应收赔款(根据索赔凭证)：

借:其他应收款　　100

　贷:废品损失——A 产品　100

(3)结转废品净损失：

借:基本生产成本——A 产品　　1 680.80

　贷:废品损失——A 产品　　　1 680.80

对于废品损失的归集与分配,可以通过“废品损失明细账”来进行,如表 6-3 所示。

表 6-3　废品损失明细账

一车间:A 产品　　　　201×年 8 月　　　　单位:元

年		凭证号	摘要	直接材料	直接人工	制造费用	合计
月	日						
略	略	略	分配可修复废品负担的材料费用	850			850
			分配可修复废品负担的人工费用		300		300
			分配可修复废品负担的制造费用			630.80	630.80
			转入不可修复废品的生产成本	1 600	448	806.4	2 854.4
			结转交库残料价值	400			400
			结转应收赔款		300		300
			废品净损失	2 050	448	1 437.2	3 935.2
			转出废品净损失	2 050	448	1 437.2	3 935.2

月终根据废品损失明细账归集的可修复废品修复费用、不可修复废品生产成本扣除回收残值和应收赔款，计算出废品净损失，将废品净损失分配记入产品生产成本明细账中专设的“废品损失”成本项目，如表6-4所示。

表6-4 产品生产成本明细账

201×年8月

车间：一车间　　　　产品：A产品　　　　单位：元

年		凭证号	摘要	产量/件	直接材料	直接人工	制造费用	废品损失	合计
月	日								
略	略	略	耗用直接材料		160 000				80 000
			耗用直接人工			40 000			20 000
			耗用制造费用				72 000		36 000
			减：不可修复废品成本	80	1 600	448	806.4		2 854.4
			转入废品净损失					3 935.2	3 935.2
			本月完工入库合格品总成本	7 920	158 400	39 552	71 193.6	3 935.2	273 080.8

2. 不单独核算废品损失

若不单独核算废品损失，则只需对应收赔款及不可修复废品的回收残料进行账务处理。根据例1有关资料编制会计分录如下：

借：原材料　　400

　其他应收款　　200

　贷：基本生产成本——A产品　600

同时，从产品生产成本明细账“直接材料”成本项目中扣减残料价值，从“直接人工”成本项目中扣减应收赔款额。

对于可修复废品的修复费用，可直接根据有关原始凭证进行账务处理。根据例3编制会计分录如下：

(1) 结转可修复废品发生的修复费用(根据有关费用分配表)：

借：基本生产成本——A产品　　1 780.80

　贷：原材料　　850

　　应付职工薪酬　　300

　　制造费用　　630.80

(2) 反映应收赔款(根据索赔凭证)：

借：其他应收款　　100

　贷：基本生产成本——A产品　100

同时，将修复过程中耗用的费用记入产品生产成本明细账有关成本项目。生产成本明细账略。

任务二 停工损失的核算

一、停工损失及产生的原因

停工损失是指企业、生产车间或生产班组在非季节性停工期内发生的各项费用,包括停工期内支付的直接人工费用和应负担的制造费用。

停工损失产生的原因是多种多样的,如停电、待料、机械故障或者进行机械修理,发生非常灾害以及计划压缩产量等都可能引起停工。

企业停工的时间有长有短,范围亦有大有小。为了简化核算工作,对于全车间或班组停工不满一个工作日的,一般不计算停工损失。具体计算停工损失的范围和时间起点,可由企业或主管部门界定。只有超过界定的时间、范围的停工才计算停工损失。

二、停工损失的主要列支渠道

停工损失由于产生的原因不同,其分配结转的方法也不同:对于停工损失应向过失单位或保险公司索赔的款项转入其他应收款;对于自然灾害等引起的非正常停工损失应计入营业外支出;其他停工损失,如季节性和固定资产修理期间的停工损失,应计入产品成本,由该车间开工生产的产品负担。

三、停工损失核算的账户设置及账务处理

1. 核算依据

核算依据是停工报告单。企业发生停工时,由车间填制“停工报告单”,并在考勤记录中登记。在“停工报告单”中,应详细列明停工的范围、起止时间、原因、过失单位等内容。“停工报告单”经会计部门审核后,作为停工损失核算的原始凭证。

2. 账户设置

单独核算停工损失的企业,可以增设“停工损失” 账户,或在“基本生产成本”账户下设置“停工损失”二级账户,在产品生产成本明细账中增设“停工损失”成本项目,用以归集和分配所发生的停工损失。

“停工损失” 账户是为了归集和分配停工损失而设立的。该账户借方归集本月发生的停工损失,贷方分配结转停工损失。应由过失单位或过失人赔款的款项,应从“停工损失”账户的贷方转入“其他应收款”账户。其余的停工净损失在月末分别不同情况进行结转,月末一般无余额。该账户应按车间分别设置明细账,账内按成本项目分设专栏或专行进行明细分类核算。

3. 账务处理

应当由当月产品成本负担的停工损失,应全部计入当月的生产成本,并采用适当的分配方法,分配记入各种产品成本的“停工损失”项目。

分配方法可根据所给的资料选定,可以是生产工时比例,也可以是生产工人工资比例。

关于季节性生产企业的季节性停工，是生产经营过程中的正常现象，在停工期内所发生的费用，不应作为停工损失核算，应全部在“制造费用”账户中加以归集，并由全年生产期所发生的产品成本负担。

其有关的账务处理如下：

(1) 发生停工损失时，做会计分录如下：

借：停工损失

　　贷：应付职工薪酬

　　　　制造费用等

(2) 应向过失单位或保险公司索赔的款项，做会计分录如下：

借：其他应收款

　　贷：停工损失

(3) 对于自然灾害等引起的非正常停工损失，做会计分录如下：

借：营业外支出

　　贷：停工损失

(4) 如果是季节性、机器设备修理期间的停工损失，做会计分录如下：

借：制造费用

　　贷：停工损失

不单独核算停工损失的企业，不设置“停工损失”账户及其成本项目。在停工损失发生较少的企业，为简化核算工作，也可以不单独核算停工损失，停工期间发生的属于停工损失的各种费用，直接记入“制造费用”“营业外支出”等账户。

【项目总结】

生产损失是指企业在产品生产过程中或由于生产原因而发生的各种损失。生产损失包括废品损失，停工损失，在产品盘亏、毁损、变质损失等。

废品损失是指由于生产不符合规定的技术标准，不能按照原定用途使用，或者需要加工修复后才能使用的产成品、在产品、半成品、零部件而发生的损失。

废品损失的核算有两种情况：(1)不单独核算废品损失。可以不设“废品损失”账户及成本项目。可修复废品的修复费用应直接记入有关的成本项目，不可修复而报废的废品只扣除产量，不结转成本；废品的残料价值可直接从基本生产明细账的“直接材料”成本项目中扣除。(2)单独核算废品损失。这种方法适用于废品损失时有发生，且数额较大，对产品成本影响较大的企业。可以单独设置“废品损失”总账账户(或在“基本生产成本”账户下设置“废品损失”二级账户)及其所属明细账，同时在产品生产成本明细账中增设“废品损失”成本项目，用以归集和分配所发生的废品损失。

停工损失是指企业、生产车间或生产班组在非季节性停工期内发生的各项费用，包括停工期内支付的直接人工费用和应负担的制造费用。

为了简化停工损失的核算工作，对于全车间或班组停工不满一个工作日的，一般不计算停工损失。停工损失由于产生的原因不同，其分配结转的方法也不同：对于停工损失应向过失单位或保险公司索赔的款项转入“其他应收款”；对于自然灾害等引起的非正常停工损失应计入营业外支出；其他停工损失，如季节性和固定资产修理期间的停工损失，应计入产品成本，由该车间开工生产的产品负担。

1. 什么是废品损失？废品损失如何计算？

2. 废品损失是如何计入产品成本的？如何进行账户处理？

3. 什么是停工损失？其主要的列支渠道是什么？

4. 哪些损失不能列为废品损失的核算范围？

5. 可修复废品损失与不可修复废品损失在核算上有何不同？

6. 简要说明不可修复废品生产成本的计算方法。

7. 单独核算废品损失的企业和不单独核算废品损失的企业，其废品损失的核算在账户设置及账务处理上有何不同？

8. 为什么废品损失通常由当月完工产品成本负担，月末在产品一般不负担？

【项目测试】

一、判断题

1. 季节性停工期间发生的费用应计入管理费用。 （　　）

2. 发生废品损失后，可能会降低产品总成本。 （　　）

3. “废品损失”账户月末应有借方余额，表示应有在产品负担的废品损失。 （　　）

4. 废品损失是指已扣除应收赔款和残值后的废品净损失。 （　　）

5. 在不单独核算废品损失的企业，废品损失不包括在产品实际成本中。 （　　）

6. 废品损失包括产品出售后发现废品时所产生的一切损失。 （　　）

7. 废品损失包括不需要返修、可以降价出售的不合格品的降价损失。 （　　）

8. 不可修复废品的报废损失等于不可修复废品的净损失。 （　　）

9. 可修复废品返修以前发生的费用也是废品损失。 （　　）

10. 单独核算停工损失的企业发生的停工损失最终均从“停工损失”账户转入“基本生产成本”账户。 （　　）

11. 凡是经过修理可以使用的废品，都是可修复废品。 （　　）

12. 不单独核算废品损失的企业中产品成本的各个项目中均可能包括废品损失。 （　　）

13. 结转不可修复废品的生产成本时，应借记“废品损失”科目，贷记“基本生产成本（废品损失项目）”科目。 （　　）

14. 废品损失是指生产过程中发现的不可修复废品的生产成本与可修复废品的修复费用之和。 （　　）

15. 可修复废品是指技术上可能且所花费的修复费用在经济上是合算的废品。 （　　）

二、单项选择题

1. 不可修复废品的净损失，应从“废品损失”账户转入（　　）。

A.“基本生产成本”　　B.“管理费用”

C.“制造费用”　　D.“营业外支出”

2. 在不单独核算废品损失的情况下，回收废料的价值应贷记的科目是（　　）。

A.“废品损失” B.“制造费用”
C.“基本生产成本” D.“原材料”
3. 下列各项损失中，不属于废品损失的是（　　）。
A. 可修复废品的修复费用 B. 生产过程中发现的不可修复废品的净损失
C. 入库后发现的不可修复废品的净损失 D. 可降价出售的等级品的降价损失
4.“废品损失”科目月末（　　）。
A. 一定没有余额 B. 如果有余额，余额一定在借方
C. 如果有余额，余额一定在贷方 D. 可能有借方或贷方余额
5. 结转不可修复废品的生产成本时，应借记“废品损失”账户，贷记（　　）账户。
A.“原材料” B.“应付工资”
C.“制造费用” D.“基本生产成本”
6. 不可修复废品的生产成本，可按所耗实际费用计算，也可按所耗（　　）计算。
A. 消耗定额 B. 定额消耗
C. 定额费用 D. 费用定额
7. 可修复废品的废品损失是指（　　）。
A. 返修前发生的生产费用
B. 返修前发生的制造费用
C. 返修过程中发生的修复费用
D. 返修前发生的生产费用加上返修时发生的修理费用
8. 废品净损失，应分配转由（　　）。
A. 本月的制造费用负担 B. 本月的管理费用负担
C. 本月的同种产品成本负担 D. 下月的同种产品成本负担
9. 应计入产品成本的停工损失是（　　）。
A. 由于暴风雨造成的停工损失
B. 由于火灾造成的停工损失
C. 季节性和固定资产修理期间的停工损失
D. 可以由保险公司赔偿的停工损失
10. 下列项目中，（　　）属于“废品损失”科目核算的内容。
A. 产品出售后的修理费用 B. 生产过程中可修复废品的生产成本
C. 生产过程中可修复废品的修复费用 D. 出售不合格品的降价损失

三、多项选择题

1.“废品损失”的借方反映（　　）。
A. 责任人的赔款 B. 可修复废品的材料费用
C. 可修复废品的人工费用 D. 不可修复废品生产成本
2. 企业在月末结转停工损失时，可能借记的科目有（　　）。
A.“基本生产成本” B.“制造费用”
C.“营业外支出” D.“其他应付款”
3.“停工损失”账户的余额，可转入下列（　　）账户的借方。
A.“应收账款” B.“其他应收款”

C.“营业外支出”　　D.“基本生产成本”

4. 下列各项中,不属于废品损失的是(　　)。

A. 生产过程中发生废品的损失　　B. 出售不合格品的降价损失

C. 保管不善形成的变质损失　　D. 已出售产品的返修损失

5. 下列各项中,在计算废品损失时应扣除的是(　　)。

A. 回收的可修复废品的残料价值　　B. 回收的不可修复废品的残料价值

C. 应收的责任人赔款　　D. 不可修复废品的生产成本

四、业务题

业务题(一)

某企业单独核算废品损失。不可修复废品成本按定额费用计算。某月基本生产车间甲产品产生不可修复废品 40 件,每件直接材料定额为 150 元;40 件废品的定额工时共为 240 小时,每小时的费用定额为:直接人工 4 元,制造费用 5 元。该月该产品的可修复废品的修复费用为:直接材料 500 元,直接人工 280 元,制造费用 400 元。废品的残料作为辅助材料入库,计价 150 元,应向责任人索赔 250 元。

要求:

(1) 计算不可修复废品的生产成本。

(2) 计算废品净损失。

(3) 编制有关废品损失的会计分录。

(4) 若该企业不单独核算废品损失,编制有关废品损失的会计分录(列示明细科目)。

业务题(二)

假定某企业某车间 201×年 10 月份投产甲产品 500 件,在生产过程中发现不可修复废品 15 件;其余 485 件产品于月终均验收合格已入库。合格品与废品共耗用工时 8 000 小时,其中,废品耗用工时为 600 小时。合格品与废品共同发生的生产费用为:原材料 400 000 元,人工费 24 000元,制造费用 16 000 元,废品回收残料估价 360 元入库。原材料是在生产时一次投入的,原材料费用按合格品与废品数量比例分配,其他费用按耗用工时比例分配。

假定该车间 10 月份在生产过程中还发现可修复废品 8 件,当即进行修复,耗用原材料 250 元,人工费 75 元,制造费用 50 元。

要求:

(1) 假定该企业单独核算废品损失,编制有关废品损失的会计分录。

(2) 假定该企业不单独核算废品损失,编制有关废品损失的会计分录。

项目七

在产品的核算

【知识目标】

- 了解在产品的含义；
- 熟悉在产品收、发、存以及清查的账务处理；
- 掌握在产品的主要计价方法。

【管理能力】

- 能够正确区分广义的在产品和狭义的在产品；
- 能够根据企业管理的要求及经济活动的特点选择合理的在产品计价方法；
- 能够做好在产品收发结存和清查等日常管理工作。

【案例导入】

李刚在一家乐器加工厂承担成本核算与管理工作，该厂主要生产竹笛，且该厂靠近山区，竹林和木林较多，材料就地取材，比较便宜。竹笛作为乐器需要打孔、校音，制作过程需要有扎实功底的乐器制作师傅完成，技术含金量高，人工费较高；期末因为制作工艺的特殊性，如毛坯需要浸泡等，有不稳定的在产品；该厂一直以来因为原材料耗费单价偏低、订单的不确定等原因没有制定完善的定额制度。某月末完工竹笛为300根，请问李刚该如何选择恰当的在产品计价方法？

扫码查看案例分析

导　　语

在产品的核算主要解决的是如何将一定时期的生产费用在完工产品和月末在产品之间分配的问题，是成本核算的重要环节，起着承前启后的作用，它不仅关系到在产品的计价，而且影响产成品成本计算与利润确定的正确性。本项目重点介绍在产品的主要计价方法及适用范围，以便在实际工作中合理选择。

任务一　在产品数量的核算

一、在产品的概念

在产品，是指企业已经投入生产，但是尚未最后完工，不能作为商品销售的产品。在产品有广义和狭义之分。

广义的在产品，是指所有没有完成全部生产过程，不能作为商品销售的产品。具体包括：正在加工或装配中的在产品；已经完成一个或几个生产步骤但还需继续加工的半成品；尚未验收入库的产成品和等待返修的废品。

狭义的在产品，是指某一车间或某一工序正在加工中的那部分在产品，不包括本车间或本步骤已经完工的半成品。本章所讨论的在产品是指狭义的在产品。

二、在产品数量核算的意义

在产品收、发、存的数量资料，是在产品计价的基础，是产品成本核算的基础。通过在产品数量的核算可以随时掌握在产品的动态情况，又便于清查在产品的实际结存数量，对于正确计算产品成本，加强生产资金管理和生产经营管理有着重要的意义。

在产品的数量核算应做好如下两方面工作：

(1) 做好在产品收入、发出、结存的日常核算工作；

(2) 做好在产品的定期或不定期的清查工作。

三、在产品收、发、存的日常核算

在产品收、发、存的日常核算一般是通过“自制半成品”账户和在产品收发结存台账进行的。

1.“自制半成品”账户

自制半成品是指已经过一定生产过程并已验收合格交付半成品仓库，但尚未制造完成为商品、仍需继续加工的中间产品。

注意：

① 对于从一个车间直接转给另一个车间继续加工的自制半成品，应在“基本生产成本”账户核算，不通过“自制半成品”账户。

② 对于外购的半成品(外购件)，应作为原材料处理。

2. 在产品收发结存台账

反映在产品日常收存情况，原始记录通常是借助于在产品台账进行的。在产品台账亦称在产品收发结存台账，由于这种记录往往是在操作工作台上进行登记的，故称之为“台账”。

在产品台账是设在基本生产车间，由车间核算人员进行登记，用来专门核算在产品数量的一种账簿。这种账簿应分别车间、班组并按产品或零部件的名称、类别设置，用以反映记录车间、班组的在产品收入、发出、结存的数量。台账还可以结合生产的类型和内部管理的需要，进一步按照加工工序以及流程来组织在产品数量核算。台账应根据在产品内部转移凭证，废品返修单，产品检验凭证以及产成品、自制半成品的交库单等进行登记，各车间应认真做好在产品的计量、验收和交接工作。总之，通过在产品台账的记录，既可以随时掌握在产品的增减动态，又便于清查核对在产品的实际数量。

四、在产品的清查及账务处理

为了核实在产品实际结存数量，保护在产品安全完整，保证企业财产账实相符，除做好以上工作外，还必须认真做好在产品的清查工作，根据情况进行定期或不定期的清查。

(1) 定期清查就是按照规定时间对在产品进行清查，月末结账前一般应组织对在产品进行全面清查，以便于计算产品成本。

(2) 不定期清查就是按照需要对在产品进行临时性的清查。如发生非常损失（自然灾害或意外事故）时，应及时对损失的在产品进行清查，以查明损失情况。

根据清查后的结果填制“在产品盘点表”，并与在产品台账相核对，如有不符，应填制“在产品盘盈盘亏报告表”，说明在产品盘盈盘亏的数量及发生盈亏的原因。对于毁损的在产品，如可以回收利用，还应登记残值。

企业财会部门应对在产品的盘亏数量、原因及处理意见进行认真审核，报经批准后进行相关的账务处理。在产品清查的账务处理如下：

发生在产品盘盈时：

借：基本生产成本

　　贷：待处理财产损溢

经批准后予以转销：

借：待处理财产损溢

　　贷：制造费用——×车间

发生在产品盘亏或毁损时：

借：待处理财产损溢

　　贷：基本生产成本

经批准后，区分不同的情况，分别按规定核销：

借：原材料　　（毁损在产品的残值）

　　其他应收款（由过失人或保险公司赔偿的损失）

　　营业外支出——非常损失（属于自然灾害造成，扣除了残料价值和保险公司赔款后的净损失）

　　制造费用——×车间（无法收回的损失）

　　贷：待处理财产损溢

在产品发生非常损失涉及的增值税问题，根据税法规定和会计准则的相关要求进行处理。

任务二 在产品的计价

一、在产品计价的意义

在产品计价的根本目的是正确计算完工产品的成本。

在产品的计价是通过生产费用在完工产品和月末在产品之间的合理分配来完成的，直接关系到完工产品成本计算的正确性。如果费用分配标准不合理，会造成成本计算失真，歪曲在产品、完工产品等存货的实际价值；如果将在产品成本作为调整完工产品成本的手段，就不能客观反映从收入中取得补偿的成本耗费，也不能正确确定企业的盈亏和计算应纳所得税，无法真实反映企业的财务状况和经营成果，对企业、国家及其他投资者都可能造成不利影响。

二、在产品计价的方法

通过前述各章对各要素费用的归集和分配，应计入本月各种产品的费用都已记入了“基本生产成本”账户的借方，并按成本项目分别登记在各自的产品成本计算单（即生产成本明细账）中。如果当月产品全部完工，则生产成本明细账中的生产费用总和即为该产品的完工成本；如果当月全部没有完工，则产品生产成本明细账所归集的生产费用就是该产品的在产品成本。然而，本月投入生产的产品月末不一定全部完工，为了正确计算当期完工产品成本，就必须将生产费用的总和在完工产品和月末在产品之间进行合理分配。

本月完工产品成本、（月初、月末）在产品成本与本月生产费用之间的关系可以通过下列关系式表达：

月初在产品成本＋本月生产费用＝本月完工产品成本＋月末在产品成本

可见确定完工产品成本的方法有两种：

（1）先确定月末在产品成本，再计算求得完工产品成本；

（2）通过计算分配率同时求得完工产品成本与月末在产品成本。

采用合理又简便的方法在完工产品和在产品之间分配生产费用，是成本计算工作中的一个重要问题。企业应根据月末在产品数量的多少、各月间在产品数量变化的大小、各项费用在产品成本中所占比重的大小、消耗定额制定的准确性和定额管理基础的好坏等条件来选择适当的分配方法。

生产费用在完工产品和在产品之间的划分方法，即在产品的计价方法，常用的一般有在产品不计价法、在产品按年初固定成本计价法、约当产量比例法、在产品按所耗原材料成本计价法、在产品按产成品成本计价法、在产品按定额成本计价法、定额比例法等七种方法。下面按难易程度和方法之间的内在关系进行分述。

（一）在产品不计价法

在产品不计价法是指虽然月末有结存在产品，但月末在产品数量很少，价值很低，且各月在产品数量比较稳定的情况下，对月末在产品成本忽略不计的一种方法。

采用这种方法是因为月初和月末在产品成本很小,月初在产品成本和月末在产品成本之差就更小,算不算各月在产品成本对完工产品成本影响不大,因此根据成本核算的重要性原则,为简化产品成本计算工作,可不计算月末在产品成本。自来水生产企业、采掘企业等可采用这种方法。

在这种方法下,月末在产品成本等于零,本月各产品发生的生产耗费就是本月该种完工产品的总成本,除以本月完工产品产量,即可求得单位产品制造成本。

(二) 在产品按年初固定成本计价法

在产品按年初固定成本计价法是对各月月末在产品成本按年初在产品成本计价的一种方法。

这种方法适用于各月月末在产品结存数量较少,或者虽然在产品结存数量较大,但各月月末在产品数量稳定,起落变化不大的产品。

在月末在产品结存数量较少,但价值较大或者在产品数量较多的情况下,如采用在产品不计价法不对月末在产品计价,则会使成本计算不准确,而且会造成较大的账外财产,会使会计反映失实。在月末在产品结存数量较少,或者在产品结存数量较多,但各月月末在产品结存数量稳定的情况下,由于各月月初在产品成本与月末在产品成本之间的差额很小,因此以年初在产品成本对各月月末在产品进行计价,对各月完工产品成本的影响不大,所以为简化产品制造成本的计算工作,对各月月末在产品可按年初在产品成本计价。

这样除 12 月份以外的各月月末在产品成本不变,月初和月末在产品相等,每月各产品发生的生产耗费即为本月该完工产品的总成本。年终时,根据实际盘点数和生产耗费重新调整计算确定在产品成本,作为下一年度的各月固定计价的在产品成本,以免在产品成本与实际差距过大,影响成本计算的正确性。

(三) 约当产量比例法

1. 约当产量比例法的一般运用

约当产量比例法,就是按完工产品数量(也即加工程度为 100%的约当产量)和月末在产品约当产量的比例来分配生产费用,以确定完工产品成本和月末在产品实际成本的一种方法。

所谓约当产量,是将月末在产品数量按其加工程度或投料程度,折算为相当于完工产品的数量。

约当产量比例法适用于月末在产品数量较多,各月在产品数量变化较大,同时产品成本中直接材料、直接人工及间接制造费用的比重相差不多的产品。

由于在产品的各项费用的投入程度不同,因而需分别不同的成本项目计算约当产量。其中,用以分配直接材料费用的在产品约当产量按投料程度计算;用以分配其他费用(如加工费用)的在产品约当产量按加工程度计算。如果原材料在生产开始时一次投入,每件完工产品与每件月末在产品所耗直接材料成本是相等的,不论在产品完工程度大小,直接材料成本可以直接按完工产品和在产品数量分配,如果原材料在生产中陆续投入,则需分别按其投料程度计算约当产量。产品加工费的发生取决于其加工程度,不仅完工产品与在产品的加工费用不相等,而且不同加工程度的在产品所发生的加工费用也不相等,所以完工产品与月末在产品的各项加工费用,一般不能按它们的数量比例直接分配计算。

按约当产量比例法分配完工产品成本和月末在产品成本的计算公式如下:

在产品约当产量＝在产品数量×加工程度(或投料程度)

$$费用分配率=\frac{期初在产品成本+本期生产费用}{完工产品产量+期末在产品约当产量}$$

完工产品成本＝完工产品产量×费用分配率

月末在产品成本＝在产品约当产量×费用分配率

【例1】 假定某企业生产甲产品，月初在产品成本的直接材料成本为60 000元，直接人工32 400元，制造费用19 000元，本月发生费用为：直接材料151 500元，直接人工87 000元，制造费用54 630元。本月完工产品共350件，月末在产品共计120件，原材料在产品开始时一次投入，在产品的加工程度为40%。

材料分配率＝(60 000＋151 500)元÷(350＋120)件＝450元/件

完工产品直接材料成本＝350×450元＝157 500元

在产品直接材料成本＝120×450元＝54 000元

人工分配率＝(32 400＋87 000)元÷(350＋120×40%)件＝300元/件

完工产品直接人工成本＝350×300元＝105 000元

在产品直接人工成本＝120×40%×300元＝14 400元

制造费用分配率＝(19 000＋54 630)元÷(350＋120×40%)件＝185元/件

完工产品制造费用＝350×185元＝64 750元

在产品制造费用＝48×185元＝8 880元

完工产品总成本＝(157 500＋105 000＋64 750)元＝327 250元

在产品总成本＝(54 000＋14 400＋8 880)元＝77 280元

2. 加工程度和投料程度的确定

采用约当产量比例法，在产品加工程度或投料程度的测定，是影响生产费用分配准确性的关键因素。

(1) 投料程度的确定。直接材料费用的发生取决于生产过程中的投料程度。

① 若原材料系生产开始时一次投入，在产品的投料程度为100%，此时，无论在产品的完工程度如何，直接材料成本都可以直接按完工产品和月末在产品的数量分配。

② 若原材料随生产过程陆续、均衡地投入，直接材料的投料程度与生产工时的投入进度基本一致，分配直接材料成本的在产品约当产量可按加工程度折算。

③ 若原材料系分阶段投入，并在每道工序开始时一次投入，月末在产品投料程度的计算公式为：

$$某道工序上的投料程度=\frac{到本工序为止的累计材料消耗定额}{完工产品材料消耗定额}\times 100\%$$

④ 若原材料不是在生产开始时一次投入，也不随加工进度陆续投入，则月末在产品投料程度的计算公式为：

$$某道工序上的投料程度=\frac{前面各道工序累计材料消耗定额+本工序材料消耗定额\times 50\%}{完工产品材料消耗定额}$$

【例2】 假定A产品的生产经三道工序制成，其原材料分三道工序并在每道工序开始时一次投入，有关该产品原材料消耗定额、在产品数量资料及投料程度、约当产量的计算如表7-1所示。若该产品本月完工2 250台，月初在产品和本月发生的直接材料成本累计数为15 288元，则直接材料成本分配计算结果见表7-1。

表 7-1　按投料程度折算的在产品约当产量计算表

工序	原材料消耗定额/千克	各工序月末在产品数量/台	在产品投料程度	在产品约当产量/台
Ⅰ	500	200	(500÷1 000)×100%=50%	200×50%=100
Ⅱ	300	300	(500+300)÷1 000×100%=80%	300×80%=240
Ⅲ	200	350	(500+300+200)÷1 000×100%=100%	350×100%=350
合计	1 000	850	—	690

直接材料成本分配率=15 288 元÷(2 250+690)台=5.20 元/台

完工产品所耗直接材料成本=2 250×5.20 元=11 700 元

月末在产品所耗直接材料成本=690×5.20 元=3 588 元

(2) 加工程度的测定,直接材料成本以外的项目(如燃料和动力、直接人工、间接制造费用等加工费用)通常按加工程度计算约当产量。

在产品的加工程度一般可以通过技术测定或用其他方法测定。在生产进度比较均衡,各道工序在产品的加工数量相差不多的情况下,由于后道工序多加工的程度可以抵补前面几道工序少加工的程度,此时,全部在产品的加工程度均可以按 50%平均计算;否则,各工序在产品的加工程度应按工序分别测定。

各工序在产品的加工程度是指各工序累计工时定额占完工产品工时定额的比率。为简化计算,在产品前面各道工序已经完工,其工时定额按 100%计入,而本道工序工时定额则以 50%计入。计算公式如下:

$$\text{某道工序上的在产品加工程度}=\frac{\text{前面各道工序的累计工时定额}+\text{本道工序工时定额}\times 50\%}{\text{完工产品工时定额}}\times 100\%$$

根据各道工序的在产品数量和测定的加工程度,计算出各工序上的月末在产品约当产量,可据以分配计算完工产品和月末在产品的加工费用。

【例 3】 现仍沿用例 2 的完工产品和在产品的数量资料,有关 A 产品在三道工序的工时消耗定额、加工程度及约当产量的计算过程见表 7-2。

表 7-2　按产品加工程度折算的在产品约当产量计算表

工序	各工序工时消耗定额/工时	月末在产品数量/台	各工序加工程度	在产品约当产量/台
Ⅰ	6	200	6×50%÷10×100%=30%	200×30%=60
Ⅱ	2	300	(6+2×50%)÷10×100%=70%	300×70%=210
Ⅲ	2	350	(6+2+2×50%)÷10×100%=90%	350×90%=315
合计	10	850	—	585

若 A 产品本月完工 2 230 台,A 产品月初在产品和本月耗用直接人工成本累计数为 8 445 元,耗用间接制造费用累计数为 7 319 元。

直接人工成本分配率=8 445 元÷(2 230+585)台=3 元/台

间接制造费用分配率=7 319 元÷(2 230+585)台=2.60 元/台

完工产品直接人工成本=2 230×3 元=6 690 元

月末在产品直接人工成本＝585×3 元＝1 755 元

完工产品制造费用＝2 230×2.60 元＝5 798 元

月末在产品制造费用＝585×2.60 元＝1 521 元

（四）在产品按所耗原材料成本计价法

在产品按所耗原材料成本计价，就是月末在产品成本中只包括所耗用的原材料费用，不包括人工及其他制造费用，即在产品的加工费用全部由完工产品成本负担。全部生产费用减去按所耗原材料费用计算的在产品成本后的余额，就是完工产品成本。该方法适用于原材料费用在产品成本中所占比重相当大的产品。如纺织、造纸、酿酒等行业，其原材料费用都占产品成本的70％以上，为了简化核算，对这些行业月末在产品成本一般只计算材料费用。

在产品所耗的原材料成本可按完工产品数量和月末在产品约当产量的比例来分配确定（此时可把在产品按所耗原材料成本计价法看作是约当产量比例法的简化），在消耗定额比较正确、稳定的情况下也可按定额成本来确定。

【例 4】 假定某工业企业某种产品中原材料费用占总成本的 80％以上，其月末在产品只计算所耗用的原材料费用。其月初在产品的直接材料成本为 4 890 元；本月发生的直接材料成本为 9 830 元，直接人工等加工费用一共 1 230 元；本月完工产品 760 件，月末在产品 390 件。原材料是在生产开始时一次投入的，原材料费用可以按完工产品和月末在产品的数量比例分配。分配计算如下：

直接材料成本分配率＝(4 890＋9 830)元÷(760＋390)件＝12.8 元/件

完工产品应负担的直接材料成本＝760×12.8 元＝9 728 元

在产品应负担的直接材料成本（即月末在产品成本）＝390×12.8 元＝4 992 元

完工产品成本＝(9 728＋1 230) 元＝10 958 元

（五）在产品按产成品成本计价法

在产品按产成品成本计价法是指将在产品视为完工产品来计算、分配生产费用的方法。该方法适用于月末在产品已接近完工，只是尚未包装或验收入库的产品。因为在这种情况下，在产品已经接近完工，在产品成本接近完工产品成本，为简化核算，可将其视同完工产品分配生产费用。换言之，完工产品和月末在产品成本按两者的数量比例分配原材料费用和各项加工费用，此法可理解为约当产量比例法的特例，即在产品的投料程度与加工程度均为 100％。

【例 5】 假定某工业企业某产品的月初在产品费用为：直接材料 24 340 元，直接人工 7 610 元，制造费用 27 890 元。本月生产费用为：直接材料 62 280 元，直接人工 13 130 元，制造费用 28 230 元。本月完工产品 810 件，月末在产品 410 件。月末在产品都已完工，只是尚未验收入库。分配计算如表 7-3 所示。

表 7-3 在产品按产成品成本计价法分配计算表 金额单位：元

成本项目	月初在产品成本	本月生产费用	生产费用累积	费用分配率	完工产品成本		月末在产品成本	
					数量	金额	数量	金额
直接材料	24 340	62 280	86 620	71		57 510		29 110
直接人工	7 610	13 130	20 740	17		13 770		6 970
制造费用	27 890	28 230	56 120	46		37 260		18 860
合计	59 840	103 640	163 480	134	810	108 540	410	54 940

（六）在产品按定额成本计价法

在产品按定额成本计价法是根据各月月末在产品储存数量、投料和加工程度、单位产品定额成本资料计算出月末在产品的定额成本，并就以该定额成本作为月末在产品的实际成本对月末在产品进行计价的一种方法。

此法适用于定额管理基础工作比较扎实，各项消耗定额比较正确、稳定，各月月末在产品结存数量比较稳定的情况。

月末在产品的定额成本可计算如下：

在产品直接材料定额成本＝在产品数量×材料消耗定额×材料计划单价

在产品直接人工定额成本＝在产品数量×工时定额×计划小时人工费用率

在产品制造费用定额成本＝在产品数量×工时定额×计划小时费用率

月末在产品定额成本＝在产品直接材料定额成本 ＋ 在产品直接人工定额成本 ＋ 在产品制造费用定额成本等

在这种方法下，各月生产费用脱离定额的差异全部由当月完工产品成本负担。

【例 6】 假定某种产品所耗原材料在生产开始时一次投入，单位成本的直接材料定额成本为 25 元，本月完工产品 600 件，月末在产品 200 件，在产品耗用定额工时 800 小时，计划每小时费用分配率为：直接人工 5 元，燃动力 2 元，制造费用 6 元。本月生产费用的累计数为：直接材料 21 300 元，直接人工 8 240 元，制造费用 6 550 元，燃动力 3 800 元，合计 39 890 元。

在产品直接材料定额成本＝200×25 元＝5 000 元

在产品直接人工定额成本＝800×5 元＝4 000 元

在产品制造费用定额成本＝800×6 元＝4 800 元

在产品燃动力定额成本＝800×2 元＝1 600 元

月末在产品成本＝月末在产品的定额成本＝(5 000＋4 000＋4 800＋1 600)元＝15 400 元

完工产品材料成本＝(21 300－5 000)元＝16 300 元

完工产品人工成本＝(8 240－4 000)元＝4 240 元

完工产品制造费用成本＝(6 550－4 800)元＝1 750 元

完工产品燃动力成本＝(3 800－1 600)元＝2 200 元

完工产品的总成本＝(16 300＋4 240＋1 750＋2 200)元＝24 490 元

在产品按定额成本计价，简化了在产品计价的手续，各月生产费用脱离定额差异全部由完工产品成本负担，使完工产品的成本指标能及时反映当期成本管理的工作质量。由于消耗定额比较准确，月初和月末单位在产品实际成本偏离定额的差异较小，而月初和月末在产品数量变化不大，所以每月月初和月末在产品实际成本脱离定额的差异也相差不多。这就使得月末在产品只按定额成本计价，不负担脱离定额差异，对完工产品成本不会发生多大影响。

（七）定额比例法

定额比例法就是以定额资料为标准，将产品成本按照完工产品与月末在产品定额消耗量或定额成本的比例进行划分。

这种方法适用于企业定额管理基础较好，各项消耗定额比较健全、稳定，而且各月末在产品数量变动较大的产品。

定额比例法与定额成本法都要求企业定额管理基础较好，各项消耗定额比较健全、稳定，二者的区别在于：

① 计算在产品成本的先后顺序不同；

② 适用条件不同；

③ 差异负担不同。

按照定额比例划分完工产品成本与月末在产品成本，定额资料可以采用定额消耗量，也可以采用定额成本，为准确起见，完工产品成本与在产品成本的划分一般是分别成本项目进行的，计算公式为：

公式(一)：

$$费用分配率=\frac{月初在产品成本+本月生产费用}{完工产品定额耗用量或定额成本+月末在产品定额耗用量或定额成本}$$

公式(二)：

完工产品某项目实际成本＝该项目费用分配率×完工产品该项目定额消耗量或定额成本

公式(三)：

月末在产品某项目实际成本＝该项目费用分配率×月末在产品该项目定额消耗量或定额成本

【例 7】 假定某企业某月甲产品产量与成本资料如下：

月初在产品实际成本为：直接材料 1 200 元，直接人工 325 元，制造费用 500 元。本月实际发生费用为：直接材料 7 800 元，直接人工 2 900 元，制造费用 3 800 元。本月完工产品 3 500 件，材料消耗定额为 2 千克，工时消耗定额为 1.25 小时，月末在产品 1 000 件，材料消耗定额为 2 千克，工时消耗定额为 1 小时，要求将生产费用在完工产品与月末在产品之间进行分配。

直接材料成本分配率＝(7 800＋1 200)÷(7 000＋2 000)＝1

完工产品应负担的直接材料成本＝7 000×1 元＝7 000 元

在产品应负担的直接材料成本＝2 000×1 元＝2 000 元

直接人工成本分配率＝(325＋2 900)÷(3 500×1.25＋1 000×1)＝0.6

完工产品应负担的直接人工成本＝4 375×0.6 元＝2 625 元

在产品应负担的直接人工成本＝1 000×0.6 元＝600 元

制造费用分配率＝(500＋3 800)÷(4 375＋1 000)＝0.8

完工产品应负担的制造费用＝4 375×0.8 元＝3 500 元

在产品应负担的制造费用＝1 000×0.8 元＝800 元

完工产品总成本＝(7 000＋2 625＋3 500)元＝13 125 元

在产品总成本＝(2 000＋600＋800)元＝3 400 元

采用定额比例法分配本月生产费用，可将实际费用与定额费用进行比较，便于考核分析定额的执行情况。在产品和完工产品共同负担脱离定额差异，有利于减少月初月末在产品数量波动对成本计算准确性的不利影响。

不管采用何种分配方法，结转完工产品成本时，均借记“库存商品”账户，贷记“基本生产成本”账户，“基本生产成本”月末借方余额表示月末在产品成本。

在产品的计价方法有多种，企业应结合生产的特点和管理上的要求选择合适的分配方法，一旦选定，不应随意变动，使不同时期的产品成本具有可比性。

【项目总结】

在产品，是指企业已经投入生产但尚未最后完工，不能作为商品销售的产品。在产品有广义和狭义之分。广义的在产品,是指所有没有完成全部生产过程,不能作为商品销售的产品。狭义的在产品,是指某一车间或某一工序正在加工中的那部分在产品。

在产品的数量核算应做好如下两方面工作:(1)做好在产品收入、发出、结存的日常核算工作;(2)做好在产品的定期或不定期的清查工作。

在产品的计价是通过生产费用在完工产品和月末在产品之间的合理分配来完成的,直接关系到完工产品成本计算的正确性。生产费用在完工产品和在产品之间的划分方法,即在产品的计价方法主要包括:(1)在产品不计价法;(2)在产品按年初固定成本计价法;(3)约当产量比例法;(4)在产品按所耗原材料成本计价法;(5)在产品按产成品成本计价法;(6)在产品按定额成本计价法;(7)定额比例法。在学习的过程中注意运用类比,(1)、(2)之间是有共性的,(3)、(4)、(5)之间有相互关联之处,(6)和(7)也有可比之处。

1. 什么是在产品?广义在产品和狭义在产品的含义有何不同?
2. 简述在产品清查结果的账务处理。
3. 在产品的计价方法有哪几种?如何根据企业的具体情况选择适当的方法?
4. 说明在产品按定额成本计价法与定额比例法的区别。
5. 试述定额比例法的特点和适用范围及核算程序。
6. 什么是约当产量比例法?怎样测定在产品生产过程中的投料程度与加工程度?

【项目测试】

一、判断题

1. 狭义在产品是指正在某一特定的生产车间或加工步骤中加工的在产品。 ( )
2. 人为调节月末在产品成本,会使当月完工产品成本不实,最终影响利润的计算。 ( )
3. 各月末在产品数量变化不大的产品,可以对月末在产品成本忽略不计。 ( )
4. 在产品按定额成本计价法适用于计划管理水平高、各项消耗定额或费用定额比较准确、稳定,且各月末在产品数量变动较大的产品。 ( )
5. 在产品按定额成本计价,实际生产费用与定额费用的差异,最终将全部由完工产品成本负担。 ( )
6. 若原材料费用占产品成本比重较大,且单位材料消耗定额比较准确、稳定,在产品所耗原材料成本可以按定额成本计算。 ( )
7. 约当产量比例法下原材料费用的投料程度与加工费用的完工程度是相同的。 ( )
8. 在产品按年初固定成本计价,全年各月末在产品成本均等于年初固定成本。 ( )
9. 在产品按年初固定成本计价时,12 月份发生的生产费用等于完工产品成本。 ( )
10. 企业所有产品均将其生产费用的累计数在完工产品与在产品之间进行分配。 ( )
11. 某工序在产品完工程度等于至该工序止的累计工时定额与完工产品工时定额的比率。 ( )
12. 采用约当产量比例法时,投料程度与加工程度的确定方法是一致的。 ( )

13. 约当产量是指月末在产品数量按照完工程度折算的相当于完工产品的产量。 （ ）

14. 已经完工但尚未验收入库的在产品,其成本可以视同完工产品计算。 （ ）

15. 采用在产品不计价法时,某种产品某月发生的生产费用之和,就是该月该种产品的完工产品成本。 （ ）

二、单项选择题

1. 下列各项中,不属于广义在产品的是（ ）。

A. 已验收入库的对外销售的自制半成品　B. 已验收入库的仍需加工的自制半成品

C. 正在车间加工中的合格产品　D. 正在车间返修的废品

2. 若某种产品的月末在产品数量较多,各月末在产品数量不稳定,料、工、费在产品成本中的比重相差不多,在产品计价应采用的方法是（ ）。

A. 在产品按年初固定成本计价法　B. 在产品不计价法

C. 在产品按所耗原材料费用成本计价法　D. 定额比例法

3. 原材料费用按完工产品与在产品的数量比例进行分配,应具备的条件是（ ）。

A. 原材料费用在产品成本中所占比重较大　B. 原材料的定额比较准确

C. 原材料在生产开始时一次投入　D. 原材料按工序逐步投入

4. 定额管理基础工作较好,各项消耗定额比较准确、稳定,且各月末在产品数量变化较大的企业,在产品计价适宜采用的方法是（ ）。

A. 约当产量比例法　B. 按计划成本计价法

C. 定额成本法　D. 定额比例法

5. 在产品按所耗原材料成本计价法,适用于（ ）。

A. 原材料费用在产品成本中比重较大　B. 各月末在产品数量变化较小

C. 各月末在产品数量较小　D. 原材料在生产开始时一次投入

6. 某产品经三道工序加工而成。各工序的工时定额分别为 20 小时、10 小时、20 小时。各工序在产品在本工序的加工程度按工时定额的 50％计算。第三道工序的完工率为（ ）。

A. 40％　B. 50％

C. 80％　D. 100％

7. 某产品经三道工序加工而成。原材料分工序在各道工序开始时一次投入,各工序材料消耗定额为 20 千克、20 千克、10 千克。第三工序的完工率为（ ）。

A. 40％　B. 50％

C. 80％　D. 100％

8. 某产品经三道工序加工而成。各工序的工时定额分别为 30 小时、20 小时、10 小时。各工序在产品在本工序的加工程度按工时定额的 50％计算。第三道工序的累计工时定额为（ ）。

A. 55 小时　B. 30 小时

C. 40 小时　D. 50 小时

9. 若产品的消耗定额准确、稳定,各月末在产品数量稳定,产品成本中原材料费用所占比重较大,为简化成本计算,月末在产品可以（ ）。

A. 按定额原材料费用计价　B. 按产成品成本计价

C. 按约当产量比例计价　D. 按定额比例计价

10. 财产清查中发现在产品盘盈，经批准后应冲减(　　)账户。

A.“基本生产成本”　　B.“库存商品”

C.“制造费用”　　D.“营业外收入”

11. 可能导致完工产品成本出现负数的在产品计价方法是(　　)。

A. 定额比例法　　B. 在产品按所耗原材料成本计价法

C. 约当产量比例法　　D. 在产品按定额成本计价法

12. 在产品不计价法适用于(　　)的情况。

A. 月末在产品数量很少　　B. 月末在产品数量较大

C. 各月在产品数量不稳定　　D. 各月在产品数量稳定

三、多项选择题

1. 在产品计价的约当产量比例法可以用来分配(　　)。

A. 直接材料费用　　B. 直接人工费用

C. 制造费用　　D. 管理费用

2. 广义的在产品包括(　　)。

A. 本步骤未加工完成的产品　　B. 等待返修的废品

C. 需要继续加工的半成品　　D. 未经验收入库的产成品

3. 下列情况下，需要计算在产品投料程度的有(　　)。

A. 原材料在生产开始时一次投入

B. 原材料随加工进度陆续投入且与加工进度一致

C. 原材料在各工序开始时一次投入

D. 原材料随加工进度陆续投入且与加工进度不一致

4. 计算在产品的加工程度应考虑的因素有(　　)。

A. 所在工序工时定额　　B. 完工产品工时定额

C. 完工产品数量　　D. 到上道工序为止累计工时定额

5. 企业确定在产品的计价方法，应考虑的因素有(　　)。

A. 各月末在产品数量的变化　　B. 产品成本中料工费所占比重

C. 产品的各项消耗定额是否准确、稳定　　D. 月末在产品数量的大小

6. 基本生产车间产品完工转出时，可能借记的科目有(　　)。

A.“基本生产成本”　　B.“原材料”

C.“自制半成品”　　D.“库存商品”

7. 在产品计价方法中会使发生的生产费用全部由本月完工产品成本负担的有(　　)。

A. 在产品不计价法　　B. 在产品按定额成本计价法

C. 在产品按年初固定成本计价法　　D. 在产品按产成品成本计价法

8. 在产品计价的约当产量比例法适用于(　　)的分配。

A. 每道工序开始时一次投入的原材料费用

B. 各种费用

C. 随生产进度陆续均衡投料的原材料费用

D. 人工及其他加工费用

9. 采用在产品按定额成本计价法应具备的条件是(　　)。

A. 产品的各项消耗定额比较准确、稳定　　B. 企业定额基础工作较好

C. 各月末在产品数量变化较大　　D. 各月末在产品数量变化不大

10. 在产品计价的约当产量比例法适用于(　　)的产品。

A. 月末在产品数量较大　　B. 月末各工序在产品加工进度相差不大

C. 各月末在产品数量变化较大　　D. 产品成本中料工费所占比重相差不大

四、计算与分析题

1. 某工业企业甲产品的原材料在生产开始时一次投入，产品成本中原材料费用所占比重很大，月末在产品按其所耗原材料费用计价。其1月初在产品费用为5 000元；该月生产费用为：原材料17 500元；人工费3 300元，制造费用6 000元。该月完工产品450件，月末在产品300件。

要求：分配计算该月甲产品的完工产品成本和月末在产品成本。

2. 某产品经两道工序完工，完工产品工时定额为50小时，第一工序为30小时，第二工序为20小时。每道工序在产品工时定额(本工序部分)按本工序工时定额的50%计算。

要求：计算该产品第一、二两道工序在产品的加工程度。

3. 某产品某月初在产品和本月发生的人工费共为9 000元；该产品该月份完工1 800件；其各工序在产品的数量和完工率如表7-4所示。

表7-4　各工序在产品的数量和完工率

工序	在产品数量/件	完工率
1	2 000	20%
2	1 000	80%

要求：采用约当产量比例法，分配计算该产品的完工产品和月末在产品的人工费。

4. 某产品的原材料随着生产进度陆续投入，其完工产品和各工序的消耗定额，以及某月末的在产品数量如表7-5所示。

表7-5　某产品的生产数据

工序	本工序原材料定额/千克	月末在产品数量/件
1	80	1 300
2	20	1 200
完工产品合计	100	—

在产品在本工序的消耗定额按50%计算。

该月初在产品原材料费用为2 700元，本月原材料为6 000元。该月完工产品1 400件。

要求：采用约当产量比例法，分配计算完工产品和月末在产品的原材料费用。

5. 沙洲厂甲产品的原材料随着生产进度陆续投入，其投料程度与加工进度一致。201×年7月份该产品完工200件；月末在产品100件，完工程度为50%，其有关数据如表7-6所示。

表 7-6　沙洲厂甲产品有关数据　　单位：元

月	日	摘要	原材料	人工费	制造费用	合计
6	30	余额	2 370	1 200	800	4 370
7	31	本月生产费用	2 430	2 400	1 600	6 430
7	31	累计	4 800	3 600	2 400	10 800

要求：

(1) 计算各种费用分配率。

(2) 分配计算完工产品和月末在产品的各项费用和成本。

6. 某工业企业甲产品原材料费用定额为 6 元，原材料在零件投产时一次投入。该种产品各项消耗定额比较准确、稳定，各月在产品数量变化不大，月末在产品按定额成本计价。

该种产品各工序工时定额和本月在产品数量如表 7-7 所示。

表 7-7　甲产品各工序工时定额和本月在产品数量

产品名称	所在工序号	本工序工时定额	在产品数量/件
甲	1	6	400
	2	4	250
	小计	10	650

每道工序在产品的累计工时定额，按上道工序累计工时定额，加上本工序工时定额的 50% 计算。

每小时费用定额：人工费 1.20 元；制造费用 2 元。

该种产品月初及本月生产费用的累计数为：原材料 9 000 元，人工费 8 000 元，制造费用 10 000元，共计 27 000 元。

要求：计算月末在产品的定额成本和完工产品成本。

五、综合题

1. 某企业生产丙产品，经过两道工序连续加工制成，本月完工 820 件，原材料在生产开始时一次投入。单件产品原材料费用定额为 90 元，工时定额为 10 小时。每工时直接人工费用定额 4.5 元，制造费用定额 1.50 元。各工序工时定额及在产品数量如表 7-8 所示。

表 7-8　各工序工时定额及在产品数量

工序	工时定额	月末在产品数量
第一工序	6 小时	100 件
第二工序	4 小时	80 件
合计	10 小时	180 件

各工序月末在产品平均加工程度为 50%。丙产品月初及本月生产费用合计为：直接材料 90 000 元，直接人工 45 700 元，制造费用 27 420 元。

要求：分别采用在产品按定额成本计价法及定额比例法分配计算完工产品成本和月末在产品成本并分析两种方法的计算结果有何不同。

2. 某企业只生产丙产品，该产品月初在产品及本月发生生产费用资料如表 7-9 所示。

表 7-9　丙产品月初在产品及本月发生生产费用资料

项目	直接材料	直接人工	制造费用	合计
月初在产品	52 287	4 000	8 000	64 287
本月生产费用	91 713	32 000	40 000	163 713
合计	144 000	36 000	48 000	228 000

生产丙产品所耗原材料在生产开始时投入 40%，在加工程度达 40%时再投料 30%，其余的 30%在加工程度达 60%时投入。工费成本随加工程度逐渐发生。

丙产品有关的产量资料如表 7-10 所示。

表 7-10　丙产品有关的产量资料

项目	产成品	月末在产品		
		加工程度 20%	加工程度 50%	加工程度 70%
实际产量	6 000	1 500	2 000	1 000

要求：按约当产量比例法划分本月完工产品和月末在产品的成本。

3. 某企业生产甲产品，经过三道工序连续加工制成。原材料在各道工序开始时一次投入。甲产品的原材料消耗定额、工时定额和在产品数量、废品数量如表 7-11 所示。

表 7-11　甲产品的原材料消耗定额、工时定额和在产品数量、废品数量

工序	材料消耗定额/千克	工时定额/小时	月末在产品数量/件	不可修复废品数量/件
①	100	4	20	—
②	200	6	70	10(残料 300 元入库)
③	100	10	100	—
合计	400	20		

本月完工甲产品 500 件，各工序月末在产品加工程度为 50%，不可修复废品在第二道工序的平均加工程度也为 50%。月初及本月甲产品生产费用资料如表 7-12 所示。

表 7-12　月初及本月甲产品生产费用资料　　单位：元

成本项目	直接材料	直接人工	制造费用	合计
月初及本月生产费用	266 000	90 750	54 450	411 200

要求：采用约当产量比例法分配计算完工产品和月末在产品的成本。假定该企业单独核算废品损失。

项目八

产品成本计算方法的形成

【知识目标】

- 了解生产按照工艺过程特点、组织方式、内部职能进行分类；
- 了解生产费用归集、分配及计入产品成本的程序；
- 熟悉生产类型和管理要求对产品成本计算的影响。

【管理能力】

- 能够根据产品的生产类型、管理的要求确定合理的产品成本计算方法。

【案例导入】

精英公司是一家从事家用风扇研发及生产的公司，从 20 世纪 90 年代开始从事立式家用电风扇的生产，产品规格有高、中、低三种，一直受到市场的广泛接受，公司大批量生产。进入 2010 年以后，随着智能设备的高速发展，老式风扇逐步被智能风扇取代，无叶风扇、净化风扇等高科技产品大量出现，而且产品更新换代极快，必须每年都推陈出新，才能在市场上立于不败之地。该公司成立了专门的研发部门，特别注重产品的智能化发展，不断投入研发经费，减少产品量，突出产品新，迎合顾客需求。如果你是该公司的成本会计，请问在成本计算方法上该如何跟进公司变化，以求适应技术的发展，进行更科学的成本管理？

扫码查看案例分析

导 语

产品成本是在生产过程中形成的，成本计算必须考虑生产自身的特点，同时成本计算又是成本管理的中心环节，必须满足成本管理的要求。本章主要介绍生产特点和管理要求对成本计算方法形成的影响，并对主要的成本计算方法进行简要的说明。

任务一　生产的分类

产品成本的计算，就是按照一定的方法系统地记录生产过程中所发生的费用，并按照一定的对象和标准进行归集与分配，确定各种产品的总成本和单位成本的过程。不同的企业和车间，特点不同，生产类型和管理要求不同，采用的产品成本计算方法也不同，这些方法的产生与运用，在很大程度上取决于企业生产的类型和管理的要求。只有根据不同生产类型的特点和管理要求，选择不同的成本计算方法，才能正确地计算产品成本。

一、按工艺过程的特点分类

生产按工艺过程的特点分类，可分为简单生产和复杂生产。

简单生产也称为单步骤生产或单阶段生产，是指在工艺过程上不能间断、不能由几个企业协作进行的生产。其特点是：生产周期一般都比较短，产品品种单一，通常没有在产品、半成品或其他中间产品。例如发电、供水、采掘生产等。

复杂生产也称为多步骤生产或多阶段生产，是指工艺可以间断，可以由一个企业单独进行，也可以由几个企业协作进行的生产。其特点是：生产周期一般比较长，产品品种也较多，有在产品、半成品或中间产品。

复杂生产按其加工方式不同，又可划分为连续加工式生产和装配加工式生产两种类型。

连续加工式生产是指原材料投入后，到产品完工，要经过若干步骤的连续加工，顺序转移，直至最后一个步骤制成产成品的生产。连续加工式生产除了最后步骤生产出完工产成品外，其余步骤完工的产品都是自制半成品，它们往往又是后续步骤的加工对象，例如纺织、冶金等生产。

连续加工式生产流程见图 8-1。

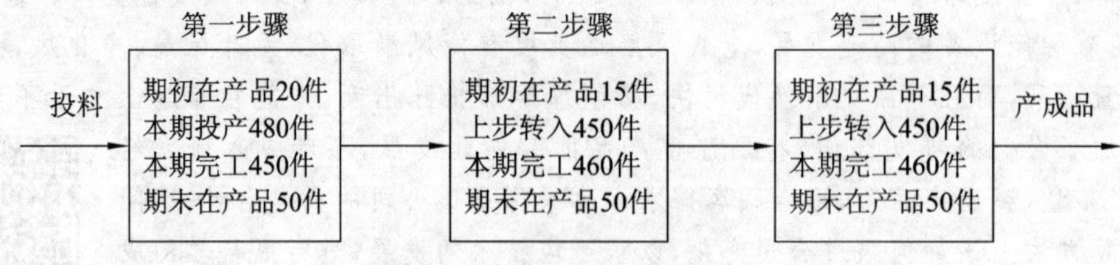

图 8-1　连续加工式生产流程图

装配加工式生产（又称平行加工式生产）是指各种原材料投入后分别加工制成各种零部件，再将零部件装配成产成品的生产。例如机床、电器、仪表等的生产。

装配加工式生产流程见图 8-2。

二、按组织方式分类

生产按组织方式分类，可分为大量生产、成批生产和单件生产。

大量生产是指不断地重复进行品种相同产品的生产。其主要特点是：企业生产的产品品种较少，每种产品的产量较大，通常采用专业设备重复地进行生产，专业化水平也较高。例如纺织、冶金、啤酒生产等。

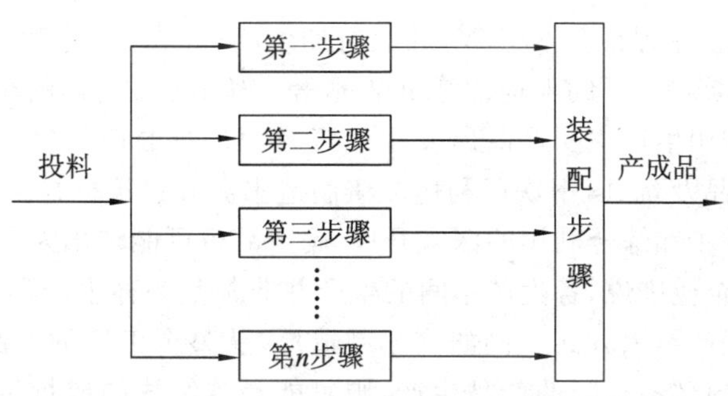

图 8-2 装配加工式生产流程图

成批生产是指按预先规定的产品数量和规格，每隔一定时期重复进行某种产品的生产。其主要特点是：企业生产的产品品种较多，各种产品数量多少不等，每隔一定时期重复生产一批，一般是同时采用专业设备和通用设备进行生产。例如服装、电梯、印刷等生产。

成批生产按照产品批量的大小划分，可以分为大批生产和小批生产两种类型，前者的性质接近于大量生产，后者的性质接近于单件生产。

单件生产是指根据订货单位的要求，进行某种特定规格产品的生产。其主要特点是：企业生产的产品品种多，每一订单的产品数量很少，每种产品生产后一般不再重复生产或不定期重复生产，通常是采用通用设备进行加工。例如造船、大型组装仪表等。

上述生产的两种分类方法，是有着密切联系的，一般而言，简单生产都是大量生产，连续加工式复杂生产可以是大量或大批生产。只有装配加工式复杂生产，可以组织为大量生产、成批生产或单件生产。两种分类方法可用图 8-3 表示。

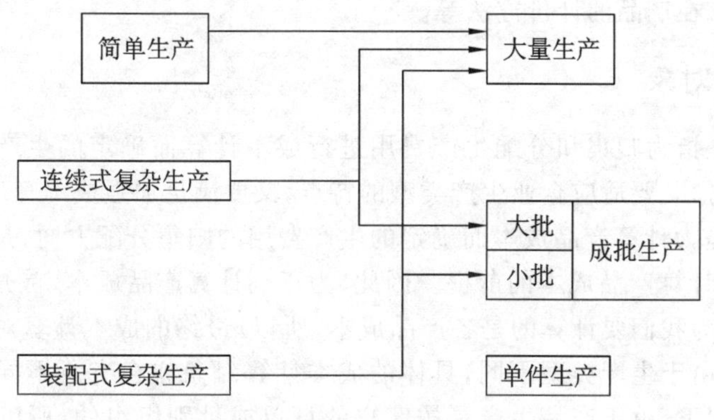

图 8-3 两种分类方法关系图

三、按生产内部职能分类

生产按其内部职能分类可分为基本生产、辅助生产和副业生产。

基本生产是指为了直接完成主要生产目的而进行的产品生产。例如纺织厂的纺纱、织布，机器制造厂的铸造、锻压、金工、装配等，都是基本生产。从事基本生产的车间可以按工艺专业化形式组成，就是将同类工艺设备、相同工种工人和同一工艺加工方法集中于一个车间，此类车间只完成产品生产过程的某一阶段任务。基本生产车间也可以按对象专业化形式组成，即以产品（或零件、部件）为对象设置，它将制造某种产品所需各种类型的设备和不同工种的工人集中于一个车间，对该产品（或零件、部件）进行不同工艺的加工。此类车间能基本独立完成该产品（或零件、部件）的全部工艺过程，所以也称封闭式车间。

辅助生产是工业企业中保证基本生产正常进行的生产，它是为基本生产服务而进行的产品生产和劳务供应。例如机器制造厂的工具、模具的制造等。从事辅助生产的车间称为辅助生产车间。

副业生产是为了利用生产主要产品所发生的废料而进行的产品生产。例如机器制造厂利用废铁、角料制造日用品及玩具，钢铁厂利用废渣制造水泥等建筑材料。副业生产的产品，一般为副产品。随着技术进步和综合利用的深入开展，副产品也可能转化为主要产品。

应该指出，就一个企业来说，各生产车间的生产并非都是一种生产类型，可能具有不同的工艺过程特点和不同的生产组织方式。例如汽车制造厂，从整个工厂的产品生产来看，应属于装配式的大量生产，但其内部各车间的产品生产，则可能是连续式的成批生产。另外车间的组织形式，既可以有按工艺专业化建立的生产车间，也可以有按对象专业化建立的生产车间。在一个车间内部，也可以将两种专业化形式结合运用。所以，在具体划分一个企业的生产类型时，应从企业的整体情况来确定，而且不能排斥其内部的特殊情况。

任务二　成本计算方法的组成要素

成本计算方法，通常是指产品、作业、劳务成本的计算方法，是指一定时期的生产费用，按各种产品进行归集，并在产成品和在产品之间进行分配，以求得各种产品总成本和单位成本的方法。成本计算方法的组成要素一般有成本计算对象的确定、成本计算期的确定、成本项目的设置、成本归集的程序、在产品的计价方法等。

一、成本计算对象

成本计算对象是指为归集和分配生产费用进行成本计算而确定的生产费用的承担者。在确定成本计算对象时，既要适应企业生产类型的特点，又要满足加强成本管理的要求。

成本计算对象是为计算产品成本而确定的生产费用的归集分配方向，是设置生产成本明细账、分配生产费用和计算产品成本的前提。因此，为正确计算产品成本，首先必须确定成本计算对象。总体来说，因为我们要计算的是各产品成本，所以，最终的成本计算对象必须是产品。但是在不同的企业里，由于生产类型不同，具体的成本计算对象亦会有所不同。如平行加工式的单件或成批生产情况下，由于产品生产是按客户的订单或批别组织的，所以要求计算各订单或批别产品的总成本和单位成本，具体的成本计算对象就确定为产品的订单或批别；在平行加工式大量生产的情况下，由于完工产品是由各零（部）件装配而成的，且有部分零（部）件直接对外销售，所以，我们既要计算各种零（部）件的成本，还要计算完工产品的成本，具体的成本计算对象就确定为零（部）件及完工产品；在单步骤大量大批生产的情况下，因产品只需经过一个步骤加工即可完成，所以只需计算各种产品的成本，具体的成本计算对象就确定为每一品种的产品；在连续加工式大量大批生产的情况下，如各步骤有半成品需单独计算成本，具体成本计算对象就确定为各加工步骤的每一种产品。

成本计算对象的确定除了要适应企业的生产类型外，还要适应成本管理的要求，充分体现重要性的原则，精简结合，提高成本核算工作的效率。如对连续加工式大量大批生产的情况，尽管各步骤均有自制半成品，但管理上因自制半成品不对外销售等原因而不要求计算半成品成本，此时可直接按各种产品作为成本计算对象；对某些规格不同但性能结构、耗用原料和工艺过程基本相同的产品可以合并为一类，作为一个具体的成本计算对象，来归集生产费用，计算出该类产品的总成本，然后将该类产品的总成本按一定的分配方法分配，计算各种规格产品的总成本和单位成本。因此，成本计算对象是根据企业产品类型和成本管理的要求来确定的，具体的成本计算对象一般包括产品的订单或批别、产品的品种，各加工步骤的每一产品及产品的类别等。

二、成本计算期

成本计算期是指每次计算产品成本的期间，即生产费用归集与分配及计入产品成本的起讫日期。成本计算期取决于企业生产类型的特点，并不完全与生产周期或会计结算期一致。

产品的生产类型不同，对成本计算的要求亦有所不同，因而产品成本计算期也不尽相同。如在大量、大批生产的情况下，一般每月份均有完工产品入库供销售，这就要求按月计算产品的成本，此时，成本计算期与会计报告期一致，而与产品的生产周期不一致；在单件或小批生产的情况下，按订单或批别计算产品成本，一般要在一张订单所列产品或一个批别所列产品全部完工后，才计算出该订单或批别产品的总成本与单位成本，因此，一般以产品的生产周期为成本计算期，此时成本计算期与产品生产周期一致，而与会计报告期不一致。

三、成本项目

成本项目是指根据成本管理的目的和要求，对成本构成内容按经济用途进行的分类，一般包括直接材料、直接人工和制造费用。

成本项目对考核和分析成本升降的原因有重要意义。如原材料、辅助材料等，可用于直接生产产品，也可用于修理机器设备及其他方面，用于生产产品的，可记入“直接材料”项目，而用于修理机器设备的，则应记入“制造费用”项目。又如人工费，生产人员的人工费，应记入“直接人工”项目，分厂、车间管理人员的人工费则记入“制造费用”项目，这样就分清了发生费用的具体用途，有利于掌握费用所发生的作用，明确经济责任。

成本项目是统一规定的，各行业或部门在执行过程中，可以根据本单位的具体情况，经主管部门批准，还可在上述三个成本项目的基础上，本着重要性和成本效益原则适当增加一些成本项目，在有些企业，如采掘采伐企业，也可按生产费用性质设立成本项目。

四、生产费用的归集分配及计入产品成本的程序

生产费用的归集分配及计入产品成本的程序是指产品生产过程中所耗费的各项要素费用，如原材料、燃料和动力、人工费、固定资产折旧费与修理费等，通过一定的方法进行归集和分配，最终计入产品成本的方法和步骤。产品制造业生产费用计入产品成本的步骤一般如下：

第一，按成本计算对象设置基本生产成本明细账，按辅助生产车间设置辅助生产成本明细账，按产品生产地点设置制造费用明细账。按成本计算对象设置的生产成本明细账也称产品成本明细账或成本计算单，用于按成本项目汇总登记各成本计算对象应负担的生产费用；辅助生产成本明细账归集各辅助生产车间应负担的生产费用；制造费用明细账主要汇总各生产部门（生产车间）所发生的间接成本。

第二，根据生产耗费的原始凭证汇总各要素费用，并编制各项要素费用分配表，按费用的用途分别记入有关的成本明细账。对于产品生产所耗用的直接成本，可直接记入各基本生产成本明细账；对于辅助生产车间所耗用的成本，可分别记入辅助生产成本明细账和制造费用明细账，

如辅助生产车间只生产一种产品或只提供一种劳务，也可将辅助生产车间发生的费用直接记入辅助生产成本明细账，不单独设置制造费用明细账；对于各基本生产车间所发生的间接成本，应记入各基本生产车间的制造费用明细账。

第三，将归集的辅助生产成本，按各服务对象所消耗的劳务（或辅助产品）量，选用一定的分配方法分配记入有关的成本明细账。如为产品生产直接耗用的成本，应记入基本生产成本明细账；如为生产产品所发生的间接成本，应记入制造费用明细账；如为企业行政部门或其他部门耗用，应记入管理费用或其他有关的明细账。

第四，将各生产车间制造费用明细账所归集的间接成本，通过编制制造费用分配表，按各成本计算对象所消耗的分配标准的比例，分配记入各生产成本明细账。

经过上述各步骤生产费用的归集分配，将各成本计算对象应负担的生产费用全部记入各产品成本明细账。

生产费用的归集分配及计入产品生产成本的程序，在一定程度上也受企业生产类型的影响。如在大量或大批生产单一产品的企业或生产车间，企业或生产车间内部所发生的一切生产费用都可视同该产品的直接成本，直接记入基本生产成本明细账；而对平行加工式生产情况下，各步骤部分自制半成品有对外销售的，应先计算各种自制半成品成本，再计算完工产品成本等。

五、在产品的计价方法

在将各成本计算对象应负担的各项费用全部记入基本生产成本明细账后，各成本明细账所反映的即为各成本计算对象应负担的总费用，应在月末在产品及本月完工产品之间进行划分。因为某一成本计算对象的月初在产品成本加上本月发生的生产费用应等于本月完工产品成本加上月末在产品成本，所以，月初在产品成本加上本月生产费用的总费用确定后，在完工产品成本与月末在产品成本中只要确定其一，另一部分成本即可求得。

完工产品与月末在产品成本划分的基本方法已在教材项目七中讲述，在先确定月末在产品成本后确定完工产品成本这一类方法中，只要确定了月末在产品成本，以总成本减去月末在产品成本即可求得完工产品成本，而在产品成本的计算与企业的生产类型有着较为密切的关系。如在单步骤大量生产单一产品的情况下，一般没有或很少有在产品，为简化核算手续可不计算月末在产品成本，即将月末在产品成本确定为零；在单件或小批生产的企业，是按产品的生产周期作为成本计算期的，所以在计算产品成本时，所有的产品均为完工产品，没有月末在产品成本的计算问题；在平行或连续加工式大批、大量生产的企业，由于产品生产按企业计划确定的品种、类别周期或不断地进行，在按会计报告期计算产品成本时，既有完工产品又有若干在产品存在，所以就必须将按某一成本计算对象所归集的生产成本按一定的分配方法在完工产品与月末在产品之间进行分配。

任务三　生产类型和管理要求对产品成本计算的影响

一、生产类型对成本计算方法的影响

企业采用何种方法计算产品成本，在很大程度上取决于产品的生产类型，而生产类型对成

本计算方法的影响主要表现在成本计算对象的确定上，此外还对生产费用计入产品成本的程序、成本计算期的确定、生产成本在产成品和在产品之间的划分等诸方面产生影响。

（一）生产类型对成本计算对象的影响

成本计算对象是承担成本的客体，也即费用归集与分配的目标。确定成本计算对象是设置成本明细账、归集与分配生产费用、正确计算产品成本的重要前提。

1. 生产工艺过程不同，成本计算对象也不一样

在单步骤生产中，由于工艺过程的不可间断性，因此，没有必要或者不可能分步骤来计算产品成本，只能按产品品种作为成本计算对象来计算每种产品的成本。

在多步骤生产中，由于工艺过程是由许多个可以间断的，分散在不同地点进行的生产步骤所组成，这样不仅要求把产品品种作为成本计算对象，而且还要求按照生产步骤计算每种产品所经过的各步骤的成本。

2. 生产组织方式不同，成本计算对象也不一样

在大量生产中，由于产品生产连续不断地进行，大量生产品种相同的产品，因此，只能够按产品品种作为成本计算对象，计算每种产品的成本。

在大批生产中，产品的批量较大，往往在几个月之间都是不断地重复生产相同的产品，所以大批生产同大量生产一样，也只能按产品品种作为成本计算对象，计算每种产品的成本。

在单件小批生产中，由于产品是按客户订单或批别组织生产的，所以有必要也有条件以产品的订单或批别作为成本计算对象。

（二）生产类型对生产费用计入产品成本的程序的影响

生产费用计入产品成本的程序，是指产品生产过程所消耗的原材料、燃料、动力、工资、固定资产折旧等费用，经过一系列的归集与分配，最后汇总成产品成本的步骤和方法。

产品的生产类型不同，生产费用计入产品成本的程序也有所区别。

在大量生产单一产品的企业或车间，成本计算对象只有一个，产品生产所发生的全部生产费用可以直接计入该产品成本。

在单件小批生产情况下，由于产品的品种、批别较多，产品生产所发生的生产费用，若能确定为生产某一批产品所发生，应直接计入该批产品成本；若不能直接计入，则应先归集后按一定标准分配计入各有关批别产品成本。

在大量大批多步骤生产情况下，生产费用计入产品成本的过程，往往也就是计算各步骤半成品成本并随其实物转移而逐步结转的过程。产品在各加工步骤的生产费用，好像“滚雪球”似地累积成完工产品成本。如果不需要计算各步骤半成品成本，也可将完工产品在各步骤加工所发生的费用，如“拼盘”式地组合成完工产品成本。

（三）生产类型对成本计算期的影响

成本计算期，是指对生产费用计入产品成本所规定的起讫日期。

在大量大批生产情况下，一种产品连续不断或经常重复地生产出来，为了计算损益的需要，只能定期按月计算产成品的成本。

在单件小批生产情况下，各批产品的生产周期往往不同，而且批量小，生产不重复或重复少，有条件按照各批产品的生产周期计算产品成本。在工业生产中，产品生产周期是指从原材料投入到产品制成并验收为止所经过的时间，它通常与日历月份不相吻合。所以，单件小批生产的成本计算期与会计报告期往往不一致。

（四）生产类型对在产品计价的影响

在产品计价实质上是将产品成本在完工产品与在产品之间进行划分。

产品生产周期很短的单步骤生产，月末一般没有在产品，或者虽有在产品，但数量、金额较小，不计算在产品成本影响不大，当月归集的生产费用即为当月完工产品成本。

在单件小批生产情况下，由于成本计算期与产品生产周期一致，一般不需要将产品成本在完工产品与在产品之间划分。当某件或某批产品完工时，所归集的生产费用全部为完工产品成本；当某件或某批产品尚未完工时，所归集的生产费用全部为在产品成本。

在大量大批多步骤生产情况下，产品生产周期较长，且与成本计算期不一致，各步骤往往存在多少不等的在产品，需要采用适当的方法，将产品成本在完工产品与在产品之间划分。

生产类型对成本计算方法的影响，主要表现在成本计算对象的确定上，生产类型不同，成本计算对象也就不会一样。另外，生产类型对成本计算方法的影响，也表现在成本计算期以及在产品的计价问题上，同时生产类型在一定程度上也影响着成本的归集程序。

由此可见，成本计算方法的确定，主要受生产类型的影响，不同的工艺过程和不同的组织方式下的生产，产品成本计算的对象不同，由此而产生不同的成本计算方法。影响示意图如图8-4所示。

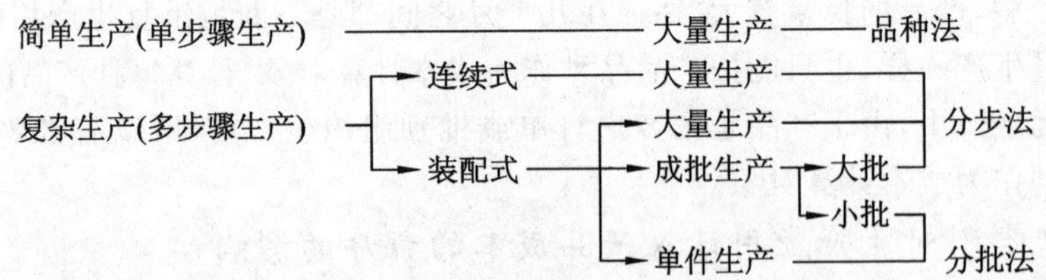

图8-4　生产类型对成本计算方法影响示意图

综上所述，受生产类型的影响，在实际工作中，有着三种不同的成本计算对象以及以成本计算对象为主要标志的三种不同的成本计算方法：

(1) 按产品品种（不分步、不分批）作为成本计算对象，计算产品成本的方法——品种法。

(2) 按产品品种及其所经步骤作为成本计算对象，计算产品成本的方法，称为分步法。

(3) 按产品批别（或订单）作为成本计算对象，计算产品成本的方法，称为分批法。

以上受生产类型影响所采用的品种法、分步法、分批法，是产品成本计算的基本方法。

生产类型对成本计算方法的影响，主要表现在成本计算对象的确定上，因此，成本计算对象是区分不同成本计算方法的主要标志。

二、管理要求对产品成本计算方法的影响

产品成本计算方法，主要取决于生产类型，不同的生产类型所采用的成本计算方法是不同的。但是成本计算方法也受成本管理要求的影响。如在单件小批生产的企业里，成本计算一般是按批别计算的，但在规模较大的一些大中型装配式生产企业，为了加强各步骤的成本管理，往往不仅要求按照产品的批别计算成本，而且还要求按生产步骤计算产品成本。在确定单件小批生产的成本计算对象时，可以根据经济、合理地组织生产和便于管理的需要，对客户的订单做适当合并或再划小批别，按重新组织的生产批别作为成本计算对象。在确定大量大批多步骤生产的成本计算对象时，对管理上不需要计算半成品成本的加工步骤可做适当归并，以减少成本计算对象和简化核算。在连续加工式生产类型的企业，所采用的方法一般为分步法，但在规模较

小的企业，如果管理上不需要提供分步骤的成本计算资料或暂时难以按步骤计算成本，也可不分步计算成本，采用品种法计算。

总之，即使具备了采用某种成本计算方法的条件，根据管理要求也不一定采用该方法。

任务四　产品成本计算的方法

一、产品成本计算的常用方法

产品成本计算方法主要受企业生产类型的特点和管理要求的影响。企业生产类型的不同特点和不同的管理要求决定着产品成本计算对象、成本计算期和生产费用在完工产品与在产品之间的分配方法；不同的成本计算对象、成本计算期等组合在一起，形成了产品成本计算的不同方法。当然，各种产品成本计算方法的主要区别是成本计算对象不同。例如，品种法是以产品品种为成本计算对象的，分批法是以产品生产批别为成本计算对象的。

在实际工作中，为了提高成本计算工作效率，充分利用现有的管理条件，除了运用品种法、分批法、分步法这些基本方法，常常还采用一些其他的成本计算方法，例如分类法、定额法、分批零件法、零件工序法，这些方法对于计算产品实际成本不是必需的，所以这些方法属于成本计算的辅助方法。现将产品成本计算与企业生产类型的关系列示，如表 8-1 所示。

表 8-1　产品成本计算常用方法及其特点

成本计算方法	工艺技术过程特点和管理要求	生产组织特点	成本计算对象	成本计算期	在产品成本计算
品种法	简单生产（单步骤）	大量、大批生产	产品品种	按月定期进行	不计算在产品成本
	管理上不要求分步骤计算成本的复杂生产（多步骤）	大量、大批生产	产品品种	按月定期进行	需计算在产品成本
分批法	简单生产或管理上要求按批别计算成本的复杂生产	小批、单件生产	产品批别	与生产周期一致	按需计算
分步法	连续式或平行式的、管理上要求分步骤计算成本的复杂生产	大量、大批生产	产品品种及步骤	按月定期	按需计算
分类法	产品品种规格繁多，每类产品所用原材料、生产工艺过程基本相同的生产	大量、大批生产	产品类别	按月定期进行	按需计算
		小批、单件生产	产品类别	与生产周期一致	
定额法	产品消耗定额合理、稳定且定额管理基础较好的生产	各种组织形式的生产	定额成本及各种差异	按月定期进行	需计算在产品成本

二、产品成本计算方法的选择

(一) 运用单一方法

以上几种常用成本计算方法都有各自的特点和适用范围,因此,不同的工艺技术过程特点和管理要求就应选用不同的成本计算方法。例如,简单生产或管理上要求按批别计算成本的复杂生产应当采用分批法。连续式或平行式的、管理上要求分步骤计算成本的复杂生产应当采用分步法。因此,某些规模较小或者产品单一的企业,可以选用单一方法进行成本计算。

(二) 运用多种方法

尽管各种成本计算方法都有各自的适用范围,但在实际工作中,一个企业往往综合应用多种成本计算方法。企业内部不同的生产车间、同一生产车间的不同产品,它们的生产特点和管理要求并不相同,这样,企业内部就要同时采用几种不同的方法,或把几种不同的成本计算方法结合起来加以综合应用。

1. 几种成本计算方法同时采用

一般在工业企业里,既设有基本生产车间又设有辅助生产车间。基本生产车间生产产品,辅助生产车间生产工具或劳务,但基本生产车间和辅助生产车间在生产特点和管理要求上会有不同,采用的成本计算方法也就会不同。例如纺织企业,属于大量大批的多步骤生产,而且各步骤所产的半成品可以对外出售,因此,所产产品要采用分步法计算产品的成本;而辅助生产车间则为基本生产车间制造模具,一般属于小批单件生产,所产产品则可采用分批法计算成本。再如,在一个基本生产车间或企业生产几种产品,其中,有的产品市场需求量大,需要大批生产,那么对这些产品就可以采用品种法或分步法计算成本;有的产品市场萎缩,逐渐减少,则应采用分批法计算成本。

2. 几种成本计算方法综合运用

在有的工业企业,以一种成本计算方法为主,结合其他成本计算方法的某些特点加以综合采用。例如在单件小批生产的电梯生产企业中,其产品的主要生产过程是由铸造、机加工、装配等相互关联的各个生产阶段所组成,其最终产品应采用分批法进行成本计算;但从各个生产步骤看,由于其特点和管理要求不同,计算方法就有所不同。如在铸造阶段,由于品种少并可直接对外出售,可采用品种法进行成本计算;从铸造到机加工阶段,由于是连续或多步骤生产的,因而就可以采用分步法计算成本。再如,服装制造企业,属于大量大批生产,可以采用品种法或分步法。但是,由于其品种规格较多,可以按照一定标准分为若干类别,因而,就可以在采用这些基本计算方法的基础上,结合采用分类法计算产品成本。

【项目总结】

计算产品成本有各种不同的方法,这些方法的产生与运用,在很大程度上取决于企业生产的类型和内部职能。生产按工艺过程的特点分类,可分为简单生产和复杂生产。生产按组织方式分类,可分为大量生产、成批生产和单件生产。生产按其内部职能可分为基本生产、辅助生产和副业生产。

成本计算方法的组成要素一般有成本计算对象的确定、成本计算期的确定、成本项目的设置、成本归集的程序、在产品的计价方法等。

首先要确定成本计算对象。

其次,要对生产费用进行归集、分配并计入产品成本。(1)按成本计算对象设置基本生产成本明细账,按辅助生产车间设置辅助生产成本明细账,按产品生产地点设置制造费用明细账。(2)根据生产耗费的原始凭证汇总各要素费用,并编制各项要素费用分配表,按费用的用途分别记入有关的成本明细账。(3)将归集的辅助生产成本,按各服务对象所消耗的劳务(或辅助产品)量,选用一定的分配方法分配记入有关的成本明细账。(4)将各生产车间制造费用明细账所归集的间接成本,通过编制制造费用分配表,按各成本计算对象所消耗的分配标准的比例,分配记入各生产成本明细账。

最后,要将产品总成本在月末在产品及本月完工产品之间进行划分。

企业主要运用品种法、分批法、分步法这些基本方法,进行产品成本计算。品种法以产品品种为成本计算对象,适用于简单生产(单步骤)或者管理上不要求分步骤计算成本的复杂生产(多步骤)的企业。分批法以产品生产批别为成本计算对象,适用于简单生产或管理上要求按批别计算成本的复杂生产企业。分步法以产品品种及步骤为成本计算对象,适用于连续式或平行式的、管理上要求分步骤计算成本的复杂生产企业。

为了提高成本计算工作效率,一个企业往往综合应用多种成本计算方法。例如,企业还运用成本计算的一些辅助方法:分类法、定额法、分批零件法、零件工序法。

1. 简述生产类型的分类。
2. 试分析生产类型对成本计算方法的影响。
3. 产品成本计算方法一般由哪些要素构成?
4. 产品成本计算有哪些方法?
5. 试分析管理要求对产品成本计算方法的影响。

【项目测试】

一、判断题

1. 区分各种产品成本计算基本方法的主要标志是成本计算对象。 ( )
2. 产品成本计算的辅助方法与成本计算对象没有一定关系。 ( )
3. 企业的产品生产按照工艺技术过程可分为简单生产和复杂生产。 ( )
4. 纺织、机械制造等企业属于大量大批的多步骤生产。 ( )
5. 发电、采掘企业一般采用分步法计算成本。 ( )
6. 通常从计算产品实际成本是否必不可少的角度,可将产品成本计算方法分为基本方法和辅助方法。 ( )
7. 在一个企业内可以同时采用几种产品成本计算方法,对同一种产品也可以采用几种产品成本计算方法。 ( )
8. 无论采用何种方法计算产品成本,都必须进行在产品的计价。 ( )
9. 产品成本计算的辅助方法可以在成本计算中单独使用,也可以结合使用。 ( )

10. 产品成本计算的辅助方法,在成本管理方面发挥的作用不大。 ( )

二、单项选择题

1. 下列( )不属于产品成本计算的基本方法。

A. 品种法　　B. 分批法

C. 分类法　　D. 分步法

2. ( )体现了工业企业在生产工艺过程方面的特点。

A. 大量生产　　B. 成批生产

C. 简单生产和复杂生产　　D. 单件生产

3. ( )是区分各种产品成本计算方法的主要标准。

A. 成本计算对象　　B. 成本计算期

C. 各种生产费用的分配方法　　D. 在产品费用的分配方法

4. 通常按照( )划分产品成本计算的基本方法和辅助方法。

A. 生产工艺的复杂程度　　B. 在产品的计价方法

C. 生产组织的特点　　D. 对于计算产品实际成本是否必不可少

三、多项选择题

1. ( )属于产品成本计算的辅助方法。

A. 分类法　　B. 分批法

C. 品种法　　D. 定额法

2. 生产特点和管理要求对产品成本计算的影响表现在( )方面。

A. 确定成本计算对象　　B. 在产品计价

C. 成本计算期　　D. 生产费用归集与分配的程序

3. 企业在选择产品成本计算的基本方法时,应考虑的因素有( )。

A. 产品的生产组织　　B. 产品品种规格多少

C. 成本管理要求　　D. 产品生产的工艺过程特点

项目九

产品成本计算的品种法

【知识目标】

- 了解品种法的含义及适用范围；
- 掌握品种法成本计算程序。

【管理能力】

- 能够理解品种法的含义及特点；
- 能够熟练运用品种法进行产品成本的计算。

【案例导入】

小李是某职业学校会计专业应届毕业生，在顶岗实习期间先后到两家公司实习。一家是煤矿采掘企业，该公司全年大量挖掘煤矿，并通过铁路运往全国各销售点；另一家是橡胶制品公司，该公司主要从事家具、汽车等密封条的制作，需要经过模压、撕边、检验工作，该公司规模比较小。小李在两家公司均做成本会计工作，他给煤矿采掘公司和橡胶制品公司均设计了品种法，请问小李的依据是什么？两个公司的品种法有何区别？

扫码查看案例分析

导　语

企业应根据生产特点，结合成本管理的要求，选择适当的成本计算方法。但不论采用何种成本计算方法，最终都必须按产品品种计算产品成本，这是成本计算最起码的要求。品种法是产品成本计算的最基本方法。通过本项目学习，了解品种法的主要特点，掌握该方法的成本计算程序，熟练运用该方法的基本原理解决实际问题，了解该方法与其他成本计算方法的关系。

任务一　品种法概述

一、品种法的含义及适用范围

1. 品种法的含义

产品成本计算的品种法，是指以企业所生产的产品的品种作为成本计算对象，归集每一种产品在生产过程中所发生的费用，计算每种产品的成本的一种方法。采用品种法，没必要按产品批别、不可能或没必要按生产步骤计算产品成本，只能或只要求计算出最终各种品种的产品成本。

2. 品种法的适用范围

品种法主要适用于大量大批单步骤生产的成本计算。单步骤生产，决定了其工艺过程是不能间断的，客观上无法分步；大量大批生产决定了其不断地重复生产相同品种的产品，没必要划小批次组织生产，因而只能按产品品种计算成本，如供电、采掘等企业。

品种法还适用于大量大批多步骤生产，但管理上不要求分步骤计算产品成本的企业。

二、品种法的特点

1. 成本计算对象的特点

品种法下产品的生产费用是按产品的品种归集，成本计算对象为产品品种。如果只生产一种产品，以该产品设置生产成本明细账（即成本计算单）。企业所发生的生产费用都是直接费用，可根据有关费用分配表直接记入该产品成本明细账的有关项目。如果生产几种产品，则分别以每种产品设置成本明细账，凡是直接发生的费用可直接记入该产品成本明细账中。凡是几种产品共同发生的费用，则根据有关比例分配以后记入各产品成本明细账中。

2. 成本计算期的特点

如前所述，品种法适用于大量大批单步骤生产及不需要分步骤计算产品成本的大量大批多步骤生产。由于大量大批生产的企业，其生产是连续不断地进行的，不可能在产品全部制造完工后计算成本，为了按月计算损益，产品成本是定期按月计算的，与会计期间一致，与产品生产周期不一致。

3. 在产品计价的特点

(1) 不计算在产品成本。在品种法下，一般月末没有在产品，或很少有在产品，在产品成本计算与否对产品成本影响不大，所以不存在完工产品和月末在产品之间的费用分配问题。这样，在各月产品成本明细账中归集的全部生产费用，就是各该完工产品的总成本，除以产量，就是该产品的单位成本。

(2) 计算在产品成本。如果在产品数量较多，就需要采用适当的方法，如约当产量比例法、定额成本法、定额比例法等，将生产费用在完工产品和月末在产品之间进行分配，以分别计算完工产品成本和月末在产品成本。

任务二　品种法成本计算程序及其应用

一、品种法成本计算程序

(1) 按产品品种设置“基本生产成本”明细账或成本计算单，按成本项目设专栏。

(2) 审核和确认各项生产费用，将应由各成本计算对象负担的生产费用，计入各种产品的成本。其中，单一品种的生产，所有的生产费用均为直接费用，可直接记入该品种“基本生产成本”明细账。多品种的生产，直接费用可直接归集，间接费用需要采用一定的方法进行分配归集。

(3) 计算完工产品成本。单一品种的生产，所有生产费用均为直接费用，汇集在“基本生产成本”明细账中的全部生产费用，即该种产品的成本。而多品种的生产，往往是复杂生产，往往有期末在产品存在，需要采用一定的方法，将“基本生产成本”明细账所归集的生产费用，在完工产品和在产品之间进行分配，以计算完工产品的成本。

单一品种的品种法成本计算程序如图 9-1 所示。

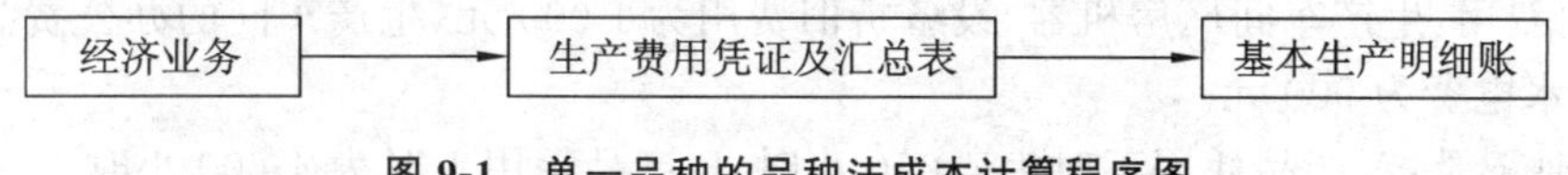

图 9-1　单一品种的品种法成本计算程序图

多品种的品种法成本计算程序如图 9-2 所示。

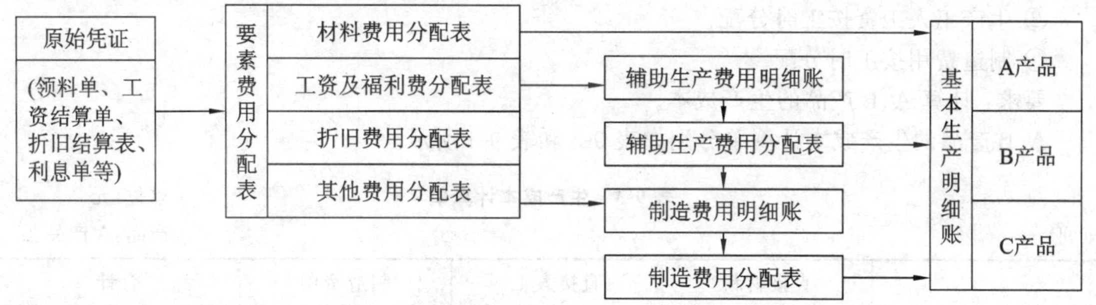

图 9-2　多品种的品种法成本计算程序图

二、品种法举例

【例 1】　某厂只有一个基本生产车间，单步骤大量生产 A、B 两种产品，月末在产品的完工程度均为 50%，该厂 201×年 5 月份的有关资料如表 9-1、表 9-2 所示。

(1) 产量资料：

表 9-1　产量资料　单位:件

项目 产品名称	月初在产品	本月投入	本月完工产品	月末在产品
A 产品	50	700	450	300
B 产品	70	580	550	100

(2) 月初在产品成本资料如表 9-2 所示。

表 9-2　月初在产品成本　单位:元

项目 产品名称	直接材料	直接人工	制造费用
A 产品	1 000	400	600
B 产品	900	700	300

(3) 该月发生生产费用如下。

① 材料费用:生产 A 产品耗用甲材料 4 000 元,生产 B 产品耗用甲材料 5 000 元,A、B 产品共同耗用乙材料 21 000 元(A 产品消耗乙材料的定额耗用量为 1 000 千克,B 产品消耗乙材料的定额耗用量为 1 100 千克),A、B 产品耗用的原材料均系开工时一次投入,生产车间机器修理消耗丙材料 5 000 元。

② 人工费用:生产工人工资为 17 200 元,生产车间管理人员工资为 2 000 元。

③ 其他费用:生产车间厂房机器、设备折旧费用为 1 000 元,生产车间的办公费为 4 000 元,生产车间的水电费为 900 元。

(4) 工时记录:A 产品耗用工时为 4 000 小时,B 产品耗用工时为 4 600 小时。

(5) 该厂有关费用的分配方法如下。

① A、B 产品共同耗用的材料费用按定额耗用量分配。

② 生产工人工资按工时分配。

③ 制造费用按工时分配。

要求:计算 A、B 产品的生产成本。

A、B 产品的生产成本计算单分别如表 9-3 和表 9-4 所示。

表 9-3　生产成本计算单　单位:元

车间:　产品:A 产品

	直接材料	直接人工	制造费用	合计
月初在产品成本	1 000	400	600	2 000
本月生产费用	14 000	8 000	6 000	28 000
合计	15 000	8 400	6 600	30 000
单位产品成本	20	14	11	45
完工产品成本	9 000	6 300	4 950	20 250
月末在产品成本	6 000	2 100	1 650	9 750

表 9-4　生产成本计算单　　单位:元

车间:　　产品:B产品

	直接材料	直接人工	制造费用	合计
月初在产品成本	900	700	300	1 900
本月生产费用	16 000	9 200	6 900	32 100
合计	16 900	9 900	7 200	34 000
单位产品成本	26	16.5	12	54.5
完工产品成本	14 300	9 075	6 600	29 975
月末在产品成本	2 600	825	600	4 025

三、简单法

在单一品种的单步骤大量大批生产企业中,全部生产费用都是直接计入费用,不存在将生产费用在各种产品之间分配的问题;若产品的生产周期比较短,没有在产品,或者在产品数量很少,不存在在产品的计价问题,全部生产费用之和就是完工产品成本,其所采用的品种法在实务上通常被称为简单法。简单法较多用于发电生产企业。

发电生产企业的主要特点是供产销同步进行,一般没有在产品和库存产品,通常按生产费用要素适当结合经济用途设置燃料、水费、材料、人工费、折旧费、修理费、其他费用等成本项目,可以通过"生产费用"账户来核算成本。本期完工产品总成本就等于本期发生的生产费用,在计算本期完工产品单位成本时要扣掉自用电,即发电单位成本=发电总成本÷(发电总量-自用电量)。

发电成本明细账的格式一般如表 9-5 所示。

表 9-5　发电生产费用明细账

单位:元

项目	燃料	水费	人工费	折旧费	修理费	其他费用	合计
燃料费用分配表							
水费分配表							
工资费用分配表							
折旧费用分配表							
修理费用分配表							
其他费用分配表							
合计							
产品总成本							
产品单位成本							
结转产品成本							

【项目总结】

产品成本计算的品种法，是指以企业所生产的产品的品种作为成本计算对象归集每一种产品在生产过程中所发生的费用，计算每种产品的成本的一种方法。品种法主要适用于大量大批单步骤生产或者大量大批多步骤生产但管理上不要求分步骤计算产品成本的企业。

品种法的成本计算程序主要包括三步：第一步，按产品品种设置“基本生产成本”明细账或成本计算单，按成本项目设专栏；第二步，审核和确认各项生产费用，将应由各成本计算对象负担的生产费用，计入各种产品的成本；第三步，计算完工产品成本。

对于产品品种单一，生产周期较短的单步骤大量生产，可运用简单法计算产品的成本。

1. 说明成本计算品种法的适用性和基本特点。

2. 如何运用品种法计算产品的成本？

【项目测试】

一、判断题

1. 一般情况下品种法的成本计算期与生产周期是一致的。（　　）

2. 品种法是只按产品品种、不按产品批别和生产步骤计算成本的方法。（　　）

3. 每个企业最终都必须按品种计算产品成本，品种法是成本计算方法中最基本的方法。（　　）

4. 品种法一般适用于单步骤大量大批生产的产品成本计算。（　　）

二、单项选择题

1. 简单法适用的生产组织是（　　）。

A. 成批生产　　B. 大量生产
C. 小批生产　　D. 单件生产

2. 成本计算的品种法，是按（　　）归集生产费用和计算产品成本的一种方法。

A. 产品批别　　B. 产品生产步骤
C. 产品品种　　D. 产品类别

3. 品种法的成本计算期与生产周期是不一致的，一般按（　　）计算产品成本。

A. 月　　B. 季　　C. 半年　　D. 年

三、多项选择题

1. 大量大批多步骤生产的企业，如果其规模较小，管理上不要求按生产步骤考核生产费用，计算产品成本，在这种情况下可以（　　）。

A. 不按生产步骤计算产品成本　　B. 不按产品品种计算产品成本
C. 不按产品批别计算产品成本　　D. 既按生产步骤，又按产品品种计算产品成本

2. 品种法适用于（　　）。

A. 大量大批单步骤生产

B. 管理上要求分步骤计算产品成本的大量大批多步骤生产

C. 单件小批单步骤生产

D. 管理上不要求分步骤计算产品成本的大量大批多步骤生产

四、综合题

1. 目的：练习产品成本计算的品种法。

2. 资料：某厂为大量大批单步骤生产的企业，采用品种法计算产品成本。企业设有一个基本生产车间，生产甲、乙两种产品，还设有一个辅助生产车间——运输车间。该厂201×年5月份有关产品成本核算资料如下：

(1) 产量资料如表9-6所示。

表9-6 产量资料 单位：件

产品名称	月初在产品	本月投产	本月完工产品	月末在产品	完工率
甲	900	7 100	6 500	1 500	60%
乙	380	3 620	3 200	800	40%

(2) 月初在产品成本如表9-7所示。

表9-7 月初在产品成本 单位：元

产品名称	直接材料	直接人工	间接制造费用	合计
甲	8 790	5 860	8 710	23 360
乙	7 176	2 948	4 048	14 172

(3) 该月发生生产费用。

① 材料费用。生产甲产品耗用材料7 410元，生产乙产品耗用材料6 704元，生产甲、乙产品共同耗用材料9 000元(甲产品材料定额耗用量为3 000千克，乙产品材料定额耗用量为1 500千克)。运输车间耗用材料1 900元，基本生产车间耗用消耗性材料2 938元。

② 人工费用。生产工人工资10 000元，运输车间人员工资1 800元，基本生产车间管理人员工资2 600元。

③ 其他费用。运输车间固定资产折旧费为300元，水电费为160元，办公费为40元。基本生产车间厂房、机器设备折旧费为5 800元，水电费为260元，办公费为402元。

④ 工时记录。甲产品耗用实际工时为1 800小时，乙产品耗用实际工时为2 200小时。

⑤ 本月运输车间共完成2 100公里运输工作量，其中：基本生产车间耗用2 000公里，企业管理部门耗用100公里。

(4) 该厂有关费用分配方法。

① 甲、乙产品共同耗用材料按定额耗用量比例分配。

② 生产工人工资按甲、乙产品工时比例分配。

③ 辅助生产费用按运输公里比例分配。

④ 制造费用按甲、乙产品工时比例分配。

⑤ 按约当产量比例法分配计算甲、乙完工产品成本和月末在产品成本。甲产品耗用的材料随加工程度陆续投入，乙产品耗用的材料于生产开始时一次投入。

⑥ 辅助生产车间不设“制造费用”。

3. 要求：采用品种法计算该厂产品成本。

项目十

产品成本计算的分批法

【知识目标】

- 了解分批法的特点及其适用范围；
- 掌握分批法成本计算程序及其相关业务处理；
- 熟悉简化分批法的成本计算程序及其相关业务处理。

【管理能力】

- 能够恰当区分一般分批法与简化分批法的适用范围；
- 能够熟练运用分批法进行产品成本的计算；
- 能够根据企业管理的要求及经济活动的特点适时运用简化分批法进行成本计算。

【案例导入】

随着我国经济与科学技术的融合，新兴产业不断涌现。康泰公司是一家从事精密医疗仪器制造的企业，专门从事精密、高端医疗机械的研发与生产，拥有内部核心科技，在国际上曾获得多项知识产权，能满足国内对高端医疗机械的要求。由于技术含量高、价值大，该公司每项新产品的订单一般在5台以内，公司根据批量大小、产品种类来制定物料采购计划、成本预算，然后进行派工，往往需按照一个核算期内的订单计算成本。如果你是该公司的成本会计，请问采用何种分批法更为合适？另外，该公司对售出设备提供修理服务，并为此购置专门的维修设备，修理业务采用何种成本计算方法？

扫码查看案例分析

导　语

单件小批生产在生产组织上具有特殊性，使得其生产周期与会计报告期往往不一致。本章主要阐述了在单件小批生产的情况下生产费用的归集与分配问题。通过本章学习，了解分批法的主要特点，掌握该方法的成本计算程序，熟练运用该方法的基本原理解决实际问题，同时了解简化的分批法的基本核算原理。

任务一　分批法概述

一、分批法的含义及适用范围

（一）分批法的含义

成本计算的分批法是按产品的批别或订单归集生产费用，计算产品成本的一种方法。在单件小批生产企业中，有些是按订单组织生产的，按批别计算成本，也即按订单计算成本，因此，分批法往往又被称为订单法。

（二）分批法的适用范围

分批法通常适用于单件、小批生产，管理上不要求分步计算产品成本的企业或车间，这种单件、小批生产企业往往根据客户的订单生产特殊规格、规定数量的产品；有些企业的生产必须根据市场需要不断改变产品品种和数量，一般不可能大批量生产；有些企业以承揽修理业务为主，通常按每项修理业务计算产品成本。另外，分批法还适用于新产品试制项目以及各专项工程成本的计算。它们的共同特点在于产品不重复生产或往往很少重复生产，若有重复也是不定期的。

二、分批法的特点

（一）分批法以产品批别作为成本计算对象

分批法以购买者的订单或企业事先规定的产品批别作为成本计算对象，开设产品成本计算单或设置基本生产成本明细账。

一般情况下，企业应该根据订单开设生产通知单，车间则根据生产通知单组织生产，仓库根据生产通知单准备材料，会计部门根据生产通知单开设成本计算单或基本生产成本明细账归集生产费用，计算产品成本。

由于生产通知单是根据订单开设的，因此一般是以一张订单上的产品为一批，即以订单划分批别。但在一张订单上如规定的产品不止一种，那为了分别计算不同产品的生产成本和便于生产管理，可以按照产品的品种划分批别、组织生产并计算成本；如果订单中只规定一种产品，但其数量较大，不便于一次集中投产，或者客户要求分批交货，也可以分几批组织生产并计算成本；如果订单中只规定一件产品，但其生产周期很长并是由许多零部件装配而成的，则可按生产进度或构成产品部件分别开设生产通知单组织生产，计算成本，如大型船舶的生产等，若几张订单中订的都是一种产品，在批量合适的情况下也可合并为一批。

（二）产品成本计算期不固定

分批法下，由于是以产品的批别或件别作为成本计算对象的，因而一批产品只有全部完工后才能通过成本计算单将生产费用归集完整，这也就决定了成本计算期与产品生产周期同步，而与会计报告期不一致。

（三）一般不需要计算期末在产品成本

一般不需要计算期末在产品成本，这主要是由成本计算期与产品生产周期一致决定的。就单件生产来说，产品完工之前，基本生产成本明细账所归集的生产费用，都是在产品成本，产品完工时，就都是完工产品成本，因而月末计算成本时，就不需要计算月末在产品成本；如果是小批生产，批内产品一般都能同时完工，在月末计算成本时，或是全部已经完工，或是全部没有完工，因而也都不存在计算月末在产品成本问题。但在批内产品跨月陆续完工的情况下，月末计算成本时，一部分产品已完工，另一部分尚未完工，这时就要在完工产品与月末在产品之间分配费用，以分别计算完工产品成本和月末在产品成本。

任务二　分批法成本计算程序及其应用

一、分批法成本计算程序

(一) 按批别开设生产成本明细账

会计部门或车间(指实行二级成本核算的单位)成本核算员根据生产任务通知单，开设产品成本明细账(即产品成本计算单)，账内按成本项目分设专栏。

(二) 归集与分配生产费用

发生生产费用时，根据各费用分配表将各项有关费用记入产品成本明细账的各有关成本项目。能直接记入各批产品成本明细账的，如原材料、专用模具等，应直接记入各批产品成本明细账；不能直接记入各批产品成本明细账的，如燃料和动力、人工费、制造费用等，则应先进行归集，再采用适当的分配标准进行分配。分配的计算公式如下：

费用分配率＝当月发生的间接计入费用总额÷当月分配标准(工时)总数

某批产品应分配的间接费用＝该批产品当月发生的分配标准(工时)×费用分配率

分批法下强调的是按批别或订单归集生产费用，因此，在各种费用发生时，都要在有关的原始凭证上填明批号或订单号，以便费用的整理和归集。

(三) 计算完工产品成本

月末加计完工批别的生产成本明细账中所汇集的各项费用，求得完工产品总成本，总成本除以该批产品的产量即为单位成本，月末各批未完工产品成本明细账内所汇集的生产费用，即为月末产品成本。分批法下一般不单独计算废品损失，如果要计算的话，可根据废品报告单分别计算每批产品的废品损失，月终时，将废品损失从废品损失明细账直接转入各有关批别或订单成本明细账的“废品损失”成本项目。

(四) 分批出货情况下产品成本计算

若某一令号生产的产品，有一部分已经完工，而其余部分到月终还未完工，则需要采用一定的方法计算完工产品和在产品成本。分批法的成本核算流程图如图 10-1 所示。

二、分批法的应用

【例 1】 某厂一车间属小批生产，产品批数多，该厂 12 月份的产品批号资料如下。6610 批：甲产品 10 台，11 月份投产，12 月份完工；6611 批：乙产品 5 台，11 月份投产，12 月份未完工；6612 批：丙产品 5 台，12 月份投产，12 月份完工。该厂 11、12 月份的生产费用和生产工时资料如下：

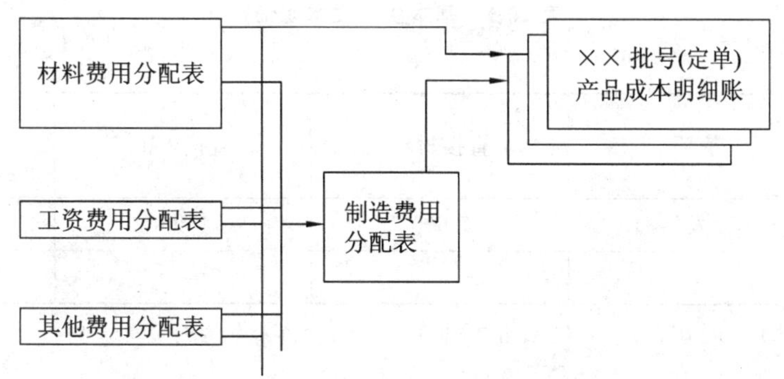

图 10-1　分批法的成本核算流程图

(1)各产品材料费用见表 10-1：

表 10-1　材料费用资料　　单位:元

月份	甲产品	乙产品	丙产品
11	13 500	7 600	
12	8 000	4 200	21 000

(2) 各产品工时资料(小时)见表 10-2：

表 10-2　各产品工时资料　　单位:小时

月份	甲产品	乙产品	丙产品
11	5 400	3 500	
12	7 600	5 600	7 400

(3) 各产品生产费用见表 10-3：

表 10-3　各产品生产费用　　单位:元

月份	直接人工	制造费用
11	10 680	8 010
12	24 720	18 540

要求:采用分批法计算产品成本。

11 月份生产成本明细账如表 10-4 和表 10-5 所示。

表 10-4　基本生产成本明细账

批号:6610　　产品名称:甲产品

××年		摘要	直接材料	直接人工	制造费用
月	日				
11	30	本月发生额	13 500	6 480	4 860

表 10-5　基本生产成本明细账

批号:6611　　　　　　　　　　　　产品名称:乙产品

××年		摘要	直接材料	直接人工	制造费用
月	日				
11	30	本月发生额	7 600	4 200	3 150

注:直接人工:6 480+4 200=10 680　　制造费用:4 860+3 150=8 010

12 月份生产成本明细账如表 10-6 至表 10-8 所示。

表 10-6　基本生产成本明细账

批号:6610　　　　　　　　　　　　产品名称:甲产品

××年		摘要	直接材料	直接人工	制造费用
月	日				
11	30	本月发生额	13 500	6 480	4 860
12	31	本月发生额	8 000	9 120	6 840
12	31	合计	21 500	15 600	11 700
		完工产品成本	21 500	15 600	11 700
		单位成本	2 150	1 560	1 170

表 10-7　基本生产成本明细账

批号:6611　　　　　　　　　　　　产品名称:乙产品

××年		摘要	直接材料	直接人工	制造费用
月	日				
11	30	本月发生额	7 600	4 200	3 150
12	31	本月发生额	4 200	6 720	5 040

表 10-8　基本生产成本明细账

批号:6612　　　　　　　　　　　　产品名称:丙产品

××年		摘要	直接材料	直接人工	制造费用
月	日				
12	31	本月发生额	21 000	8 880	6 660
12	31	合计	21 000	8 880	6 660
		完工产品成本	21 000	8 880	6 660
		单位成本	4 200	1 776	1 332

注:直接人工:9 120+6 720+8 880=24 720　　制造费用:6 840+5 040+6 660=18 540

任务三　简化分批法——不分批计算在产品成本的分批法

有些单件小批生产的企业或车间，同一月份内投产的产品批数往往很多，而实际完工的订单又不多。在这种情况下，各种间接费用在各批产品之间按月进行分配的工作量就很大，所以在投产批数繁多，而月末未完工批数也较多的情况下，可采用简化的方法。

一、简化分批法的概念及其适用范围

简化分批法是一般分批法的简化形式，是指在小批单件生产的企业，同一月份内投产批数繁多而且月末未完工的批数较多，每月发生的工资及制造费用，不是按月在各批产品之间进行分配，而是将人工费用及制造费用先分别累计起来，到产品完工时，按照完工产品累计生产工时的比例，在各批完工产品之间再进行分配，从而计算出完工产品的总成本及单位成本的一种成本计算方法。

简化分批法适合于同期内投产批数较多，并且生产周期长，月末在产品数量较大的企业。

二、简化分批法的特点

（1）简化分批法需要设置“基本生产成本”二级账和所属的各批别基本生产明细账，分别归集全部生产费用(包括人工费用、材料费用、制造费用、生产工时)。各月发生的材料费用和生产工时，需要在“基本生产成本”二级账和所属的各批别基本生产明细账之间进行平行登记。各生产成本明细账只登记产品在生产过程中发生的直接材料和生产工时，不必分配登记人工费用及制造费用，具体如图 10-2 所示。

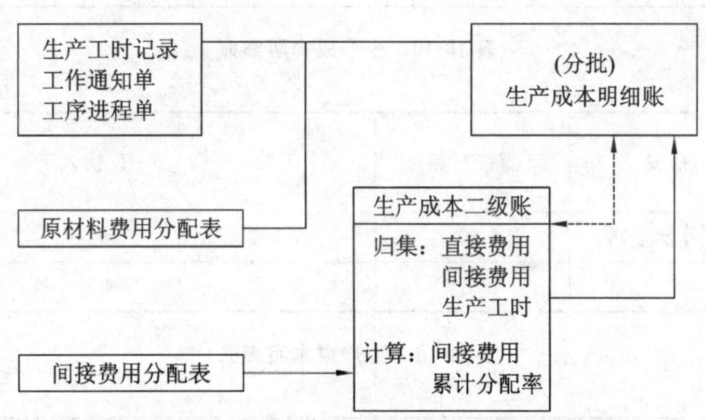

图 10-2　不分批计算在产品成本的分批法之账簿体系

（2）采用这种方法，每月发生的人工费用及制造费用等间接费用不是按月分配，而是在有完工产品的月份进行，没有完工产品时不分配人工费用及制造费用。这些费用需要在“基本生产成本”二级账中逐月累计，直到有产品完工时，按完工产品累计工时比例，再在各批完工产品之间分配。下面以间接制造费用为例，给出累计分配率。

$$制造费用累计分配率=\frac{期初结存全部产品制造费用+本月发生全部制造费用}{期初结存全部在产品工时数+本月发生全部工时数}$$

完工批别应负担的制造费用=该批产品的累计工时数×制造费用累计分配率

三、简化分批法的计算程序

(1) 需设立“基本生产成本”二级账(总账),汇总登记各批产品生产耗费的所有生产费用和生产工时。

(2) 按批别设立产品成本计算单(明细账),栏目设置与二级账相同。各批产品完工前,明细账只登记材料费用和生产工时,并逐月累计。

(3) 有产品完工时,根据基本生产成本二级账累计加工费用与完工产品工时资料,计算累计的加工费用分配率,计算各批完工产品应负担的加工费用,计算各批别完工产品的成本,并从批别产品成本计算单中登记转出。

四、简化分批法举例

【例 2】 承上例,要求:用简化分批法计算产品成本。

11 月份生产成本明细账如表 10-9 至表 10-11 所示。

表 10-9 生产成本明细账

批号:6610　　　　产品名称:甲产品

××年		摘要	直接材料	工时	直接人工	制造费用
月	日					
11	30	本月发生额	13 500	5 400		

表 10-10 生产成本明细账

批号:6611　　　　产品名称:乙产品

××年		摘要	直接材料	工时	直接人工	制造费用
月	日					
11	30	本月发生额	7 600	3 500		

表 10-11 生产成本明细账

批号:6612　　　　产品名称:丙产品

××年		摘要	直接材料	工时	直接人工	制造费用
月	日					

12 月份生产成本明细账如表 10-12 至表 10-14 所示。

表 10-12　生产成本明细账

批号:6610　　产品名称:甲产品

××年		摘要	直接材料	工时	直接人工	制造费用
月	日					
11	30	本月发生额	13 500	5 400		
12	31	本月发生额	8 000	7 600		
		累计分配率			1.2	0.9
		生产费用合计	21 500		15 600	11 700
		完工产品成本	21 500		15 600	11 700
		单位成本	2 150		1 560	1 170

表 10-13　生产成本明细账

批号:6611　　产品名称:乙产品

××年		摘要	直接材料	工时	直接人工	制造费用
月	日					
11	30	本月发生额	7 600	3 500		
12	31	本月发生额	4 200	5 600		

表 10-14　生产成本明细账

批号:6612　　产品名称:丙产品

××年		摘要	直接材料	工时	直接人工	制造费用
月	日					
12	31	本月发生额	21 000	7 400		
		累计分配率			1.2	0.9
		生产费用合计	21 000		8 880	6 660
		单位成本	4 200		1 776	1 332

基本生产成本二级账如表 10-15 所示。

表 10-15　基本生产成本二级账

车间:一车间

××年		摘要	直接材料	工时	直接人工	制造费用
月	日					
11	30	本月发生额	21 100	8 900	10 680	8 010
12	31	本月发生额	33 200	20 600	24 720	18 540
		合计	54 300	29 500	35 400	26 550
	31	累计分配率			1.2	0.9
	31	完工转出	42 500	20 400	24 480	18 360
		月末在产品	11 800	9 100	10 920	8 190

注：直接人工累计分配率：35 400÷29 500＝1.2

制造费用累计分配率：26 550÷29 500＝0.9

完工转出直接材料：21 500＋21 000＝42 500

完工转出工时：5 400＋7 600＋7 400＝20 400

完工转出直接人工：20 400×1.2＝24 480

完工转出制造费用：20 400×0.9＝18 360

【项目总结】

成本计算的分批法是按产品的批别或订单归集生产费用，计算产品成本的一种方法。分批法通常适用于单件、小批生产企业或车间。分批法的主要特点是以产品批别作为成本计算对象，产品成本计算期不固定，一般不存在期末在产品计价问题。

简化分批法是一般分批法的简化形式，是指在小批单件生产的企业，同一月份内投产批数繁多而且月末未完工的批数较多，每月发生的人工费用及制造费用，不是按月在各批产品之间进行分配，而是将人工费用及制造费用先分别累计起来，到产品完工时，按照完工产品累计生产工时的比例，在各批完工产品之间再进行分配，从而计算出完工产品的总成本及单位成本的一种成本计算方法。

简化分批法适合于同期内投产批数较多，并且生产周期长，月末在产品数量较大的企业。

在简化分批法下除了按批别设产品成本计算单（生产成本明细账）外，还必须设立“基本生产成本”二级账（总账），汇总登记各批产品生产耗费的所有生产费用和生产工时。

1. 什么是成本计算的分批法，其特点和适用范围如何？
2. 分批法下如何确立成本计算对象？试说明其成本计算的具体程序。
3. 分批出货情况下如何计算产品成本？
4. 什么是累计间接费用分配法，其特点是什么？
5. 单件小批生产的企业有何特点？它适用于哪种成本计算方法？
6. 简化分批法下，为什么要设置“基本生产成本”二级账？

【项目测试】

一、判断题

1. 分批法下，若是单件生产，则不存在在产品的计价问题。（　　）
2. 单件小批生产的企业或车间，适宜采用分批法核算成本。（　　）
3. 分批法由于按批组织生产，因此在任何情况下都不存在在产品的计价问题。（　　）
4. 分批法下的产品批量必须与购买者的订单一致。（　　）
5. 采用简化分批法计算产品成本，必须设置基本生产成本二级账。（　　）
6. 简化分批法下，在产品完工前，产品成本明细账只需按月登记直接费用和生产工时。（　　）
7. 分批法下，若批内产品跨月陆续完工，完工产品的成本只能按实际成本计算结转。（　　）
8. 采用分批法计算产品成本，若批内部分完工产品按计划单位成本计算结转，则该批产品

全部完工时，还应计算该批产品实际总成本，并调整前期完工产品实际成本与计划成本。（　）

9. 采用简化的分批法计算产品成本，各批完工产品的间接计入费用是根据累计间接计入费用减去月末在产品间接计入费用计算的。（　）

10. 简化分批法不存在在产品计价问题。（　）

11. 采用简化分批法时，只要产品尚未完工，其产品成本明细账就不登记生产费用。（　）

12. 简化分批法下，在各该批产品完工以前，全部的生产费用和工时资料均反映在基本生产成本二级账上。（　）

二、单项选择题

1. 某企业采用分批法计算产品成本。该企业不同日期投产的产品作为不同的批别，分别计算产品成本。6 月 5 日投产甲产品 5 件，乙产品 3 件；6 月 15 日投产甲产品 5 件，丙产品 4 件；6 月 25 日投产乙产品 3 件；6 月 26 日投产丙产品 2 件。该企业 6 月份应开设产品成本明细账的张数是（　）。

A. 3 张　B. 4 张　C. 5 张　D. 6 张

2. 下列各项中，属于简化分批法特点的是（　）。

A. 分批计算完工产品成本

B. 分批计算月末在产品成本

C. 生产费用横向分配与纵向分配合并在一起进行

D. 各项生产费用均不必在各批产品之间进行分配

3. 下列情况下，不适宜采用简化分批法的是（　）。

A. 各月间接计入费用水平相差较多　B. 产品的批数较多

C. 月末未完工产品批数较多　D. 累计间接计入费用数额较大

4. 采用简化分批法计算产品成本，基本生产成本二级账与产品成本明细账无法核对的项目是（　）。

A. 月末在产品原材料项目无余额　B. 月末在产品生产工时项目余额

C. 月末在产品间接计入费用项目余额　D. 完工产品成本合计数

5. 简化分批法成本计算期是（　）确定的。

A. 按生产周期　B. 按会计报告期

C. 上述两种方法相结合　D. 无法确定

6. 分批法下，若月末某批产品完工数量较多，则（　）结转完工产品成本较好。

A. 按计划单位成本计算　B. 按定额成本计算

C. 按近期同种产品实际单位成本计算　D. 按约当产量比例法分配计算

7. 简化分批法是（　）。

A. 不计算在产品成本的分批法　B. 不分批计算在产品成本的分批法

C. 不分批计算完工产品成本的分批法　D. 分批计算在产品成本的分批法

8. 必须设置基本生产成本二级账的方法是（　）。

A. 分批法　B. 分类法

C. 简化分批法　D. 定额法

9. 简化分批法下间接费用的横向与纵向分配，是在（　）时一次完成的。

A. 月末　B. 季末　C. 年末　D. 产品完工

10.（　　）是简化分批法与分批法的主要区别。

A. 不分批计算在产品成本　　B. 不分批计算完工产品成本

C. 不计算在产品成本　　D. 分配间接费用

11. 如果一张订单中有几种不同的产品，则其成本明细账按（　　）设置。

A. 该订单　　B. 该订单下不同的产品

C. 该订单下各产品的不同步骤　　D. 产品完工的先后顺序

12. 分批法是按照（　　）计算产品成本的一种方法。

A. 产品品种　　B. 产品步骤

C. 产品批别　　D. 产品种类

三、多项选择题

1. 简化分批法下，不可能按约当产量比例分配的费用有（　　）。

A. 原材料费用　　B. 主要材料费用

C. 人工费用　　D. 制造费用

2. 简化分批法下，产品成本明细账中应登记的内容是（　　）。

A. 完工产品的生产工时　　B. 完工产品的间接计入费用

C. 月末在产品的生产工时　　D. 月末在产品的间接计入费用

3. 简化分批法下，基本生产成本二级账中应登记的内容是（　　）。

A. 本月发生的原材料费用　　B. 本月发生的各项间接计入费用

C. 月末在产品的原材料费用　　D. 月末在产品的间接计入费用

4. 生产成本二级账中月末在产品的各项间接费用的金额，可以根据（　　）登记。

A. 该二级账月末在产品生产工时分别乘以各该费用累计分配率计算

B. 各该费用的累计数分别减去完工产品的相应费用计算

C. 各批产品成本明细账月末在产品的各该费用分别汇总

D. 各批产品成本明细账月末在产品的生产工时之和乘以各该费用累计分配率计算

5. 分批法下产品的批别，可以按（　　）确定。

A. 同一订单中的多种产品　　B. 不同订单中的同种产品

C. 同一订单中同种产品的组成部分　　D. 不同订单中的不同产品

6. 产品成本计算的分批法适用于（　　）。

A. 小批生产　　B. 单件生产

C. 大批生产　　D. 大量生产

7. 分批法下，若批内产品跨月陆续完工不多的情况下，可以（　　）完工产品成本的方法。

A. 按计划单位成本计算结转　　B. 暂不结转，待全部完工后一并计算结转

C. 按定额单位成本计算结转　　D. 按近期同种产品实际单位成本计算结转

四、业务题

1. 目的：练习产品成本计算的分批法。

2. 资料：某工业企业生产 A、B 两种产品，生产组织属于小批生产，采用分批法计算成本。201×年 3 月份和 4 月份的生产情况和生产费用资料如下：

（1）3 月份生产的产品批号：

301 批号甲产品 12 台，本月投产，完工 8 台，未完工 4 台。

302 批号乙产品 10 台，本月投产，计划下月完工，月末提前完工 2 台。

(2) 3 月份的成本资料如表 10-16 所示。

表 10-16　3 月份的成本资料

批号	原材料	动力	人工费	制造费用
301	7 200	1 440	4 800	2 880
302	9 800	2 100	9 000	6 300

301 批号甲产品完工数量较大，生产费用在完工产品与月末在产品之间分配采用约当产量比例法。在产品的完工程度为 40%。原材料在生产开始时一次投入。

302 批号乙产品完工数量较少，按计划成本结转，每台计划成本为：原材料 900 元，动力费 180 元，人工费 820 元，制造费用 530 元，合计 2430 元。

(3) 4 月份生产的产品批号有：

301 批号甲产品 4 台完工。

302 批号乙产品 8 台完工。

(4) 4 月份的成本资料如表 10-17 所示。

表 10-17　4 月份的成本资料

批号	原材料	动力	人工费	制造费用
301		500	1 200	600
302		200	400	300

3. 要求：

(1) 登记 3 月份和 4 月份各批产品成本明细账，如表 10-18 和表 10-19 所示。

(2) 编制结转 3 月份和 4 月份完工产品成本的会计分录。

(3) 计算 302 批号乙产品完工产品实际单位成本。

表 10-18　产品成本明细账

产品批号：301　　开工日期：3 月份　　完工日期：

产品名称：甲　　批　　量：12 台　　单　　位：

月	日	摘要	原材料	动力	人工费	制造费用	合计
3	31	本月生产费用					
		分配率					
3	31	完工产品成本/台					
3	31	完工产品单位成本					
3	31	月末在产品成本(约当产量　台)					
4	30	本月生产费用					
4	30	完工产品成本					
4	30	完工产品单位成本					

表 10-19　产品成本明细账

产品批号:302　　开工日期:3 月份　　完工日期:

产品名称:乙　　批　　量:10 台　　单　　位:

月	日	摘要	原材料	动力	人工费	制造费用	合计
3	31	本月生产费用					
3	31	完工产品成本					
3	31	完工产品单位成本					
3	31	月末在产品成本					
4	30	本月生产费用					
4	30	完工产品成本					
4	30	完工产品单位成本					

五、综合题

某企业下设一个基本生产车间,小批生产甲、乙、丙三种产品,采用简化的分批法计算产品成本,产品成本明细账设有“直接材料”“直接人工”和“制造费用”三个成本项目。有关资料如下:

1. 201×年 6 月末结存在产品 2 批:601 批号甲产品 3 件,602 批号乙产品 5 件,月末在产品成本及耗用工时资料见基本生产成本二级账及产品成本明细账。

2. 201×年 7 月发生下列经济业务:

(1) 领用原材料 82 560 元,其中:本月投产的 701 批号丙产品 8 件耗用 65 000 元,上月投产的 602 批号乙产品耗用 2 000 元,基本生产车间机物料消耗 15 560 元。

(2) 分配人工费用 32 500 元,其中:基本生产车间工人 28 500 元,车间管理人员 4 000 元。

(3) 基本生产车间计提固定资产折旧费 3 447 元。

(4) 用银行存款支付基本生产车间其他支出 17 000 元。

(5) 耗用生产工时 16 500 小时,其中:601 批号甲产品耗用 1 000 小时,602 批号乙产品耗用 2 000 小时,701 批号丙产品耗用 13 500 小时。

(6) 601 批号甲产品全部完工;602 批号乙产品完工 2 件,按计划成本和定额工时分别结转完工产品的直接材料费用和生产工时,单位产品计划直接材料费用为 3 300 元,工时定额为 1 500小时。

3. 201×年 8 月发生下列经济业务:

(1) 领用材料 52 000 元,其中:本月投产 801 批号甲产品 6 件耗用 40 000 元,基本生产车间机物料消耗 12 000 元。

(2) 分配人工费用 31 920 元,其中:基本生产车间工人 27 360 元,车间管理人员 4 560 元。

(3) 基本生产车间计提固定资产折旧费 3 100 元。

(4) 用银行存款支付基本生产车间其他支出 11 000 元。

(5) 耗用生产工时 13 000 小时,其中:602 批号乙产品耗用 1 500 小时,701 批号丙产品耗用

6 500 小时,801 批号甲产品耗用 5 000 小时。

(6) 602 批号乙产品全部完工;701 批号丙产品完工 4 件,原材料在生产开始时一次投入,生产工时按约当产量比例法在完工产品与在产品之间进行分配,在产品完工程度 25%。

要求:

(1) 编制 7 月份要素费用分配和结转制造费用的会计分录,并计算、填制基本生产成本二级账和有关产品成本明细账,如表 10-20 至表 10-24 所示。

(2) 编制 7 月份结转完工入库产成品成本的会计分录。

(3) 编制 8 月份要素费用分配和结转制造费用的会计分录,并计算、填列基本生产成本二级账和有关产品成本明细账,如表 10-20 至表 10-24 所示。

(4) 编制 8 月份结转完工入库产成品成本的会计分录。

(5) 计算 602 批号全部完工乙产品的实际单位成本。(分配率保留 4 位,结果保留 2 位。)

表 10-20 基本生产成本二级账

月	日	摘要	直接材料	生产工时	直接人工	制造费用	成本合计
6	30	在产品	35 000	8 500	17 100	23 000	75 100
7	31	本月发生					
7	31	累计					
7	31	全部产品累计间接计入费用分配率					
7	31	本月完工转出					
7	31	在产品					
8	31	本月发生					
8	31	累计					
8	31	全部产品累计间接计入费用分配率					
8	31	本月完工转出					
8	31	在产品					

表 10-21 产品成本明细账

产品批号:601　　投产日期:6 月　　完工日期:

产品名称:甲　　产品批量:3 件　　单　　位:

月	日	摘要	成本项目				
6	30	在产品	20 000	4 000			
7	31	本月发生					
7	31	累计数及累计间接计入费用分配率					
7	31	本月完工转出					

表 10-22　产品成本明细账

产品批号:602　　投产日期:6 月　　完工日期:

产品名称:乙　　产品批量:5 件　　单　　位:

月	日	摘要	成本项目				
6	30	在产品	15 000	4 500			
7	31	本月发生					
7	31	累计数及累计间接计入费用分配率					
7	31	本月完工转出					
7	31	在产品					
8	31	本月发生					
8	31	累计数及累计间接计入费用分配率					
8	31	本月完工转出					

表 10-23　产品成本明细账

产品批号:701　　投产日期:7 月　　完工日期:

产品名称:丙　　产品批量:8 件　　单　　位:

月	日	摘要	成本项目				
7	31	本月发生					
8	31	本月发生					
8	31	累计数及累计间接计入费用分配率					
8	31	本月完工转出					
8	31	在产品					

表 10-24　产品成本明细账

产品批号:801　　投产日期:8 月　　完工日期:

产品名称:甲　　产品批量:6 件　　单　　位:

月	日	摘要	成本项目				
8	31	在产品					

项目十一

产品成本计算的分步法

【知识目标】

- 了解分步法的适用范围及其分类；
- 掌握逐步结转分步法、平行结转分步法的成本计算程序；
- 掌握成本还原的基本原理；
- 了解定额成本逐步结转及成本差异平行汇总法的成本计算程序。

【管理能力】

- 能够恰当区分逐步结转分步法、平行结转分步法的适用范围；
- 能够熟练运用各种分步法进行产品成本的计算；
- 能够运用成本还原的方法，对半成品成本进行分解。

【案例导入】

健源公司是一家营养素生产厂商，产品经过三道工序加工而成，首先是将原材料投入第一车间，得到半成品A，将另一原材料投入第二车间得到半成品B，然后将A和B运到第三车间，混合成产成品C。该企业生产的特点是生产步骤随意性很大，有时为了减少库存，有时为了配方的特殊需求，或为了节约成本等，都可能改变生产步骤，导致没有一成不变的固定成本构成。各生产过程中的半成品既是半成品又是产成品。按市场需要，随时都可能销售，因此上一个步骤生产的半成品不会全部投入下一个生产步骤。小张作为该公司的成本会计采用平行结转分步法，你认为合适吗？如果不合适，该采用何种方法？在运用过程中应注意哪些问题？

扫码查看案例分析

导　　语

在多步骤大量大批生产的企业中，为了满足信息提供和加强成本管理的需要，不仅要求按产品品种计算成本，往往还要求按照产品加工步骤计算成本。通过本章学习，了解分步法的主要特点，掌握逐步结转分步法和平行结转分步法的核算程序、特点及适用范围，熟练运用该方法的基本原理解决实际问题，并了解该方法与其他成本计算方法的关系。

任务一　分步法概述

一、分步法的含义及适用范围

（一）分步法的含义

产品成本计算的分步法，是以各生产步骤生产的半成品和最终生产步骤的产成品为成本计算对象，归集生产费用，计算产品成本的一种方法。

（二）分步法的适用范围

分步法适用于管理上要求分步骤计算成本的大量大批多步骤生产企业，如冶金、纺织等行业。

二、分步法的特点

（1）成本计算对象：以各个加工步骤上的各种产品作为成本计算对象。成本计算的各步骤划分要考虑成本管理的要求，不一定与实际的生产步骤完全一致。

（2）生产成本明细账的设置：按每个生产步骤设置生产成本明细账，归集生产费用，计算各生产步骤的半成品成本和最后生产步骤的产成品成本。

（3）成本计算期：一般每月月末定期计算产成品。在大量大批生产的条件下，产品持续不断地投入与产出，成本计算期与会计核算期间一致，与产品生产周期可能不一致。

（4）在产品的计价：月末需要采用适当的方法对月末在产品进行计价。

三、分步法的分类（按产品成本的结转方式的不同分）

采用分步法计算产品成本，生产费用归集和分配与品种法相比，既有相同之处又有区别，其特点集中表现于各加工步骤费用的结转方式上。由于生产费用按各加工步骤进行归集，然后再汇总计算产成品成本，所以需要将各步骤费用按一定方式进行结转，结转的方式有逐步结转分步法和平行结转分步法两种。如果成本管理要求计算和结转各步骤半成品成本，可以采用逐步结转分步法计算产品成本。如果成本管理不要求计算各步骤半成品成本，为了简化成本计算工作，可以采用平行结转分步法计算产品成本。

任务二　逐步结转分步法

一、逐步结转分步法的特点

逐步结转分步法是指按产品的加工步骤的先后顺序，逐步计算并结转半成品的成本，前一步骤的半成品成本，随着半成品实物的转移而结转到后一生产步骤的产品成本中，直到最后步骤累积计算出产成品成本的一种计算方法。这种方法适合于从事大量、大批连续式复杂生产，并且各步骤半成品具有独立经济意义、管理上要求提供各步骤半成品成本资料的企业。其主要特点是：

（1）各步骤都计算半成品成本，半成品成本的结转与半成品实物的转移一致，即半成品实物转移到哪一加工步骤，半成品成本也随之结转入该步骤产品成本明细账。

（2）各步骤成本计算单中的在产品成本是狭义在产品成本，反映实存于各步骤的在产品实际占用的资金，即在产品成本按实物所在地集中。

（3）完工产品成本是自第一步骤起逐步结转累积而来的。

二、逐步结转分步法的基本核算程序

逐步结转分步法的基本核算程序是：先归集第一步骤生产费用并计算第一步骤半成品成本，然后随半成品实物转入第二步骤生产成本明细账，加上第二步骤发生的直接材料、直接人工、间接制造费用，求得第二步骤半成品成本，再随其实物转入第三步骤，依次逐步结转，直至最后步骤计算出产成品成本。半成品成本逐步结转程序图如图 11-1 所示。

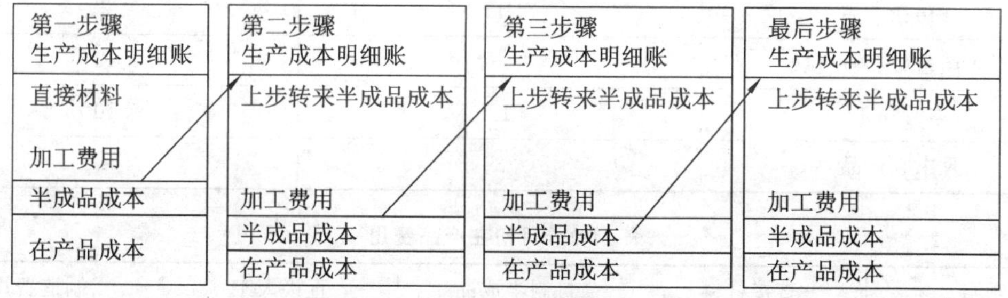

图 11-1　半成品成本逐步结转程序图

在逐步结转分步法中，各步骤完工的半成品成本，应伴随半成品实物从各该步骤生产成本明细账转入耗用步骤的生产成本明细账。如果半成品完工后通过半成品仓库收发，则应通过自制半成品明细账核算。

三、逐步结转分步法的具体适用范围

逐步结转分步法下，各加工步骤都要计算耗用上一步骤转来的半成品成本，并在此基础上累积计算各该步骤产出的半成品或产成品成本，所以这种方法适用于大量大批连续式加工企业。在这些企业里，某些加工步骤产出的半成品可作为商品产品对外销售，需要计算这部分半成品成本；某些加工步骤的半成品，为企业内生产的几种产品所共同耗用，为分别计算各种产品的成本，也需要计算这部分半成品成本。

四、半成品成本逐步结转的方式

在逐步结转分步法中，半成品成本逐步结转记入耗用步骤的生产成本明细账，可采用综合结转和分项结转两种方式。

(一) 半成品成本的综合逐步结转及其举例

1. 综合结转的含义

综合结转是将各步骤所耗上一步骤半成品成本,以各项费用的综合金额记入各该步骤生产成本明细账中的"自制半成品"成本项目。

半成品成本可以按实际成本,也可按计划成本或定额成本随其实物结转。按实际成本结转时,各步骤所耗上一步骤的半成品成本,应根据所耗半成品数量乘以半成品实际单位成本进行计算。由于各月所产半成品的单位成本往往不同,因此所耗半成品的单位成本,可采用加权平均法、先进先出法等存货计价方法予以确定。

2. 一般运用

某厂生产甲产成品,该产品经过两个生产车间的加工,一车间投入原材料加工成 A 半成品,二车间领用 A 半成品加工成甲产成品,一车间的完工半成品全部被二车间领用,原材料在一车间生产开始时一次投入,各步骤在产品在本步骤的完工程度均为 50%,该企业要求计算每个车间的半成品成本和产成品成本。2 月份有关资料如表 11-1 至表 11-3 所示。

表 11-1　产量记录

项目	一车间	二车间
月初在产品	1	2
投入产量(或领用量)	13	12
本月完工	12	10
月末在产品	2	4

表 11-2　月初在产品费用

项目	直接材料	自制半成品	直接人工	制造费用
一车间	100	—	20	30
二车间	—	400	70	50

表 11-3　本月生产费用

项目	直接材料	直接人工	制造费用
一车间	1 300	500	750
二车间	—	770	550

采用综合逐步结转分步法计算产品成本如表 11-4 和表 11-5 所示。

表 11-4　生产成本计算单

车间:一车间　　　　产品:A 半成品

项目	直接材料	直接人工	制造费用	合计
月初在产品成本	100	20	30	150
本月生产费用	1 300	500	750	2 550
合计	1 400	520	780	2 700

续表

项目	直接材料	直接人工	制造费用	合计
单位产品成本	100	40	60	200
完工半成品成本	1 200	480	720	2 400
月末在产品成本	200	40	60	300

表 11-5 生产成本计算单

车间：二车间　　　　产品：甲产成品

项目	自制半成品	直接人工	制造费用	合计
月初在产品成本	400	70	50	520
本月生产费用	2 400	770	550	3 720
合计	2 800	840	600	4 240
单位产品成本	200	70	50	320
完工甲产成品成本	2 000	700	500	3 200
月末在产品成本	800	140	100	1 040

3. 成本还原

采用综合逐步结转分步法逐步结转半成品成本，各步骤所耗半成品的成本是以自制半成品项目综合反映的，在加工步骤较多的情况下，最后一个加工步骤生产成本明细账中的自制半成品成本项目，综合了以前各步骤为生产产品而发生的各项费用，而其他成本项目反映的只是最后一个步骤的费用，这显然不符合企业产品成本结构（即各成本项目占生产成本的比重）的实际情况。因此，在管理上要求从整个企业角度考核和分析产品成本的构成时，还应将综合逐步结转所计算的产成品成本进行成本还原。

成本还原是将完工产品成本中的自制半成品项目的综合成本，分解为原始成本项目。分解的方法通常有两种：一种是从最后一个生产步骤的成本计算单向前推算，将本步骤耗用上步骤半成品的综合成本，按照上步骤的成本结构进行分解，求得其原始成本各项目的金额；另一种是通过计算成本还原率的方式进行。其计算公式如下：

$$\text{成本还原率}=\frac{\text{本月本步骤产品所耗上步骤半成品成本合计}}{\text{本月上一步骤所产该半成品成本合计}}$$

$$\text{半成品成本还原为某成本项目金额}=\frac{\text{本月上步骤所产半成品}}{\text{成本中该成本项目金额}}\times\text{成本还原率}$$

【例 1】 某企业生产甲产品经过第一、第二两个生产步骤，第一步骤的半成品直接交由第二步骤使用，一件甲产品耗用 2 件半成品。假定第一步骤本月转出半成品 200 件，总成本为80 000 元，其中材料成本 60 000 元，人工成本 8 000 元，制造费用 12 000 元，第二步骤本期完工甲产品 80 件，总成本为 72 000 元，其中半成品 56 000 元，人工成本 6 000 元，制造费用 10 000 元。要求分别采用两种不同的方法进行还原。

第一种还原方法：

第一步骤生产出的 200 件半成品各成本项目所占比重分别为：

直接材料成本占总成本的比重＝60 000÷80 000×100％＝75％

直接人工成本占总成本的比重＝8 000÷80 000×100％＝10％

制造费用成本占总成本的比重＝12 000÷80 000×100％＝15％

56 000 元半成品的成本构成为：

直接材料＝56 000 元×75％＝42 000 元

直接人工＝56 000 元×10％＝5 600 元

制造费用＝56 000 元×15％＝8 400 元

第二种还原方法：

甲半成品的成本还原率＝56 000÷80 000＝0.7

56 000 元半成品的成本构成为：

直接材料＝60 000 元×0.7＝42 000 元

直接人工＝8 000 元×0.7＝5 600 元

制造费用＝12 000 元×0.7＝8 400 元

甲产品的成本构成为：直接材料 42 000 元，直接人工 11 600 元(5 600 元＋6 000 元)；制造费用18 400 元(10 000 元＋8 400 元)。

在实际工作中成本还原一般是通过编制产成品成本还原计算表进行的。例 2 的产成品成本还原计算表如表 11-6 所示。

表 11-6　产成品成本还原计算表

产成品名称：甲产品　　20××年×月　　产量：80 件

项目	还原分配率	半成品	直接材料	直接人工	制造费用	成本合计
还原前产成品成本		56 000		6 000	10 000	72 000
本月所产半成品成本			60 000	8 000	12 000	80 000
成本还原	0.7	－56 000	42 000	5 600	8 400	—
还原后产成品成本			42 000	11 600	18 400	72 000

(二) 半成品成本的分项逐步结转及其举例

1. 分项结转的含义

分项结转是将各步骤所耗用上一步骤的半成品成本，按照成本项目分别转入各该步骤生产成本明细账的相应成本项目。

分项结转可直接提供按原始成本项目反映的企业产品成本资料，不需要进行成本还原工作，但成本结转的核算工作量较大。一般适用于管理上不要求计算各步骤完工产品所耗半成品费用和本步骤加工费用，而要求按原始成本项目计算产品成本的企业。

2. 举例

【例 2】　某厂从 1 月份开始生产甲产成品，该产品经过两个生产车间的加工，一车间投入原材料加工成 A 半成品，二车间领用 A 半成品加工成甲产成品，原材料在一车间生产开始时一次投入，各步骤在产品在本步骤的完工程度均为 50％，该企业要求计算各车间的半成品成本和产成品成本。有关资料如表 11-7 和表 11-8 所示。

表 11-7 产量记录

项目	一车间	二车间
投入产量(或领用量)	10	9
本月完工	9	7
月末在产品	1	2

表 11-8 费用资料

项目	直接材料	直接人工	制造费用
一车间	1 000	380	570
二车间	—	560	400

采用分项结转分步法计算产品成本如表 11-9 和表 11-10 所示。

表 11-9 生产成本计算单

车间:一车间　　产品:A 半成品

项目	直接材料	直接人工	制造费用	合计
本月生产费用	1 000	380	570	
合计	1 000	380	570	
单位产品成本	100	40	60	200
完工半成品成本	900	360	540	1 800
月末在产品成本	100	20	30	

表 11-10 生产成本计算单

车间:二车间　　产品:甲产成品

项目	直接材料	直接人工	制造费用	合计
上道工序转入	900	360	540	1 800
本月生产费用	—	560	400	960
合计	900	920	940	2 760
单位产品成本	100	115	117.5	332.5
完工产成品成本	700	805	822.5	2 327.5
月末在产品成本	200	115	117.5	432.5

五、定额成本逐步结转及成本差异平行汇总法

采用逐步结转分步法计算产品成本时,半成品的成本结转与其实物转移相一致,能够提供各步骤产出半成品的成本资料,有利于在产品的实物管理和资金管理。但其成本计算按加工顺序逐步进行,影响成本计算的及时性;各步骤半成品成本受到以前步骤成本水平波动的影响,不利于成本考核和分析;此外,半成品成本逐步结转的工作量较大。

会计工作者在实践中探索并改进了逐步结转分步法，形成一种新的结转方法，叫“定额成本逐步结转及成本差异平行汇总法”。其基本核算程序如下：

（一）制定定额成本

企业会计部门应为各加工步骤的半成品和产成品分别制定定额成本，作为分步结转的依据。

（二）半成品转移按定额成本逐步结转

各步骤产出的半成品向耗用步骤转移或交库时，都按定额成本结转，最后步骤完工的产品按产成品的定额成本向企业会计部门结转。

（三）平行汇总各步骤成本差异

各加工步骤完工产品实际成本与定额成本相比较的差异，向企业会计部门平行汇总，由企业会计部门设置“半成品成本差异”账户予以归集。此项差异不再返回各加工步骤，而直接调整计入最后的产成品成本。

采用这种方法，可以排除生产半成品步骤的实际成本升降对耗用半成品步骤的影响，有利于划分各加工步骤的经济责任；能够揭示各步骤的成本差异，便于考核各步骤的成本管理业绩和进行成本分析；各步骤可以同时计算成本，从而加速了产成品成本的计算。

任务三　平行结转分步法

一、平行结转分步法的特点

平行结转分步法是指各加工步骤不计算所产出半成品的成本，也不计算所耗用以前步骤半成品的成本，只归集本步骤发生的其他各项费用，各步骤发生的生产费用，都要在广义在产品和产成品之间进行分配，计算它们应计入产成品成本的份额，然后将各步骤应计入产成品的费用份额平行结转，汇总相同产品各步骤份额，计算产品成本的一种方法。

与逐步结转分步法相比，平行结转分步法也按加工步骤归集生产费用，也需将各步骤所归集费用在完工产品与在产品之间划分。但是这里的“生产费用”“完工产品”“在产品”有不同的含义，体现了平行结转分步法的特点。

(1) 平行结转分步法下的生产费用只是各加工步骤本身发生的费用，不包括耗用以前步骤半成品的成本。这是因为各步骤半成品的成本资料不随实物转移，仍留在产出步骤的成本明细账中，即半成品的成本资料与实物分离。因此，各步骤的生产成本明细账，只反映各加工步骤本身发生的费用，而不反映领用以前步骤半成品的成本。

(2) 平行结转分步法下的完工产品，是指企业最终完工的产成品，不是指本步骤完工的半成品，因而，从本步骤产品成本明细账中转出的只是最终产成品应负担的本步骤的费用(份额)，不能提供各步骤产出半成品的成本资料。

(3) 平行结转分步法下在产品是指广义在产品，不仅包括从本步骤正在加工的在产品，而且还包括本步骤已加工完成转移到半成品库的半成品成本和转移到其后续生产步骤但没有最终完工的产品在本步骤发生的成本，即在产品成本按发生地点记录和反映，而不按在产品实物所在地点记录和反映。

由此可见，平行结转分步法下各步骤的生产费用在完工产品与在产品之间的分配，是产成品与广义在产品之间的分配。

二、平行结转分步法的基本核算程序

(1) 按产品和加工步骤设置成本明细账，各步骤成本明细账分别成本项目归集本步骤发生的生产费用(但不包括耗用上一步骤半成品的成本)。平行结转分步法下，产品成本明细账的设置和生产费用的归集与逐步结转分步法相同。

(2) 月末将各步骤归集的生产费用在产成品与广义在产品之间进行分配，计算各步骤费用应计入产成品成本的份额。

(3) 将各步骤费用应计入产成品成本的份额按成本项目进行平行汇总，汇总计算产成品的总成本及单位成本。

其基本核算程序如图 11-2 所示。

图 11-2　平行结转分步法流程图

在平行结转分步法下，由于各加工步骤不计算半成品成本，所以不论半成品是在各加工步骤间直接转移，还是通过仓库收发，都不通过“自制半成品”账户核算。

三、平行结转分步法的适用范围

平行结转分步法适合于半成品很少或根本不出售，管理上不要求提供完整的半成品成本信息、不需要计算各步骤半成品成本的大量、大批连续式复杂生产企业，以及大量、大批装配式复杂生产企业。例如某些机械制造企业，这些企业各加工步骤生产的半成品种类较多，又很少对外销售，为简化和加速成本计算的工作，故采用平行结转分步法。

四、计入产品成本份额的计算

各步骤生产费用计入产成品成本的份额可按约当产量比例法和定额比例法计算。

约当产量比例法下的计算公式如下。

(1) 某步骤约当产量＝该步骤半成品月初数量＋该步骤本月完工半成品数量＋该步骤月末狭义在产品约当产量

或　　　　　　　　　　＝最终完工产品数量＋广义在产品约当产量

或　　　　　　　＝最终完工产品数量＋后续各步骤期末在产品数量＋该步骤期末在产品折合该步骤半成品的约当产量

(2) 某步骤单位半成品费用$=\dfrac{\text{该步骤月初广义在产品费用}+\text{该步骤本月生产费用}}{\text{该步骤约当产量}}$

(3) 某步骤应计入产成品成本的份额＝产成品数量×单位产成品耗用该步骤半成品数量×该步骤单位半成品费用

(4) 某步骤月末广义在产品费用＝该步骤月初广义在产品费用＋该步骤本月生产费用－该步骤应计入产成品成本的份额

定额比例法易于掌握，与在产品计价的定额比例法和分类法中的定额比例法相类似，这里不再赘述。

五、平行结转分步法举例

【例 3】 企业甲产品生产经过两个连续的加工步骤，原材料在生产开始时一次投入。各步骤在产品的加工程度均按 50％简化计算。生产费用在各步骤完工产品与在产品之间按约当产量比例分配。有关资料如表 11-11 和表 11-12 所示。

表 11-11　生产记录表

项目	一车间	二车间
本月投入	1 000	900
完工转出	900	820
月末在产品	100	80

表 11-12　费用资料表　　单位：元

项目	直接材料	直接人工	制造费用	合计
一车间	44 000	20 045	7 999	72 044
二车间	—	15 007	4 988	19 995
合计	44 000	35 052	12 987	92 039

根据上述资料，按平行结转分步法计算：

(1) 各步骤应计入产成品成本份额、广义在产品成本。

(2) 完工产品总成本及单位成本。

计算结果如表 11-13 至表 11-15 所示。

表 11-13　一车间成本计算单(平行结转分步法)

成本项目	本月费用	约当产量合计	单位成本	应计入产成品份额	月末在产品成本
直接材料	44 000	820＋100＋80＝1 000	44	36 080	7 920
直接人工	20 045	820＋100×50％＋80＝950	21.1	17 302	2 743
制造费用	7 999	950	8.42	6 904	1 095
合计	72 044		73.52	60 286	11 758

表 11-14　二车间成本计算单(平行结转分步法)

成本项目	本月费用	约当产量合计	单位成本	应计入产成品份额	月末在产品成本
直接材料	—	—	—	—	—
直接人工	15 007	820＋80×50％＝860	17.45	14 309	698
制造费用	4 988	860	5.8	4 756	232
合计	19 995		23.25	19 065	930

表 11-15　甲产品成本计算单(平行汇总成本)

项目	应计入产成品份额		总成本	单位成本
	一车间	二车间		
直接材料	36 080	—	36 080	44
直接人工	17 302	14 309	31 611	38.55
制造费用	6 904	4 756	11 660	14.22
合计	60 286	19 065	79 351	96.77

六、平行结转分步法的优缺点

采用平行结转分步法计算产品成本，由于各步骤不计算半成品成本，只计算应由产成品成本负担的份额，平行汇总各步骤应计入产成品成本的份额，即可计算产成品成本，所以不必等待上一步骤半成品成本的结转，各步骤可以同时计算产品成本，而且能够直接提供按原始成本项目反映的产成品成本资料，不必进行成本还原，因而简化和加速了成本计算工作。但采用此种方法，由于不计算和结转半成品成本，不能提供各步骤的半成品成本资料，又因为半成品的成本资料不随其实物转移而结转，造成在产品成本的反映与在产品实物所在地不一致，所以不能为各加工步骤在产品的实物管理和资金管理提供资料。

【项目总结】

产品成本计算的分步法，是以各生产步骤生产的半成品和最终生产步骤的产成品为成本计算对象，归集生产费用，计算产品成本的一种方法，包括逐步结转分步法和平行结转分步法两种。

逐步结转分步法的特点是：每一加工步骤都要计算半成品成本，半成品成本随实物转移，产成品成本是从第一步骤起逐步累加至最后步骤而来的。逐步结转分步法下的生产费用不仅包括本步骤发生的，还包括以前步骤的半成品成本(第一步骤除外)，各步骤的生产费用都要在完工的半成品(或产成品——指最后步骤)与狭义的在产品之间进行划分。逐步结转分步法一般适用于大量大批连续式加工企业。其基本核算程序是：先归集第一步骤生产费用并计算第一步骤半产品成本，然后随半成品实物转入第二步骤生产成本明细账，加上第二步骤发生的直接材料、直接人工、间接制造费用，求得第二步骤半成品成本，再随其实物转入第三步骤，依次逐步结转，直至最后步骤计算出产成品成本。

在逐步结转分步法中,半成品成本逐步结转记入耗用步骤的生产成本明细账,可采用综合结转和分项结转两种方式。在综合结转方式下,通过成本还原,对半成品成本进行分解。

平行结转分步法的特点是:各加工步骤均不计算所产出半成品的成本,也不计算所耗用以前步骤半成品的成本,只归集本步骤发生的其他各项费用,各步骤发生的生产费用,都要在广义在产品和产成品之间进行分配,计算它们应计入产成品成本的份额,然后将各步骤应计入产成品成本的份额平行结转,汇总相同产品各步骤份额,计算求得产品成本。

平行结转分步法适合于半成品很少或根本不出售,管理上不要求提供完整的半成品成本信息、不需要计算各步骤半成品成本的大量、大批连续式复杂生产企业,以及大量、大批装配式复杂生产企业。其基本核算程序为:(1)按产品和加工步骤设置成本明细账,各步骤成本明细账分别成本项目归集本步骤发生的生产费用(但不包括耗用上一步骤半成品的成本)。(2)月末,将各步骤归集的生产费用在产成品与广义在产品之间进行分配,计算各步骤费用应计入产成品成本的份额。(3)将各步骤费用应计入产成品成本的份额按成本项目进行平行汇总,汇总计算产成品的总成本及单位成本。

1. 分步法的意义及其适用性。

2. 简述分步法的特点。

3. 说明逐步结转分步法成本计算的具体程序。

4. 在逐步综合结转分步法下,为什么要进行成本还原?

5. 平行结转分步法有哪些特点?简述平行结转分步法的优缺点及其适用范围。

6. 说明平行结转分步法成本计算的具体程序。

7. 说明平行结转分步法与逐步结转分步法的异同。

【项目测试】

一、判断题

1. 分步计算产品成本不一定就是分生产车间计算产品成本。 ( )

2. 平行结转分步法下,各步骤的生产费用都要在完工产品和广义在产品之间进行分配。 ( )

3. 平行结转分步法下,不需要设置“自制半成品”账户。 ( )

4. 分步法均应顺序结转半成品成本,直至最后步骤计算出完工产品成本。 ( )

5. 逐步结转分步法实际上就是品种法的多次连接应用。 ( )

6. 平行结转分步法下任何一个生产步骤都不能全面反映其生产费用的实际耗费水平。 ( )

7. 在平行结转分步法下,各步骤完工产品与在产品之间的费用分配,是指产成品与广义在产品之间的费用分配。 ( )

8. 逐步结转分步法下,若综合结转半成品成本,还需要进行成本还原。 ( )

9. 分步法下产品成本计算的步骤结合实际生产步骤确定。 ( )

10. 生产车间结转完工半成品的会计分录可能是：借记“自制半成品”科目，贷记“基本生产成本”科目。（ ）

11. 逐步结转分步法下无论采用何种方法结转半成品成本，第一个生产步骤的产品成本明细账的登记方法相同。（ ）

二、单项选择题

1. 分步法中不需要计算半成品成本的是（ ）。

A. 逐步结转法　　B. 平行结转法

C. 综合结转法　　D. 分项结转法

2. 逐步结转分步法下半成品成本在下一步骤成本明细账中的反映方法可以分为（ ）。

A. 综合结转法和平行结转法　　B. 平行结转法和分项结转法

C. 综合结转法和分项结转法　　D. 实际成本结转法和计划成本结转法

3. 某产品经过三个生产步骤加工而成，成本计算采用逐步结转分步法。本月第一步骤转入第二步骤的生产费用为 5 000 元，第二步骤转入第三步骤的生产费用为 4 000 元。本月第三步骤发生的费用为 3 000 元（不包括第二步骤转入的费用），第三步骤月初在产品成本为 1 500 元，月末在产品成本为 1 600 元。本月该种产品的产成品成本为（ ）元。

A. 11 900　　B. 6 900　　C. 3 900　　D. 2 400

4. 某产品采用逐步综合结转分步法，第一步骤本月发生的费用为 5 000 元，完工半成品成本为 10 000 元；第二步骤本月发生的半成品费用为 15 000 元，完工产成品成本中半成品项目金额为 12 000 元。该种产品成本还原率为（ ）。

A. 1.5　　B. 2.4　　C. 1.2　　D. 0.8

5. 综合逐步结转分步法下，成本还原分配率的计算公式是（ ）。

A. 本月产品成本合计/本月所产半成品成本合计

B. 本月所产半成品成本合计/本月产品成本合计

C. 本月产成品所耗上一步骤半成品费用/本月所产该半成品成本合计

D. 某步骤领用半成品成本合计/上一步骤所产该种半成品成本合计

6. 某产品由四个生产步骤组成，在平行结转分步法下需要进行成本还原的次数是（ ）。

A. 0 次　　B. 2 次　　C. 4 次　　D. 3 次

7. 平行结转分步法下，完工产品与在产品之间的费用分配，是（ ）之间的费用分配。

A. 最终完工产品与月末狭义在产品　　B. 各步骤完工半成品与月末狭义在产品

C. 最终完工产品与月末广义在产品　　D. 最终完工产品与各步骤完工半成品

8. 采用平行结转分步法的优点是（ ）。

A. 能够全面反映每个生产步骤产品的费用水平

B. 不能全面反映每个生产步骤产品的费用水平

C. 能够全面反映最后生产步骤产品的费用水平

D. 能够全面反映第一生产步骤产品的费用水平

9. 逐步结转分步法下完工产品与在产品之间的费用分配，是（ ）之间的费用分配。

A. 完工产成品与月末狭义在产品

B. 完工产成品与月末广义在产品

C. 完工半成品与各步骤月末加工中的在产品

D. 前面各步骤的完工半成品与狭义在产品、最后步骤的完工产成品与狭义在产品

10. 平行结转分步法下，自制半成品入库应借记的账户是（　　）。

A. "自制半成品"　　B. "基本生产成本"

C. "制造费用"　　D. 以上都不是

11. 用分步法计算产品成本的企业，若不需要分步骤计算半成品成本，应采用（　　）。

A. 综合结转法　　B. 平行结转分步法

C. 逐步结转分步法　　D. 分项结转法

三、多项选择题

1. 分步法下的生产步骤可能是按（　　）确定的。

A. 一个生产车间　　B. 几个生产车间之和

C. 一个企业　　D. 一个生产车间内的一个步骤

2. 平行结转分步法的不足是（　　）。

A. 无法同时计算各步骤产品成本　　B. 无法为实物管理和资金管理提供资料

C. 无法提供各步骤的半成品成本资料　　D. 不需要进行成本还原

3. 符合平行结转分步法下在产品定义的是（　　）。

A. 本步骤正在加工中的在产品

B. 本步骤已完工转入半成品库的半成品

C. 已从半成品库转入以后各步骤进一步加工，但尚未最终完成的在产品

D. 最后步骤正在加工中的在产品

4. 平行结转分步法下能够反映在最后一个生产步骤的产品成本明细账中的数据有（　　）。

A. 最终完工产品的实际成本　　B. 耗用上一步骤的半成品成本

C. 本步骤费用　　D. 本步骤费用中应计入产成品成本的份额

5. 平行结转分步法的主要特点是（　　）。

A. 各步骤的在产品是广义的　　B. 半成品成本按费用发生地反映

C. 不计算各步骤半成品成本　　D. 完工产品是指最终完工的产成品

6. 企业计算各步骤的半成品成本是为了（　　）。

A. 分别计算耗用同一种半成品的各种产成品的成本

B. 计算对外销售半成品的损益

C. 分析和考核各步骤的生产耗费水平和资金占用水平

D. 简化成本核算工作量

7. 平行结转分步法下，第三生产步骤的在产品包括（　　）。

A. 第一生产步骤完工入库的半成品　　B. 第三生产步骤完工入库的半成品

C. 第二生产步骤完工入库的半成品　　D. 第三生产步骤正在加工的半成品

8. 逐步结转分步法的主要特点是（　　）。

A. 各步骤的在产品是狭义的　　B. 各步骤都不计算半成品成本

C. 各步骤都计算半成品成本　　D. 半成品的成本随实物而转移

9. 平行结转分步法的优点有(　　)。

A. 能够提供各生产步骤的半成品成本资料

B. 能够加速成本计算工作

C. 能够为在产品的实物管理和资金管理提供数据

D. 能够简化成本计算工作

四、业务题

业务题(一)

1. 目的:练习产品成本计算的逐步结转分步法。

2. 资料:

(1) 沙洲厂生产甲产品,分两个步骤分别在两个车间进行加工,第一步骤生产 A 半成品,通过半成品仓库收发;第二步骤将 A 半成品加工成甲产成品。

(2) 201×年 2 月份第一步骤有关成本核算资料如表 11-16 所示。

表 11-16　第一步骤有关成本核算资料

单位:元

项目	直接材料	直接人工	间接制造费用	合计
月初在产品定额成本	16 500	6 500	20 250	43 250
本月生产费用	65 000	41 000	76 250	182 250
月末在产品定额成本	14 000	7 500	19 000	40 500

(3) 月初半成品库存为 2 500 件,其实际总成本为 184 000 元,本月第一步骤完工入库半成品 2 500 件,第二步骤从半成品库领用半成品 2 400 件,本月完工入库的产成品 2 700 件,月末在产品 300 件,完工程度 40%。

(4) 第二步骤月初在产品成本、本月生产费用(不包括所耗半成品费用)如表 11-17 所示。

表 11-17　第二步骤有关成本核算资料

项目	自制半成品	直接人工	间接制造费用	合计
月初在产品成本	4 380	800	640	5 820
本月生产费用		6 250	5 000	

(5) 第一步骤在产品按定额成本计算;A 半成品采用一次加权平均法计价;第二步骤费用采用约当产量比例法对在产品计价,原材料一次投入。

3. 要求:

(1) 计算半成品 A 和产成品甲的成本。

(2) 编制有关完工产品入库、领用半成品的会计分录。

业务题(二)

1. 目的:练习产品成本计算的逐步结转分步法。

2. 资料:吉利厂生产甲产品。生产分为两个步骤,由第一、第二两个车间进行。第一车间为第二车间提供半成品,第二车间将半成品加工成为产成品。该厂为加强成本管理,采用逐步结转分步法计算产品成本。

该厂第一、第二车间产品成本明细账部分资料如表 11-18 至表 11-20 所示。

表 11-18　产品成本明细账

产品名称：半成品甲

车间名称：第一车间　　201×年 10 月　　产量：500 件

成本项目	月初在产品定额费用	本月费用	生产费用合计	完工半成品成本	月末在产品定额费用
直接材料	3 800	12 600			5 600
直接人工	2 200	6 000			2 600
制造费用	4 600	12 200			5 200
合计	10 600	30 800			13 400
单位成本	×	×	×		×

表 11-19　自制半成品明细账

半成品名称：甲　　201×年 10 月　　计量单位：件

月份	月初余额		本月增加		合计			本月减少	
	数量	实际成本	数量	实际成本	数量	实际成本	单位成本	数量	实际成本
10	800	24 000							
11	400								

表 11-20　产品成本明细账

产品名称：产成品甲

车间名称：第二车间　　201×年 10 月　　产量：350 件

成本项目	月初在产品定额费用	本月费用	生产费用合计	产成品成本		月末在产品定额费用
				总成本	单位成本	
半成品	12 200					6 200
直接人工	2 400	7 400				1 050
制造费用	5 000	17 700				1 700
合计	19 600					8 950

3. 要求：

(1) 根据上述资料，登记产品成本明细账和自制半成品明细账，并按实际成本综合结转半成品成本，计算产成品成本。

(2) 编制结转半成品成本和完工产成品成本的会计分录。

业务题(三)

1. 目的：练习产品成本计算的平行结转分步法。

2. 资料：尹力厂第一步骤生产甲半成品，第二步骤生产乙半成品，将甲半成品和乙半成品交第三步骤装配成丙产成品。第一步骤材料在生产开始时一次投入，第二步骤材料随加工程度逐步投入。每件产成品由1件甲半成品和1件乙半成品装配而成。直接人工各步骤月末在产品的完工程度均为50%,采用约当产量比例法对各步骤生产费用进行分配。201×年10月有关资料如下:

(1)产量记录如表11-21所示。

表11-21 产量记录 单位:件

项目	第一步骤	第二步骤	第三步骤
月初在产品	630	960	1 200
本月投入	3 720	4 380	3 000
本月完工转出	3 000	3 000	2 400
月末在产品	1 350	2 340	1 800

(2)月初在产品成本及本月生产费用如表11-22所示。

表11-22 月初在产品成本及本月生产费用 单位:元

项目	直接材料	直接人工	间接制造费用	合计
月初在产品成本				
第一步骤	15 840	4 170	5 175	25 185
第二步骤	7 650	6 690	8 106	22 446
第三步骤		5 850	6 720	12 570
本月生产费用				
第一步骤	95 160	37 755	38 700	171 615
第二步骤	72 900	33 048	35 928	141 876
第三步骤		14 610	15 720	30 330

3. 要求:

(1)计算各步骤应计入产成品成本的份额和月末在产品成本;

(2)编制产成品成本汇总计算表。

五、综合题

梦兰厂下设一个基本生产车间,分两个生产步骤大量大批生产甲产品。第一步骤加工完成的半成品直接转入第二步骤,不通过仓库收发。第一步骤产品成本明细账设置“直接材料”“直接人工”和“制造费用”三个成本项目,第二步骤产品成本明细账设置“半成品”“直接人工”和“制造费用”三个成本项目。该车间的直接人工费用和制造费用均按车间进行归集,并按生产工时比例在各步骤之间进行分配。

该车间201×年10月发生经济业务如下:

(1)领用原材料26 000元,其中:第一生产步骤甲产品耗用20 000元,机物料消耗6 000元。

(2)分配人工费用8 550元,其中:生产工人工资7 410元(第一生产步骤生产工时1 750小时,第二生产步骤生产工时750小时),车间管理人员工资1 140元。

(3) 计提固定资产折旧费 1 300 元。

(4) 用银行存款支付其他支出 560 元。

(5) 第一生产步骤完工半成品 400 件，第二生产步骤完工成品 500 件，各生产步骤月末在产品均按定额成本计价。

甲半成品和产成品的成本明细账如表 11-23 和表 11-24 所示。

表 11-23　产品成本明细账

产品名称：甲半成品　　　　201×年 10 月　　　　完工产量：800 件

项目	直接材料	直接人工	制造费用	合计
月初在产品定额成本	19 500	6 939	2 025	28 464
本月生产费用				
生产费用合计				
完工半成品成本				
月末在产品定额成本	6 500	2 313	675	9 488

表 11-24　产品成本明细账

产品名称：甲产成品　　　　201×年 10 月　　　　完工产量：1 000 件

项目	直接材料	直接人工	制造费用	合计
月初在产品定额成本	22 500	2 770	150	25 420
本月生产费用				
生产费用合计				
完工产成品成本				
月末在产品定额成本	11 250	1 385	750	13 385

要求：

(1) 编制各项要素费用分配的会计分录（“基本生产成本”科目按生产步骤列示）。

(2) 编制制造费用分配的会计分录。

(3) 计算、填列各生产步骤产品成本明细账，并编制结转完工半成品成本的会计分录。

(4) 进行成本还原，计算按原始成本项目反映的产成品成本，如表 11-25 所示。

(5) 编制产成品入库的会计分录。（分配率保留 4 位小数，结果保留 2 位小数。）

表 11-25　产成品还原计算表

产成品名称：甲　　　　201×年 10 月　　　　产量：1 000 件

项目	还原分配率	半成品	直接材料	直接人工	制造费用	成本合计
还原前产成品成本						
本月所产半成品成本						
成本还原						
还原后产成品成本						

项目十二

产品成本计算的分类法

【知识目标】

• 了解分类法的含义及特点；

• 熟悉分类法的基本核算程序；

• 掌握类内产品成本划分的主要方法及相关业务处理。

【管理能力】

• 能够在条件具备时对产品进行适当分类；

• 能够根据企业管理的要求及经济活动的特点运用分类法的原理解决实际问题。

【案例导入】

典晶公司是一家知名制鞋厂，每年大批量生产男女皮鞋。以女鞋为例，规格和品种繁多，每年新品分不同跟高、颜色、尺码等，多达上百种，产品按照品种法开设明细过于繁杂。小赵是该公司成本会计主管，经过综合考量后决定按靴子、单鞋、运动鞋、凉鞋进行类目化开设明细，你觉得他的做法对吗？

另外，如果小赵做法合适，还需要在类目内按品种、规格等进行再次分配，需确定类内产品分配方法，请问小赵在确定类内分配标准时有哪些注意点？该如何做到“细而不繁”，“粗而合理”？

导　语

有些企业产品品种很多，成本计算时按每一品种设置产品成本明细账，工作量较大，特别是一些相近品种，许多费用是共同的，这时用分类法来计算产品成本可简化核算。通过本章学习，了解分类法的含义及适用范围，理解分类法的计算程序，掌握分类法的具体应用。

任务一　分类法概述

一、分类法的含义及特点

产品成本计算的分类法是按产品类别归集生产费用，在计算出各类产品成本的基础上，再按一定标准在类别内部各种产品之间分配费用的一种成本计算方法。在产品品种繁多，但可以按照一定标准分类的生产企业，采用分类法可以简化成本计算工作。

分类法的特点是：先按产品类别（把类别作为品种）计算各类产品的总成本，然后采用适当的分配方法分配计算各种产品成本。

采用分类法计算产品成本，可以简化和加速成本计算工作，并能分类掌握产品成本的情况。但由于类别中各种产品成本的计算，都是按一定标准的比例分配的，所以计算结果有一定假定性。

二、分类法的适用范围

分类法与生产类型无直接关系，适用于各种生产类型的企业。凡生产工艺过程和使用的原材料基本相同，产品品种、规格繁多，又可按照一定标准将产品划分成若干大类的企业，都可以应用分类法计算产品成本，如无线电元件生产企业、食品生产企业、化工企业等。采用分类法可以适当减少成本计算对象，简化成本计算工作。具体适用情况如下：

(1) 适用于联产品成本计算。联产品是指用同一种原材料进行加工而同时生产出几种主要产品的生产。联产品生产也只能采用分类法计算成本。

(2) 适用于用同种原材料、同样的工艺过程，而生产出来不同规格的产品。例如食品厂生产的各种饼干、面包等。

(3) 适用于副产品成本计算。副产品是指在生产主要产品的过程中附带生产出的一些非主要产品。在成本计算时可以将主副产品归为一类，然后将副产品按一定方法计价，从总成本中扣除，求得主产品成本。

(4) 适用于除主要产品以外的一些零星产品生产，虽然其所耗原材料、工艺过程不相同，但数量少，费用低，为了体现成本效益原则和重要性原则，也可适当归为几类计算成本，以简化计算工作。

(5) 适用于由于客观原因造成的等级品的成本计算。但主观原因造成的等级品，不能采用分类法计算成本。

任务二 分类法成本计算程序及其应用

一、分类法的核算程序

(1) 划分产品大类,合理确定产品类别。

(2) 设置类别产品成本计算单,按产品类别设立生产成本明细账。

(3) 归集各类产品的生产费用,采用适当方法将生产费用在各类完工产品与该类月末在产品之间进行分配,计算出各类完工产品总成本和单位成本。

(4) 采用适当的方法将各类完工产品成本在该类各种不同规格的产品中进行分配。计算类内各种(或各规格)产品的总成本和单位成本。

分类法成本计算程序图如图 12-1 所示。

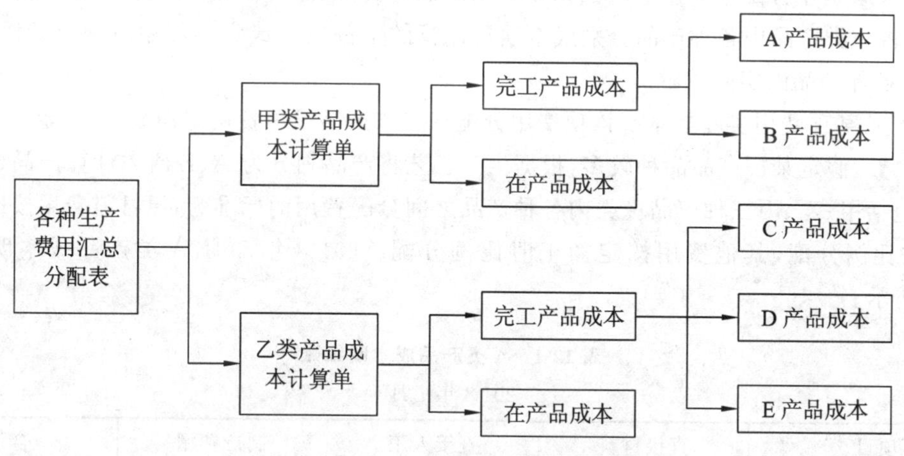

图 12-1 分类法成本计算程序图

二、采用分类法应注意的问题

(一) 产品类别的划分

为了使成本计算既简化又相对准确,必须恰当地划分产品类别,一般应将结构、工艺过程和使用原材料基本相同或相接近的产品归并在同一类别内。类别划分过粗,把结构、耗用原材料和工艺过程不同的各种产品统统归并为一类,影响成本计算的正确性;类别划分过细,产品成本计算对象仍然很多,起不到简化成本计算的作用。

(二) 类内产品分配费用标准的选择

由于类内各种产品的全部生产费用都需要分配,计算结果建立在某些假定的基础之上,为使分配结果尽可能符合实际,以求相对正确,必须尽量选择与产品成本高低有密切因果关系的分配标准。

三、类内产品成本的划分方法及其举例

划分类内产品常用的方法有定额比例法和系数分配法。

（一）定额比例法

定额比例法是将类内各种产品成本按照定额耗用量或定额成本的比例进行分配，以确定类内各种产品成本的方法。如果企业定额基础比较好，各项消耗定额比较齐全、准确和稳定，某类完工产品总成本可按该类内各种产品的定额消耗指标的比例进行分配，一般地，直接材料成本项目，以材料定额耗用量或定额成本为分配标准；直接人工成本项目和制造费用成本项目按定额工时或定额成本比例进行分配。

运用定额比例法划分类内产品成本的核算要点如下：

(1) 分别成本项目，算出各类产品的本月定额成本或定额耗用量总数。

在实际工作中，为简化核算，通常只计算原材料定额耗用量（定额成本）和工时定额耗用量，其余成本项目则根据原材料定额耗用量（定额成本）或工时定额耗用量的比例进行分配。

(2) 分别成本项目求得各类产品本月实际成本，并计算各项费用的分配率。

某类产品某项费用分配率＝该类产品该项费用总额÷（产成品定额成本＋月末在产品定额成本）

(3) 将一类产品中各种产品分别成本项目计算的定额成本或定额耗用量乘以费用分配率，即可求得各种产品的实际成本。

类内某产品某项费用实际成本＝该项费用分配率×该产品该项费用定额成本（或定额耗用量）

【例1】 假定某厂产品品种较多，根据生产工艺将产品划分为A、B两类计算产品成本。其中A类包括甲、乙、丙三种产品。类内各种产品之间分配费用的标准为：原材料费用按原材料定额成本的比例分配，其他费用按定额工时比例分配。201×年7月A类产品成本明细账如表12-1所示。

表12-1　A类产品成本明细账

201×年7月　　　　单位：元

项目	直接材料	直接人工	制造费用	合计
月初在产品成本	35 000	2 600	5 200	42 800
本月生产费用	656 280	48 400	102 550	807 230
合计	691 280	51 000	107 750	850 030
本月产成品成本	626 280	43 200	91 800	761 280
月末在产品成本	65 000	7 800	15 950	88 750

假定7月份甲、乙、丙三种产品的产量分别为700件、400件、100件，材料单位定额成本分别为500元、550元和440元，单位工时定额分别为40小时、50小时、60小时。

由表12-1知A类产成品成本为761 280元，下面采用定额比例法进行类内各产品成本的划分。

材料分配率＝626 280÷(700×500＋400×550＋100×440)＝626 280÷614 000＝1.02

甲产品材料成本＝(700×500)×1.02元＝357 000元

乙产品材料成本＝(400×550)×1.02 元＝224 400 元

丙产品材料成本＝(100×440)×1.02 元＝44 880 元

直接人工分配率＝43 200÷(700×40＋400×50＋100×60)＝43 200÷54 000＝0.8

甲产品人工成本＝700×40×0.8 元＝22 400 元

乙产品人工成本＝400×50×0.8 元＝16 000 元

丙产品人工成本＝100×60×0.8 元＝4 800 元

制造费用分配率＝91 800÷54 000＝1.7

甲产品制造费用＝28 000×1.7 元＝47 600 元

乙产品制造费用＝20 000×1.7 元＝34 000 元

丙产品制造费用＝6 000×1.7 元＝10 200 元

甲产品总成本＝(357 000＋22 400＋47 600)元＝427 000 元　　单位产品成本＝610 元

乙产品总成本＝(224 400＋16 000＋34 000)元＝274 400 元　　单位产品成本＝686 元

丙产品总成本＝(44 880＋4 800＋10 200)元＝59 880 元　　单位产品成本＝598.80 元

结转完工产品总成本：

借:基本生产成本——甲产品　427 000

　　　　　　　——乙产品　274 400

　　　　　　　——丙产品　59 880

　贷:基本生产成本——A 类　　761 280

(二) 系数分配法

系数分配法是将产品售价、体积、重量、定额消耗量等分配标准折算为相对固定的系数(标准产量),按照固定系数换算标准产量进行类内各种产品成本分配的方法。此方法应用十分广泛,故分类法又叫作系数法。

1. 运用系数分配法划分类内产品成本的要点

(1) 选择合适的指标作为费用分配标准,将选定的指标折算成系数。计算系数时,先在同类产品中选择一种工艺成熟、产量稳定的、有代表性的产品作为标准产品,把单位标准产品的选定指标的系数定为“1”,然后将其他各产品的单位产品相应指标分别与单位标准产品的对比,其比率即为其他各产品的系数。不同成本项目,分配标准不同,可有不同的分配系数。产品各成本项目均按同一系数进行分配的即为综合系数,多以重要经济价值指标如产品定额成本、售价为标准确定。各成本项目分别按各自标准进行分配的即为单项系数,在材料单一时,直接材料项目采用材料消耗定额确定系数;在耗用多种材料时,直接材料项目按材料费用定额确定系数。加工费用项目,可采用工时定额或工资(制造费用)定额确定该项目系数。

(2) 将各种产品的实际产量按系数折算为标准产品产量(即总系数)。

某产品标准产量 ＝ 该产品实际产量 × 该产品系数

类内标准产品总量 ＝ $\sum$ 各产品标准产量

(3) 确定费用分配率：

某产品某项费用分配率＝该类产品该项费用总额÷类内标准产品总量

(4) 按各种产品标准产品产量(总产量)的比例分配费用,计算类内各产品的成本。

某产品负担的费用＝该产品标准产量×费用分配率

2. 运用系数分配法划分类内产品成本举例

我们仍以前例说明如何运用系数分配法划分类内各产品的成本。该企业对直接材料的分配按单位产品重量确定系数，对直接人工和间接制造费用按单位产品工时消耗定额确定系数，该企业在计算产品成本时以甲产品作为标准产品。

A类产品系数计算表如表12-2所示。

表12-2 A类产品系数计算表

产品名称	单位产品重量/千克	单位产品工时定额/小时	材料费用系数	其他费用系数
甲	200	40	1	1
乙	240	50	1.2	1.25
丙	40	60	0.2	1.5

类内产品成本计算分析如下：

材料分配率＝626 280÷(700×1＋400×1.2＋100×0.2)＝521.90

甲产品材料成本＝700×1×521.90元＝365 330元

乙产品材料成本＝400×1.2×521.90元＝250 512元

丙产品材料成本＝100×0.2×521.90元＝10 438元

直接人工分配率＝43 200÷(700×1＋400×1.25＋100×1.5)＝43 200÷1 350＝32

甲产品人工成本＝700×1×32元＝22 400元

乙产品人工成本＝400×1.25×32元＝16 000元

丙产品人工成本＝100×1.5×32元＝4 800元

制造费用分配率＝91 800÷1 350 ＝68

甲产品制造费用＝700×68元＝47 600元

乙产品制造费用＝500×68元＝34 000元

丙产品制造费用＝150×68元＝10 200元

甲产品总成本＝(365 330＋22 400＋47 600)元＝435 330元　　单位产品成本＝621.90元

乙产品总成本＝(250 512＋16 000＋34 000)元＝300 512元　　单位产品成本＝751.28元

丙产品总成本＝(10 438＋4 800＋10 200)元＝25 438元　　单位产品成本＝254.38元

运用定额比例法和系数分配法划分类内各产品的成本，存在一定的局限性。因为运用上述两种方法的前提是假定类内各种产品的成本升降幅度相同。在计算类内产品成本时人为地造成了各种产品成本水平变动的平均化，不便于利用成本核算资料进行分析与考核，也不利于寻找降低成本的途径。所以，合理划分产品的类别就显得更为重要。

四、分类法的应用

分类法常应用于联产品、副产品及等级产品的成本计算。

联产品是指使用相同的原材料，经过同一加工过程，同时生产出来的各种主要产品。副产品则是在主要产品的生产过程中，同时生产出来的非主要产品。二者的区别在于经济价值的高低。联产品经济价值较高，而副产品经济价值较低。一定条件下，二者可以相互转化。

联产品成本计算包括三步，即联产品分离前的联合成本计算、分离点的联合成本分配以及分离点后可归属成本的计算。联产品成本计算的关键是联合成本的分配。联合成本的分配方法一般采用系数分配法，以及更简化的定额法、相对销售价值分配法和净实现价值分配法。

【例 2】 某企业用某种原材料同时生产甲、乙两种联产品，本月共生产出甲产品 20 000 千克，乙产品 10 000 千克，无期初、期末在产品。该月生产这些联产品的联合成本资料为：原材料 300 000 元，工资等人工费用 108 000 元，制造费用 120 000 元。要求：根据上述材料，按系数分配法分别计算各种产品的成本。

设甲、乙产品系数分别为 1、1.125。

按系数分配法进行分配，计算如表 12-3 所示。

表 12-3 基础资料及成本分配 金额单位：元

品名	产量/千克	系数	总系数/千克	分配率	应负担成本	单位成本
甲产品	20 000	1	20 000		337 920	16.896
乙产品	10 000	1.125	11 250		190 080	19.008
合计	30 000		31 250	16.896	528 000	

其中：

分配率＝(300 000＋108 000＋120 000)÷31 250＝16.896

甲产品应负担成本＝16.896×20 000 元＝337 920 元

甲产品单位成本＝337 920 元÷20 000 千克＝16.896 元/千克

乙产品应负担成本＝16.896×11 250 元＝190 080 元

乙产品单位成本＝190 080 元÷10 000 千克＝19.008 元/千克

【例 3】 某企业本月甲类产品联合成本资料为：直接材料 1 440 元，直接人工 1 505 元，制造费用 350 元，合计 3 295 元。甲类产品包括 A、B、C 三种产品。类内产品成本采用单项系数进行分配。A、B、C 三种产品单位产品重量分别为 100 千克、120 千克、240 千克；A、B、C 三种产品的材料费用系数分别为 1.2、1、0.5。加工费用、制造费用项目系数依据工时定额计算，A、B、C 三种产品的工时定额分别为 20 小时、30 小时、65 小时。本月 A、B、C 三种产品完工产量分别为 50 件、40 件、20 件。试根据资料分配联合成本，计算各种产品的成本。

类内产品成本计算分析如下：

材料分配率＝1 440÷(100×1.2＋120×1＋240×0.5)＝4

A 产品材料成本＝100×1.2×4 元＝480 元

B 产品材料成本＝120×1×4 元＝480 元

C 产品材料成本＝240×0.5×4 元＝480 元

直接人工分配率＝1 505÷(20×50＋30×40＋65×20)＝1 505÷3 500＝0.43

A 产品人工成本＝20×50×0.43 元＝430 元

B 产品人工成本＝30×40×0.43 元＝516 元

C 产品人工成本＝65×20×0.43 元＝559 元

制造费用分配率＝350÷3 500＝0.1

A 产品制造费用＝20×50×0.1 元＝100 元

B 产品制造费用＝30×40×0.1 元＝120 元

C 产品制造费用＝65×20×0.1 元＝130 元

A 产品总成本＝(480＋430＋100)元＝1 010 元　A 产品单位成本＝1 010÷50＝20.2 元

B 产品总成本＝(480＋516＋120)元＝1 116 元　B 产品单位成本＝1 116÷40＝27.9 元

C 产品总成本＝(480＋559＋130)元＝1 169 元　C 产品单位成本＝1 169÷20＝58.45 元

副产品成本计算主要是对副产品如何计价的问题。主、副产品是耗用相同的原材料，经过同一生产过程生产出来的。如果联合生产过程结束，副产品即可验收入库并对外销售，可视副产品比重大小，进行成本计算。如果副产品比重较小，为了简化成本计算，可不计算副产品成本。如果副产品比重较大，为了正确计算主、副产品的成本，副产品应按照一定方法计价后从联合成本“直接材料”成本项目中一笔扣除，或按比例从各成本项目中分别扣除。扣除后的成本就是主产品成本。副产品的计价方法，可以以售价为基础，减去销售税金、销售费用和正常销售利润后的余额计价；也可以按计划单价计价。

如果联合生产过程结束后，副产品还需继续加工，其成本计算可以根据生产情况和管理要求，采用以下两种方法。

(1) 副产品只负担分离后发生的可归属成本，不负担分离前的联合成本。

例如：某厂生产甲产品过程中附带生产出可以加工成乙副产品的材料，该材料需继续加工后才能对外销售。某月生产甲产品 4 000 千克，乙副产品的材料 1 000 千克，共发生联合成本 96 000元，用乙副产品的材料进一步加工成乙副产品 800 千克，加工成本为 2 480 元。则甲产品的总成本为 96 000 元，单位成本为 24 元；乙副产品的总成本为 2 480 元，单位成本为 3.10 元。

(2) 副产品既负担分离后发生的可归属成本，也负担分离前的联合成本。仍以上述资料为例，假定乙副产品材料的计划单价为 2 元/千克。那么：

乙副产品应负担的联合成本为：1 000×2 元＝2 000 元

乙副产品总成本为：2 000 元＋2 480 元＝4 480 元

乙副产品单位成本为：4 480 元÷800 千克＝5.6 元/千克

甲产品总成本为：96 000 元－2 000 元＝94 000 元

甲产品单位成本为：94 000 元÷4 000 千克＝23.5 元/千克

【项目总结】

分类法是按产品类别归集生产费用，先计算出类别产品成本，再按一定标准在类别内部各种产品之间分配费用进而计算各种产品成本的一种成本计算方法。在产品品种繁多，但可以按照一定标准分类的生产企业，采用分类法可以简化成本计算工作，并能分类掌握产品成本的情况，但由于类别中各种产品成本的计算，都是按一定标准的比例分配的，所以计算结果有一定假定性。划分类内产品常用的方法有定额比例法和系数分配法。分类法常应用于联产品、副产品及等级产品的成本计算。

1. 什么是成本计算分类法？它适用于哪些范围？采用这种方法有什么要求？

2. 简述分类法的优缺点。

【项目测试】

一、判断题

1. 分类法下，类内产品的各项费用，均采用一定的方法分配计算。（　　）

2. 在产品的品种繁多且可以按照一定标准分类的企业可采用分类法计算成本。（　　）

3. 只要产品的品种、规格繁多，就可以采用分类法计算产品成本。（　　）

4. 分类法不需要按产品的品种计算成本，因而能够减少成本核算的工作量。（　　）

5. 采用分类法可以合理、准确地计算类内各种产品的成本。（　　）

6. 分类法下，若系数是按消耗定额或费用定额计算确定的，则系数分配法与定额比例法分配费用的结果相同。（　　）

7. 由于产品内部结构、所耗原材料质量或工艺技术上的要求不同等客观原因而造成的等级品，不应采用分类法计算成本。（　　）

8. 主、副产品在分离前可以作为同一类产品归集生产费用。（　　）

9. 副产品是指在主要产品生产过程中附带生产出来的非主要产品。（　　）

10. 副产品应负担的制造费用，可以按生产工时比例计算，也可以按计划成本计算。（　　）

11. 若副产品的销售价值很小，主、副产品的共同成本可以全部由主产品负担。（　　）

二、单项选择题

1. 下列可以采用分类法计算产品成本的是（　　）。

A. 单步骤大量大批生产　　B. 多步骤大量大批生产

C. 单件小批生产　　D. 各种类型的生产

2. 金利厂将 A、B 两种产品作为一类，采用分类法计算产品成本。A、B 两种产品共同耗用甲材料，消耗定额分别为 20 千克和 25 千克，每千克甲材料的单位成本为 5 元。该企业将 A 产品作为标准产品，则 B 产品的原材料费用系数为（　　）。

A. 0.8　　B. 1.25　　C. 1.5　　D. 6.25

3. 联产品是指（　　）。

A. 同种材料加工出的几种主要产品　　B. 同种材料加工出的主要产品和副产品

C. 同种材料加工出的不同质量产品　　D. 不同材料加工出的不同产品

4. 采用分类法计算产品成本，目的在于（　　）。

A. 分品种计算产品成本　　B. 分类计算产品成本

C. 简化各种产品成本的计算工作　　D. 简化各类产品成本的计算工作

5. 产品成本计算分类法的特点是（　　）。

A. 按照产品品种计算成本

B. 按照产品类别计算成本

C. 按照产品类别归集费用，类内各种产品的各种费用均采用分配法计算

D. 按照产品类别归集费用，类内产品的直接计入费用直接计入，间接计入费用分配计入

6. 下列产品成本计算方法具有一定假定性的是（　　）。

A. 品种法　　B. 分类法

C. 分步法　　D. 分批法

7. 金利厂投入原材料经过同一生产过程生产甲、乙两种产品，其中甲产品为主产品，乙产品为副产品，两种产品作为一类归集生产费用后，计算出的总成本为 4 600 元。本月副产品的实际产量为 500 千克，每千克计划价为 1 元，主产品的实际产量为 1 000 千克，则主产品的单位成本为（　　）。

A. 4.1 元　　B. 4.6 元

C. 5.1 元　　D. 4.5 元

8. 联产品与副产品的主要区别在于（　　）。

A. 成本的计算方法不同　　B. 投入的原材料不同

C. 生产工艺流程不同　　D. 出售的价值大小不同

三、多项选择题

1. 下列产品可采用分类法计算成本的是（　　）。

A. 副产品　　B. 客观原因形成的等级品

C. 主观原因形成的等级品　　D. 零星产品

2. 从主产品中分离出的副产品，若其售价不能抵偿销售费用，则副产品成本计算不应采用的方法有（　　）。

A. 不计算副产品成本　　B. 副产品成本按实际成本计算

C. 副产品成本按计划成本计算　　D. 副产品成本按定额成本计算

3. 按照系数比例分配类内各种产品成本时，系数的确定方法是（　　）。

A. 原材料费用的系数可按重量确定　　B. 选择产量大生产稳定的产品作为标准产品

C. 加工费的系数可按工时定额确定　　D. 料工费的系数可按同一标准确定

4. 为使分类法的优势得以发挥，应遵循的原则是（　　）。

A. 产品类距适当，不宜过小也不宜过大　　B. 恰当地选择费用分配标准

C. 不同的成本项目采用不同的分配标准　　D. 产品分类适当

5. 采用分类法计算产品成本的优点是（　　）。

A. 可以简化各类产品的成本计算工作　　B. 可以简化各种产品的成本计算工作

C. 可以使产品成本的计算结果更为准确　　D. 可以分类掌握产品成本水平

6. 分类法下，类内产品成本的划分方法主要有（　　）。

A. 定额比例法　　B. 系数分配法

C. 定额成本法　　D. 标准产品产量比例法

四、业务题

1. 目的：练习产品成本计算分类法。

2. 资料：银鸽厂大量生产 A、B、C 三种产品，这三种产品的结构、耗用原材料和生产工艺过程接近，归为一类（甲类）计算成本。该类在产品按定额成本计价，类内各种产品之间成本按定额比例法分配。201×年 7 月有关成本核算资料如下：

(1) 甲类产品月初、月末在产品定额成本均按年初固定数计算：直接材料 14 940 元，直接人工 11 250 元，制造费用 11 010 元，合计 37 200 元。

(2) 甲类产品本月生产费用为：直接材料 1 776 000 元，直接人工 187 740 元，制造费用 268 200元，合计 2 231 940 元。

(3) 材料费用定额为：A 产品 120 元，B 产品 150 元，C 产品 180 元。

(4) 工时消耗定额为：A 产品 4.1 小时，B 产品 5 小时，C 产品 6 小时。

(5) 本月各种产品产量为：A 产品 500 件，B 产品 600 件，C 产品 400 件。

3. 要求：

(1) 采用定额比例法分别计算 A、B、C 三种产品的完工产品总成本和单位成本，并编制结转完工产品成本的会计分录。

(2) 假定 B 产品为标准产品，直接材料费用系数按直接材料费用定额确定，其他费用系数按定额工时确定，按系数分配法分别计算 A、B、C 三种产品的完工产品总成本和单位成本。

五、综合题

春江厂的基本生产车间将甲、乙、丙三种产品（主产品）归为一类（A 类），采用分类法计算成本。生产主产品产生的废料经过加工，可以制成丁产品（副产品）。主产品的月末在产品按定额成本计价，副产品不计算月末在产品成本。产品的成本项目为“直接材料”“直接人工”和“制造费用”。

假定该车间 201×年 10 月发生下列经济业务：

(1) 领用原材料 95 484 元，其中用于机物料消耗 2 000 元。

(2) 领用低值易耗品 2 000 元，采用分 2 次摊销法进行低值易耗品的摊销计算。

(3) 应付生产工人工资 22 743 元，应付车间管理人员工资 1 710 元。

(4) 计提固定资产折旧费 400 元。

(5) 用银行存款支付其他支出 8 190 元。

该车间其他有关资料为：

(1) 主产品生产过程中产生的废料计价 654 元，全部用于生产丁产品。

(2) 产品生产工时、产量等资料如表 12-4 至表 12-6 所示。

(3) 主产品的成本分配法是：原材料费用按耗料总系数比例分配，其中甲产品单件系数为 1，乙产品单件系数为 1.1，丙产品单件系数为 0.8，其他费用按定额工时比例分配，其中甲产品工时定额为 2.1 小时，乙产品工时定额为 1.8 小时，丙产品工时定额为 2.3 小时。

表 12-4　工资和制造费用分配表

201×年 10 月

项目	生产工时	直接人工	制造费用
本月发生额	×		
工、费分配率	×		
主产品	1 300		
副产品	30		
合计	1 330		

表 12-5　副产品成本明细账

产品类别：A 类　　　　201×年 10 月

项目	产品产量	耗料总系数	定额工时	成本			
				直接材料	直接人工	制造费用	合计
月初在产品定额成本	×	×	×	6 200	1 097	593	7 890
本月生产费用	×	×	×				
减：废料价值	×	×	×		×	×	
生产费用累计	×	×	×				
产成品总成本(主产品)	×	×	×				
产成品成本分配率							×
甲产成品成本	1 200						
乙产成品成本	1 300						
丙产成品成本	800						
月末在产品定额成本	×	×	×	930	3 227	193	4 350

表 12-6　副产品成本明细账

产品名称：丁　　　　201×年 10 月　　　　产量：100 件

项目	原材料	直接人工	制造费用	合计
本月生产费用				
产成品成本				

要求：

(1) 根据该车间 10 月份发生的经济业务逐笔编制会计分录（"低值易耗品"科目列明细科目）；

(2) 计算并结转车间的制造费用；

(3) 计算填列主产品成本明细账；

(4) 计算填列副产品成本明细账。

项目十三 产品成本计算的定额法

【知识目标】

- 理解定额法的概念及其特点；
- 掌握定额法中三类差异的计算；
- 掌握定额法产品成本的计算程序。

【管理能力】

- 能够结合企业的实际，为产品制定合理的定额成本；
- 能够计算和监控脱离定额差异、定额变动差异、材料成本差异并分析差异产生的原因；
- 能够运用定额法计算产品成本并进行日常成本控制。

【案例导入】

普悦公司是一家灯具制造厂商，公司定额管理基础比较完善，资料齐备，一直使用定额法进行产品成本计算。该公司成本会计部共有3人，小王、小张和小李，人事部门决定三人中选一人担任成本会计主管，人事经理会同财务主管共同进行晋升考核工作。题目是：自2017年以来，公司引进新生产线，生产所需原材料量发生变动，另外，由于物价不断上涨，计划价格已不适用，公司准备全面更新原定额资料。请问是否需要对原定额进行修订？如何修订？

小王认为：公司常年以来均使用定额法，定额资料非常齐全，不需要变动。

小张认为需要修订，但是为了节约成本，认为定额修订只需要微调估算。

如果你是小李，如何胜出？

扫码查看案例分析

导　语

品种法、分步法和分批法，都属于事后的成本计算。为了改变只能在事后提供成本信息的被动状况，可以事先制定定额并采用定额法计算产品成本，从而在生产过程中控制产品成本。通过本章学习，了解定额法与其他成本计算方法的区别，掌握定额法计算产品成本的一般程序，明确定额法不但是一种成本计算方法，而且是一种对成本进行日常控制的管理方法。

任务一 定额法概述

一、定额法的概念及特点

定额法是以定额成本为目标成本，及时反映和监督生产费用和产品成本脱离定额的差异，加强定额管理和成本控制，并根据定额成本、定额差异以及定额变动计算产品实际成本的一种成本管理和成本计算方法。

定额法与前述的品种法、分步法、分批法等成本计算方法相比较，具有以下特点：

(1) 预先制定产品的各项消耗定额、费用定额和定额成本，以先进可行的定额作为降低成本、进行日常成本控制的目标和计算产品实际成本的基础。

(2) 对发生的各项生产费用，按符合定额的费用与脱离定额的差异分别进行计量和反映，分析差异产生的原因并分别情况进行处理。通过加强对成本差异的日常核算，加强对生产费用的日常监控和分析。

(3) 月末在定额成本的基础上，加减各种成本差异，计算得出完工产品的实际成本，并据此进行定期的成本分析和考核。

(4) 定额法必须与前述品种法、分步法、分批法相结合使用。

显然，定额法将事前的成本预测和计划、事中的成本控制、事后的成本分析等有机地结合起来，将成本计算和成本管理融为一体。定额法既是一种成本计算方法，也是一种成本管理制度。

二、定额法的优缺点及适用范围

定额法实现了产品成本的定额管理、核算和分析工作的有机结合。其主要优点：

(1) 能够在生产过程中，费用发生的当时，揭示脱离定额差异，有利于及时发现问题，分析差异产生的原因，从而采取措施，挖掘潜力，降低耗费，加强对产品成本的事中控制。

(2) 产品成本计算采用定额法，由于有现成的定额成本资料，故有利于合理、简便地解决完工产品和月末在产品之间的费用分配问题。

(3) 通过核算脱离定额差异和定额变动差异，有利于提高成本核算和定额管理工作的水平，便于进行产品成本的定期分析，有利于进一步挖掘降低成本的潜力。

定额法的缺点主要表现在以下两个方面：

(1) 成本计算的工作量较大。在定额法下，由于要制定定额成本，而且要单独计算脱离定额的差异，在定额变动时还要相应调整修订定额成本，计算定额变动差异，因此，加大了成本计算的工作量。当然，会计电算化的应用将有助于这一问题的解决。

(2) 不利于实现对间接费用的日常控制。对间接制造费用，无法在其发生时就按产品反映出差异，往往只能在月末反映，即只能事后反映，而且对差异的揭示不够具体，不能有效解决对间接费用的日常控制问题。

定额法与生产类型没有直接关系。企业的定额管理制度比较完善，定额管理基础工作比较好，产品生产已经定型，而且各项消耗定额比较准确和稳定的企业都可以采用定额法计算产品成本。一般来说，大量大批生产的机械制造企业比较适宜采用定额法计算产品成本。

三、产品定额成本的制定

采用定额法，必须事先制定单位产品的消耗定额、费用定额，并据以计算出产品的定额成本。制定产品定额成本的过程，也是对产品成本进行事先控制的过程。产品的消耗定额、费用定额，以及产品的定额成本，不仅是衡量生产耗费的尺度，进行事中监控的标准，而且是计算产品实际成本的基础，也是对成本进行事后分析和考核的依据。

（一）定额成本与计划成本

定额成本与计划成本都属于目标成本，都是以产品生产耗费的消耗定额和计划价格为依据确定的。将预计成本与目标管理方法相结合，就是目标成本管理。

计划成本是指以计划期内的平均消耗定额为依据计算的预计成本，表明计划期内应达到的平均成本水平，在计划期内通常是不变的。

定额成本是指以现行消耗定额计算的预计成本，其目的是要保证计划成本的完成，所以定额成本应随着生产技术的进步和劳动生产率的提高不断修订。在计划期内，企业应综合采取各种有力措施，有步骤地降低现行定额，力求达到计划中规定的成本水平。

为了便于分析和考核，定额成本的编制方法、成本项目的划分应该与计划成本、实际成本保持一致。但是，定额成本和计划成本一般不含有废品损失和停工损失。因此，实际发生的废品损失和停工损失，都会带来超过定额成本的差异。

（二）产品定额成本的制定

不同的企业由于产品的生产工艺过程不同，产品定额成本的计算程序不尽相同。产品定额成本可以从零件、部件到产品逐项制定、汇总定额成本，也可以直接按产品制定。产品的定额成本一般由企业的计划、技术、会计等部门共同制定。若产品的零、部件不多，一般可先计算零件定额成本，然后再汇总计算部件和产成品的定额成本。若产品的零、部件较多，为简化核算，可直接根据零件原材料消耗定额、工序计划和工时消耗定额以及原材料计划单价、计划人工费用率、制造费用率和其他费用率，计算部件定额成本，然后再汇总计算产成品的定额成本或者直接根据零、部件的定额卡计算产成品的定额成本。

需要指出的是，为了便于进行成本分析和考核，定额成本包括的成本项目和计算方法，应该与计划成本和实际成本包括的成本项目和计算方法保持一致。

在实际工作中，如果产品的零部件很多，定额成本制定和修订的工作量就会很大，降低消耗定额又会遇到一些阻力，但若不能及时修订定额成本，会导致定额成本脱离实际，无法发挥其应有的作用。这些问题可以通过加强学习、转变管理理念、提高竞争意识、采用现代化的管理手段等加以解决。

任务二 定额法中各类差异的计算

定额法下为有效发挥成本管理的功能，计算和控制产品成本，必须揭示三类差异：脱离定额差异、材料成本差异、定额变动差异。

一、脱离定额差异的计算

计算脱离定额的差异是定额法的核心。脱离定额差异是指实际生产费用与定额成本的差异,超支差为正值,节约差为负值。

制定定额成本的目的在于加强对生产耗费的日常控制,计算和汇总脱离定额的差异,及时分析差异产生的原因,分清责任,采取有效措施,降低生产耗费,控制产品成本。定额法下,发生的实际生产费用,按照符合现行定额的费用和脱离定额的差异,分别编制定额凭证及差异凭证。这两种凭证要分别在有关费用分配表和明细账中进行登记。为了在生产过程中有效控制成本,对差异凭证必须进行严格的审批。对产生的差异分别情况进行及时处理:对于实际消耗中存在的损失和浪费等问题应防微杜渐,以预防为主,以制裁为辅;对于定额脱离实际的,应根据实际情况调整、修订定额,使定额既先进又可行。

脱离定额差异是按照不同的成本项目分别进行核算的。

(一)原材料脱离定额差异的计算

在产品成本项目中,直接材料费用(包括自用半成品)通常在产品成本中占较大比例,所以是定额法控制的重点。而且,直接材料费用往往都是直接计入费用,因而就更有必要和可能计算脱离定额的差异,以便更好地加以控制。原材料脱离定额差异的计算可以采用限额领料法、整批分割核算法和定期盘存法。

1. 限额领料法

限额领料法也叫差异凭证法。在限额领料法下,车间向仓库领用材料,采用限额领料制度。在限额内领料,使用限额领料单。增加产量需要增加用料的,必须办理追加限额手续。超出限额领料,全部作为脱离定额的超支差异,要填制专用凭证作为差异凭证。如果领用代用材料,应该按照技术部门所测定的系数,折算成相当于原规定材料的数量,以便确定脱离定额的差异。退料单、限额领料单中的原材料余额则反映了脱离定额的节约差异。

采用限额领料法对控制用料、促进节约用料有重要作用。但必须注意的是,上述差异凭证反映的往往是领料差异,不一定是材料耗用差异,不能完全控制用料。此外,由于实际投产的数量不一定是限额领料单所列的投产量,所以限额领料单上规定的领料限额不一定就是原材料的定额耗用量。限额领料单上登记的实际领料数量也不一定就是原材料的实际耗用量,是由于车间内期初、期末可能有已领未用的材料余额,而且两者数量往往不等。所以,采用限额领料法应该注意及时根据车间实际投产量调整领料限额,期末要及时办理退料或假退料手续,产品的投产数量不应少于计划规定的数量,还要注意车间余料的数量。

2. 整批分割核算法

为了核算用料差异,更好地控制用料,对于经过切割才能使用的材料,除了采用限额领料法外,还应采用整批分割核算法。材料进行切割时,可以使用按切割材料批别开设的“材料切割计算单”,单中填明发交切割材料的种类、数量、消耗定额和应切割成的毛坯数量;切割完毕,再填写实际切割成的毛坯数量和材料的实际消耗量。根据实际切割成的毛坯数量和消耗定额,即可求得材料的定额耗用量,再与实际耗用量相比较,即可求得用料脱离定额的差异。材料的定额耗用量和脱离定额的差异,也应填入材料切割计算单中,并注明差异产生的原因。

采用材料切割计算单进行材料切割的核算,可以及时反映材料的耗用情况和发生差异的具体原因,加强对材料耗用的控制。材料切割计算单具体如表 13-1 所示。

表 13-1　材料切割计算单

材料编号或名称:18010　　材料计量单位:千克　　材料计划单价:7.30 元
产品名称:B　　零件编号或名称:9200　　图纸号:904
切割工人姓名:陈共　　机床编号:307
发交切割日期:201×.10.5　　完工日期:201×.10.31

发料数量			退回余料数量			材料实际消耗量		废料实际回收量	
278			6			272		9.6	
单件消耗定额		单件收回废料定额		应割成的毛坯数量		实际割成毛坯数量	材料定额消耗量		废料定额回收量
7		0.2		38		35	245		7
材料脱离定额差异			废料脱离定额差异			脱离定额差异原因		责任者	
数量	单价	金额	数量	单位	金额	未按设计图纸切割,因而增加了边料,减少了毛坯		张月	
+27	7.3	197.1	−2.6	0.40	−1.04				

3. 定期盘存法

在不能按照批别采用整批分割核算法核算原材料脱离定额差异的情况下,为了更好地控制用料,除了采用限额领料法外,还应采用定期盘存法按期核算用料差异。其计算程序如下:

(1) 根据产量凭证和在产品盘存单计算本期产品实际投产数量,再乘以材料消耗定额计算出材料定额消耗量。

本期产品投产数量=本期完工产品数量+期末在产品数量−期初在产品数量

如果原材料不是在生产开始时一次性投料,而是随着生产进度逐步投入,则还要按照材料消耗定额计算期初、期末在产品的约当产量,代替上述公式中的期初、期末在产品数量。

(2) 根据限额领料单、超额领料单、退料单和车间材料盘存单计算材料实际耗用量。

(3) 将本期投产数量的实际消耗量与定额消耗量进行对比,以确定原材料脱离定额差异。

限额领料单一般是一个月使用有效,因其规定的限额一般为一个月的产量所应消耗的材料数量。为了及时核算用料脱离定额的差异,有效控制用料,使差异的反映能更好地发挥日常控制成本的作用,定期盘存间隔的时间愈短愈好,应尽量按工作班、工作日或周进行,愈短差异的反映就愈及时;同时盘存划分的范围愈小(如班组),差异的责任就愈明确。除了需要经过切割才能使用的材料,大部分原材料应采用定期盘存法核算和控制用料差异。

4. 原材料定额费用和脱离定额差异汇总表的编制

采用上述各种方法所确定的原材料脱离定额差异,是原材料实际消耗量和定额耗用量的差异与原材料计划单价的乘积,就是按原材料计划单价反映的原材料脱离定额的数量差异,它不包括原材料的价格差异或原材料成本差异。

原材料脱离定额差异=(原材料实际耗用量−原材料定额耗用量)×原材料计划单价

无论采用上述何种方法核算原材料定额耗用量和脱离定额差异,都应定期或分批根据上述有关核算资料,按产品成本计算对象汇总编制原材料定额费用和脱离定额差异汇总表。表中分别填列各批或各种产品所耗各种原材料的定额耗用量、定额费用和脱离定额的差异,并分析差异产生的原因,据以登记产品生产成本明细账中“直接材料”项目的有关专栏,及时采取措施挖掘控制成本的潜力。

【例 1】 沙洲厂生产甲产品,列示其 6 月份“原材料定额费用和脱离定额差异汇总表”,如表

13-2 所示。

表 13-2　原材料定额费用和脱离定额差异汇总表

产品名称:甲产品　　201×年 6 月　　金额单位:元

原材料品种	计量单位	计划单价	计划价格费用		定额费用		脱离定额差异		差异原因
			实际耗用量	金额	定额耗用量	金额	耗用量	金额	
A 材料	千克	20	550	11 000	600	12 000	－50	－1 000	(略)
B 材料	千克	10	380	3 800	350	3 500	＋30	＋300	(略)
合计				14 800		15 500		－700	

此外,燃料和动力、自制半成品的计算确定定额消耗量、定额费用和脱离定额差异的方法,与原材料的基本相同,可以比照上述方法进行计算。

(二) 生产工时和生产工人工资脱离定额差异的计算

生产工人工资脱离定额差异的计算,因工资形式的不同而不同。在计件工资形式下,生产工人工资属于直接计入费用,按照计件工资单价支付的工资属于工资定额成本,应该反映在产量记录中,脱离定额差异的计算与原材料项目类似,在计件工资以外所支付的奖金、津贴等都属于工资的定额差异,通常在专设的补付单等差异凭证中反映。工资差异凭证也应填明原因并经过审批。

在计时工资形式下,生产工人工资属于间接计入费用,其脱离定额的差异只能在月末实际生产工人工资总额确定后计算。计算公式如下:

某产品工资脱离定额差异＝该产品实际工资－该产品定额工资

某产品实际生产工资＝该产品实际生产工时×实际小时工资率

某产品定额生产工资＝该产品实际产量的定额工时×计划小时工资率

上述公式中计划、实际小时工资率的计算如下:

计划小时工资率＝某车间计划产量的定额生产工人工资总额÷该车间计划产量的定额生产工时总数

实际小时工资率＝某车间实际生产工人工资总额÷该车间实际生产工时总数

在计时工资形式下,对产品工资费用的日常控制,主要通过揭示工时脱离定额差异的方法有效地监督生产工时的利用情况和工时消耗定额的执行情况并及时进行控制。因此在日常核算中,应按照产品计算定额工时、实际工时和工时脱离定额的差异,并且及时分析差异产生的原因。

无论采用哪种工资形式,都要按照产品成本计算对象汇总编制工资定额成本与脱离定额差异汇总表。表中汇总反映各种产品的定额工时和工资、实际工时和工资、脱离定额的差异,以及差异产生的原因等,以便进行考核和分析,并据以计算产品的工资费用、登记产品生产成本明细账的有关专栏。

(三) 制造费用脱离定额差异的计算

制造费用属于间接计入费用,通常难以做到在生产过程中直接按产品及时反映其脱离定额的差异,一般只能根据月份的费用计划,按照费用发生的地点和项目计算脱离计划的差异。制造费用的构成内容比较复杂,对于其中的材料费用可比照前面原材料费用脱离定额差异的限额领料法控制,对于能实行单项控制的项目,如领用工具、办公用品、劳保用品等,可以分项制定限额加以控制,其余项目则只能通过定期将实际费用与费用预算相比较进行分析与考核。

各种产品的定额制造费用和脱离定额的差异可在月末时比照计时工资的计算方法确定,也可以根据制造费用实际发生额,按照定额工时比例在有关产品之间分配,在完工产品与在产品之间分配。

至此可得到产品实际成本的计算公式如下:

产品实际成本=产品定额成本+脱离定额差异

二、材料成本差异的计算

采用定额成本法计算产品成本时,原材料的日常核算都是按计划成本进行的。原材料的定额费用和脱离定额的差异都是按计划成本计算的。因此,在月末计算产品的实际原材料费用时,还必须计算材料成本差异。

某产品原材料实际成本=该产品原材料定额成本+原材料脱离定额差异+应分配的材料成本差异

某产品应分配的材料成本差异=(该产品材料的定额费用+材料脱离定额的差异)×材料成本差异率

【例 2】 根据表 13-2,若该厂 6 月份 A 材料、B 材料的成本差异率分别为 1%、5%,则

甲产品应分配的材料成本差异=(12 000-1 000)元×1%+(3 500+300)元×5%=300 元

这时可得到产品实际成本的计算公式如下:

产品实际成本=产品定额成本+脱离定额差异+材料成本差异

三、定额变动差异的计算

定额变动差异是指由于修订消耗定额而产生的,按修订后定额计算的定额成本与按原定额计算的定额成本之差额。它是定额本身变动的结果,故简称定额变动。

定额成本的修订一般在月初、季初或年初进行。定额成本修订当月投产产品的定额成本,以新定额计算,但月初在产品的定额成本并未修订,仍按旧定额计算。为了统一在新定额的基础上汇总定额成本,便于计算完工产品成本,需要对月初按旧定额计算的定额成本按照新定额进行调整。调整后的定额成本与原定额成本的差额即为定额变动差异,当定额成本降低时用正数表示,定额成本提高时用负数表示。

定额变动的计算要按照不同成本项目分别进行,其计算公式如下:

月初在产品定额变动差异=(旧定额-新定额)×月初在产品中定额变动的零部件数量

【例 3】 沙洲厂 6 月初甲产品的在产品中有 A、B 零件各 200 个,其中,A 零件从 8 月初起定额从 30 元调整为 26 元,月初在产品定额变动可以计算如下:

月初在产品定额变动差异=(30-26)×200 元=800 元

在零部件成套生产或零部件生产的成套性较大的情况下定额变动适宜采用以下公式计算:

月初在产品定额变动差异=按旧定额计算的月初在产品费用×(1-定额变动系数)

定额变动系数=按新定额计算的单位产品费用÷按旧定额计算的单位产品费用

【例 4】 甲产品由于 A 零件修订了原材料消耗定额,产品单件原材料费用定额由原来的 100 元降到 96 元。假定甲产品 6 月初在产品费用 10 000 元。甲在产品的原材料定额变动计算如下:

甲产品定额变动系数＝96÷100＝0.96

甲产品月初在产品定额变动差异＝10 000 元×(1－0.96)＝400 元

这时可得到产品实际成本的计算公式如下：

产品实际成本＝产品定额成本＋脱离定额差异＋材料成本差异＋月初在产品定额变动差异

任务三　定额法成本计算程序及其应用

一、定额法产品成本的计算程序

企业按照定额法计算产品成本，其一般程序如下：

(1) 制定各项消耗定额，做好定额核算的基础工作；

(2) 按产品成本计算对象设置生产成本明细账，设置“定额成本”“脱离定额差异”“材料成本差异”“定额变动差异”等专栏；

(3) 在定额成本修订的月份，调整月初在产品的定额成本，计算并登记定额变动差异；

(4) 分别成本项目，按定额成本和脱离定额的差异分项汇总本月发生的生产费用，计算定额成本、脱离定额差异、材料成本差异。根据费用分配表的有关凭证，登记本月发生的定额成本、脱离定额差异和材料成本差异。

(5) 计算各项成本差异的分配率，将其在完工产品和月末在产品之间分配。

在定额法下，由于有现成的定额成本资料，各种差异可以按照当月完工产品定额成本和月末在产品定额成本的比例分配。如果差异金额较小，也可以完全由产成品成本负担，月末在产品按照定额成本计价。但是，如果产品生产周期小于一个月，则定额变动不论金额大小，都应由产成品成本负担。

(6) 在各月产成品定额成本的基础上加上各项差异，调整计算出产成品的实际成本。

产成品实际成本＝产成品定额成本＋脱离定额差异＋材料成本差异＋定额变动差异

二、定额法产品成本计算应用举例

【例 5】 某企业生产甲产品，不分步计算产品成本。月初在产品定额成本中，直接材料为 10 000 元，直接人工为 1 000 元，制造费用为 2 520 元。月初在产品定额降低 500 元。月初在产品材料成本差异为－500 元，本月发生材料成本超支差 280 元。月初在产品脱离定额差异为 333.60 元，本月发生脱离定额差异，该企业对脱离定额差异按产成品与月末在产品的定额成本比例进行分配，材料成本差异、定额变动差异、废品损失都由产成品成本负担。甲产品按照定额法编制的 201×年 4 月份生产成本明细账见表 13-3。

表 13-3 中“月初在产品定额变动”专栏，可编制定额变动差异计算表并据以登记。当定额降低时，“定额成本调整”栏用负数填列，即调减按旧定额计算的月初在产品定额成本；“定额变动差异”栏用正数填列；当定额提高时，做相反处理。“定额成本调整”“定额变动差异”两栏的数额相等，但正负方向总是相反的。因为修订定额并不会改变已经发生的成本总额。在登记“生产费用累计”专栏的“定额成本”栏时，应根据月初在产品的定额成本、定额成本调整和本月生产费

用中的定额成本之代数和进行登记。

表 13-3 中“本月产成品成本”专栏中的“定额成本”栏，应根据甲产品的单位定额成本计算表和经验收的产成品入库单所填列的产成品数量计算登记。假定甲产品工时定额为 3.6 小时，每小时的直接人工定额为 5 元，制造费用定额为 12.50 元。8 月初新修订的原材料费用定额为 95 元。甲产品 4 月份完工验收的数量为 1 000 件。

表 13-3　甲产品生产成本明细账

产量:1 000 件　　201×年 4 月　　单位:元

成本项目		直接材料	直接人工	制造费用	废品损失	合计
月初在产品成本	定额成本	10 000	1 000	2 520		13 520
	脱离定额差异	412.20	+32	+90		534.20
	材料成本差异	−500				−500
月初在产品定额变动	定额成本调整	−500				−500
	定额变动差异	+500				+500
本月生产费用	定额成本	191 140	36 080	90 000		317 220
	脱离定额差异	−4 425	+338.08	+1 760.40	+360	−1 966.52
	材料成本差异	+280				+280
生产费用累计	定额成本	200 640	37 008	92 520		330 168
	脱离定额差异	−4 012.8	+370.08	+1 850.40	+360	−1432.32
	材料成本差异	−220				−220
	定额变动差异	+500				+500
分配率	脱离定额差异	−2%	+1%	+2%		—
本月产成品成本	定额成本	95 000	18 000	45 000		158 000
	脱离定额差异	−1 900	+180	+900	+360	−460
	材料成本差异	−220				−220
	定额变动差异	+500				+500
	实际成本	93 380	18 180	45 900	+360	157 820
月末在产品成本	定额成本	105 640	19 008	47 520		172 168
	脱离定额差异	−2 112.80	+190.08	+950.40		−972.32

该月产成品的定额成本计算如下：

直接材料定额成本＝95×1 000 元＝95 000 元

直接人工定额成本＝5×3.6×1 000 元＝18 000 元

制造费用定额成本＝12.50×3.6×1 000 元＝45 000 元

产成品定额成本＝(95 000＋18 000＋45 000)元＝158 000 元

表 13-3 中“月末在产品成本”专栏中的“定额成本”栏，可以根据期末盘存或账面结存的产品各工序在产品数量，以及各项费用定额、工时定额计算登记；也可从生产费用累计数的定额成本

中减去本月产成品定额成本，倒挤出月末在产品定额成本。

表 13-3 中甲产成品的定额成本为 95 000 元，实际成本为 93 380 元。成本节约 1 620 元，是由以下各种成本差异构成：脱离定额节约差异 1 900 元，说明生产车间成本管理较好；定额变动超支差异 500 元，系月初修订调低定额所致，这说明车间以前成本控制有效；材料成本节约差异 220 元，属车间耗用材料的价差，这说明材料供应部门的工作成果显著。具体的成本分析还应分别各成本项目分别进行。

【项目总结】

定额法是以定额成本为目标成本，及时反映和监督生产费用脱离定额的差异，加强成本控制，并根据定额成本、定额差异以及定额变动计算产品实际成本的一种成本管理和成本计算方法。制定产品的定额成本，是对产品成本进行事先控制。必须事先制定单位产品的消耗定额、费用定额，并据以计算产品的定额成本。

定额法下计算和控制产品成本，需要反映三类差异：脱离定额差异、材料成本差异、定额变动差异。脱离定额差异是实际生产费用与定额成本的差异，超支、节约分别表现为正、负差异。原材料的日常核算一般按计划成本进行。不仅仅以计划单价反映消耗数量上的差异，而且要考虑价格因素，这就需要计算材料成本差异。定额变动差异是指由于修订消耗定额而引起的，按修订后定额计算的定额成本与按原定额计算的定额成本之差额。它是定额本身变动的结果。

定额法下，产品实际成本计算的一般步骤包括：

(1) 制定各项消耗定额，做好定额核算的基础工作。

(2) 按产品成本计算对象设置生产成本明细账，设置“定额成本”“脱离定额差异”“定额变动差异”等专栏。

(3) 在定额成本修订的当月，应该调整月初在产品的定额成本，计算并登记定额变动差异。

(4) 分别成本项目，按定额成本和定额差异分项汇总本月发生的生产费用，计算定额成本、材料成本差异、脱离定额差异。根据费用分配表的有关凭证，登记本月发生的定额成本、脱离定额差异和材料成本差异。

(5) 计算各项成本差异的分配率，将其在完工产品和月末在产品之间分配。

(6) 将本月产成品的定额成本加上或者减去各项差异，调整计算出产成品的实际成本。

产成品实际成本＝产成品定额成本＋脱离定额差异＋材料成本差异＋定额变动差异

定额法的主要优点：能够在生产过程中揭示脱离定额差异，有利于及时分析差异产生的原因；有利于合理、简便地解决大量大批装配式复杂生产条件下的在产品计价问题；通过核算脱离定额差异和定额变动差异，有利于提高成本核算和定额管理工作的水平。定额法的缺点：成本计算的工作量较大；不利于实现对间接费用的日常控制。

定额法适用于产品生产已经定型，企业的定额管理制度比较完善，定额管理工作基础较好的企业。

1. 简述定额法的优缺点。
2. 简述定额变动差异、材料成本差异、脱离定额差异的区别。

3. 简述采用定额法计算产品成本的程序。

【项目测试】

一、判断题

1. 定额法仅是一种产品成本计算方法，无法发挥管理作用。（　）

2. 无论哪种类型的生产，都可以采用定额法计算产品成本。（　）

3. 计划成本是以平均消耗定额为依据计算的产品成本。（　）

4. 定额法下产品实际成本是在产品定额成本的基础上加脱离定额差异、原材料成本差异、月初在产品定额成本调整数计算而来的。（　）

5. 产品定额成本和计划成本是相同的概念。（　）

6. 用料脱离定额差异是由领料差异造成的。（　）

7. 定额法下退料单中的原材料余额反映了原材料脱离定额的节约差异。（　）

8. 原材料脱离定额的差异，是按实际产量的计划成本反映的数量差异。（　）

9. 若定额下降，月初在产品定额变动差异为正数。（　）

10. 修订定额的过程，也是进行成本事后控制的过程。（　）

二、单项选择题

1. 定额法下的月初定额变动差异，与（　）数量有关。

A. 本月投产　　B. 本月初投产

C. 月初在产品　　D. 本月完工

2. 产品成本计算的定额法，在适用范围上（　）。

A. 不适用于大量大批生产的机械制造业　　B. 与生产的类型有直接关系

C. 只适用于大量大批生产的机械制造业　　D. 与生产的类型没有直接关系

3. 属于计算原材料定额消耗量依据的是（　）。

A. 本期完工产品数量　　B. 本期投产产品数量

C. 期初在产品数量加本期投产产品数量　　D. 本期完工产品数量加期末在产品数量

4. 某产品原材料定额费用为 12 000 元，原材料脱离定额差异为 −2 000 元，材料成本差异率为 −1%，该产品应分配的原材料成本差异为（　）。

A. −100 元　　B. −80 元

C. 20 元　　D. −120 元

5. 定额法下若消耗定额下降，月初在产品的定额成本调整数和定额变动差异数，（　）。

A. 两者都是负数　　B. 前者是正数，后者是负数

C. 两者都是正数　　D. 前者是负数，后者是正数

6. 定额法下，定额变动系数的计算方法是（　）。

A. 按新定额计算的单位产品费用÷按旧定额计算的单位产品费用

B. 单位产品新旧定额的差额÷按旧定额计算的单位产品费用

C. 单位产品新旧定额的差额÷按新定额计算的单位产品费用

D. 按旧定额计算的单位产品费用÷按新定额计算的单位产品费用

7. 产品成本计算定额法的特点是(　　)。

A. 对产品成本进行事前、事中、事后控制

B. 在定额成本的基础上加减各种成本差异,计算产品的实际成本

C. 对成本差异进行日常核算、分析和控制

D. 不仅是一种成本计算方法,也是一种成本管理方法

8. 定额成本是按(　　)制定的成本。

A. 标准消耗定额　　B. 现行消耗定额

C. 计划期平均消耗定额　　D. 实际消耗定额

9. 定额法下若月初在产品定额变动差异是正数,说明(　　)。

A. 上月实际发生的生产费用超支　　B. 定额下降了

C. 上月实际发生的生产费用节约　　D. 定额提高了

10. 原材料脱离定额差异,是(　　)。

A. 混合差异　　B. 数量差异

C. 价格差异　　D. 定额变动差异

三、多项选择题

1. 定额法的优点有(　　)。

A. 能较简便地解决在产品计价问题　　B. 利于加强对成本的日常控制

C. 有助于提高企业的定额管理水平　　D. 便于对产品成本进行定期分析

2. 产品定额成本和计划成本的相同之处有(　　)。

A. 均以相同的消耗定额为依据计算　　B. 制定过程均为成本事前控制过程

C. 均以相同的计划价格为依据计算　　D. 均在计划期内保持不变

3. 下列方法中,属于原材料脱离定额差异计算方法的是(　　)。

A. 切割核算法　　B. 差额计算分析法

C. 限额领料法　　D. 盘存法

E. 实际成本法

4. 在(　　)情况下,采用限额领料法时某种产品实际领料金额小于限额领料金额的差异即为该种材料脱离定额的差异。

A. 实际投产数量小于规定的产品数量　　B. 车间期初、期末均无余料

C. 实际投产数量等于规定的产品数量　　D. 车间期初、期末余料数量相等

5. 运用定额法计算产品成本应具备的条件是(　　)。

A. 各月末在产品数量变化较大　　B. 定额管理的基础工作较好

C. 各项消耗定额比较准确、稳定　　D. 定额较高

四、业务题

沙洲公司生产甲产品,各项消耗定额比较准确,201×年3月生产资料和定额资料如下:

月初在产品30件,本月投产甲产品140件,本月完工150件,月末在产品20件,月末在产品完工程度为50%,材料在生产开始时一次投入,单位产品直接材料消耗定额由2月的4.4千克降为4千克,工时定额3小时,计划小时工资率3元,计划制造费用率为4元,材料计划单位成本

为 5 元，材料成本差异率为－2％。

月初生产费用资料如表 13-4 所示。

表 13-4　月初生产费用资料

项目	直接材料	直接人工	制造费用
本月在产品定额成本			
偏离定额差异	－9	5	6

月末生产费用资料如表 13-5 所示。

表 13-5　月末生产费用资料

项目	直接材料	直接人工	制造费用
本月在产品定额成本			
偏离定额差异	30	10	12

要求：填写成本计算单。

项目十四

成本报表的编制和分析

【知识目标】

- 了解成本报表的意义、特点；
- 熟悉成本报表的作用、种类；
- 掌握成本报表的编制、分析方法。

【管理能力】

- 能根据成本报表的特点编制各类成本报表；
- 能运用报表分析方法对报表数据进行分析、整理。

【案例导入】

某软件开发公司的“成本报表分析”将重点指标费用分为材料费、人工费和可控部门管理费。公司规定：成本指标盈亏值为负数，则说明目前阶段成本费用超支。如果费用超支在15%以内，表示仍处于受控状态，但要给予警示并及时查明原因，防止超支进一步扩大，防患于未然；如果费用超支达到15%及以上，在给予警示的同时，必须及时查明在哪个环节出现问题，并采取相应措施及时解决，以降低成本。甲软件开发费在201×年10月初下达的成本控制计划费用为1 000万元(据公司近3年同类软件产品的成本会计报表数据获得)，并详细分解为材料费用200万元，人工费用600万元，部门管理费用200万元，201×年10月底，该软件实际完成90%，实际列支的管理费用为40万元，此时指标盈亏值为：1 000万元×90%－(600×90%＋200×90%＋160)万元＝20万元。试分析说明车间管理费用目前是否处于可控状态？如何进一步从成本报表上分析结果？

导　语

成本报表是根据企业产品成本和经营管理费用的日常核算资料及其他有关资料编制，用以反映企业一定时期产品成本和经营管理费用的水平及其构成情况的报告文件。编制和分析成本报表，是成本会计的一项重要内容。

任务一　成本报表概述

一、成本报表的意义

成本是反映企业各项工作质量的综合性指标。企业劳动生产率的高低、产品产量的多少、产品质量的优劣、资源消耗的节约与浪费、固定资产利用程度的变化、生产经营管理水平的高低，以及企业外部环境和因素的影响，都会直接或间接地通过成本表现出来。

(1) 编制成本报表，可以加强成本管理工作。

随着企业经营机制的转换和市场弱化对企业成本直接考核的同时，企业应当强化本身的成本责任，加强企业内部的成本管理工作。为了反映、监督、考核和分析企业生产费用预算和产品成本计划的执行情况及其结果，使日常成本核算取得的各种资料得到充分有效的利用，企业必须定期或不定期地编制成本报表。

(2) 编制成本报表，便于管理者了解企业成本管理的现状和发展趋势。

企业领导和投资者可以通过成本报表中所反映的内容与其他方面的信息联系起来综合加以分析，为企业经营决策提供及时、准确、有效的依据，并使决策更加科学、合理。

(3) 编制成本报表，了解企业各项费用预算和成本计划的执行情况。

通过成本报表中所反映的各成本项目变动的趋势和成本降低任务的完成动态等资料，可以及时发现经营管理工作中存在的问题，以便采取有效的改进措施；企业职工可以了解本人完成成本的业绩、经验和差距，并能掌握整个企业成本计划的执行情况，以便监督企业的各项经济活动。

二、成本报表的特点

成本报表属于内部报表，与对外报告的财务会计报表相比，具有其自身的独特之处：

(1) 成本报表是服务于企业内部经营管理目的的报表，一般不受外界因素的影响。报表的种类、格式、编制时间、报送程序、报送范围，都由企业根据需要自行规定，并且随着生产条件的变化和管理要求的提高，可以随时修改和调整，因而具有较大的灵活性和多样性。

(2) 成本报表是以企业特定的生产环境为背景的，对成本的反映和控制紧密联系着其生产工艺与生产组织的特点及企业对成本管理的要求，因此，不同企业的成本报表之间会存在紧密联系。

(3) 成本报表是会计核算资料与技术经济资料相结合的产物，其信息具有综合性与全面性的特点。如对材料成本，既要从价格上反映，又要从消耗量上反映。因此，对成本报表不仅要设置货币指标，在反映成本消耗的指标上还要采取多种形式，容纳多方面的信息。成本报表需要同时满足会计部门、各级生产部门和各职能部门对成本管理的需要，不仅要提供满足事后分析的资料，还应提供事前计划、事中控制所需要的大量信息。

(4) 成本报表具有及时与灵敏的特点。由于成本报表编制的时间灵活，有日报、旬报、月报等，从而能为企业日常的成本控制提供及时有用的资料。

三、成本报表的作用

正确、及时地编报成本报表，对加强企业成本管理工作、节约生产费用支出和降低产品成本都具有重要作用。

（1）分析、考核企业成本费用计划的完成情况。企业和主管企业的上级机构（或公司）利用成本报表，可以分析、考核企业成本费用计划的完成情况，评价企业工作质量，促使企业降低成本、节约费用，从而提高经济效益，增加国家的财政收入。

（2）通过对成本报表的分析，可以提示成本差异对产品成本升降的影响以及发现产生差异的原因，查明经济责任，并有针对性地采取措施，进一步提高企业生产、技术和经营管理的水平，挖掘节约费用支出和降低产品成本的潜力，提高企业的经济效益。

（3）成本报表所提供的实际成本、费用资料，不仅可以满足企业加强日常成本、费用控制的需要，而且是企业进行成本、费用和利润的预测，制定有关的生产经营决策，编制成本、费用和利润计划，确定产品价格等的重要依据。

四、成本报表的种类

成本报表属于内部报表，其编制的目的主要是满足企业内部经营管理的需要，不对外报送或公布。因此，关于成本报表的种类、项目、格式和编制方法、编报日期、具体报送对象，国家都不作统一规定，由企业自行确定。

1. 按反映的内容分类

成本报表按其所反映的内容分类，可分为反映产品成本情况的报表和反映各种费用支出情况的报表两类。

反映产品成本情况的报表侧重于提示企业在一定时期为生产一定种类和数量的产品所花费的成本水平及其构成情况，并与计划成本、上年实际成本、历史最高水平成本以及同行业先进水平成本相比较。通过比较分析，找出差距，明确薄弱环节，进一步采取有效措施，为挖掘降低产品成本的内部潜力提供有效的数据资料。属于此类报表的有产品生产成本表、主要产品单位成本表等。

反映各种费用支出情况的报表侧重于提示企业在一定时期内各种费用支出总额及其构成情况，并与费用预算、上年实际费用进行比较，通过比较分析，了解各种费用支出的合理性，以及变动情况及变动趋势，便于企业和主管部门正确制定费用预算，控制费用支出，考核费用支出的合理性，明确有关部门和人员的经济责任，防止随意扩大费用开支范围。属于此类报表的有制造费用明细表、营业费用明细表、管理费用明细表、财务费用明细表等。

2. 按编报的时间分类

成本报表按其编报的时间可分为定期编报的成本报表和不定期编报的成本报表两类。

定期编报的成本报表根据管理上的要求一般又可以分为月报、季报、年报，其主要目的是定期反映一定时期的成本水平及其构成情况，以满足企业定期考核、分析成本计划完成情况的需要。此外，为了满足企业内部管理的特殊需要，也可以按旬、按周、按日，甚至按工作班组编报，其目的在于及时提供成本核算数据资料，服务于企业生产经营的全过程，充分发挥成本核算及时指导生产的作用，满足日常成本管理的需要。

不定期编报的成本报表是企业为了满足临时的、特殊的需要而向有关部门和人员编报的成本报表。如企业为了将成本管理与技术管理相结合，分析企业产品成本升降的具体原因，进一步寻求降低成本的途径和方法，而将成本指标与技术经济指标结合起来，不定期地向有关部门和人员编制的技术经济指标变动对产品成本影响情况的报表等。不定期报表可以及时反映和反馈成本信息，提示存在的问题，促使有关部门和人员及时采取措施，改进工作，提高效率，控制费用的发生，达到节约费用支出、降低成本的目的。

五、成本报表的编制要求

为了充分发挥成本报表的作用，企业编制的成本报表必须数字真实、内容完整、编报及时。

(1) 数字真实。成本报表，作为提供企业一定时期成本资料的主要载体，如果其数据失真，就无法发挥成本报表的作用。因此，编制成本报表之前，必须做好各项基础工作。一方面，应将该确认入账的费用登记入账，既不可推迟确认已发生的费用，也不可提前确认尚未发生的费用；另一方面，应结合本企业自身的特点和具体情况，选择采用适当的方法确定各项资产的转移价值，选择适当的成本计算方法正确计算产品成本。同时，还要进行账账核对、账实核对，以确保成本报表数据来源的客观性、真实性。

(2) 内容完整。成本报表的内容完整包括两个方面的含义：一方面，成本报表作为一个报表体系，其完整性主要体现在有关报表之间客观存在的内在联系上；另一方面，每一张具体的成本报表，表内诸项目之间也存在一定的内在联系，而且必要的补充资料作为对表内项目的说明，也体现了成本报表内容完整性的要求。所以，编制成本报表时，应注意不要漏项、漏表。

(3) 编报及时。成本报表中的实际数据，是已经发生的成本数据。及时地提供这些反映企业已经发生了的实际成本费用信息，无疑有助于成本预测、决策；有助于考核成本计划或成本目标的完成情况；有助于适时地进行成本控制与分析。所以，成本报表的及时性是编制成本报表的一项基本要求。

任务二　成本报表的编制

一、产品生产成本表的编制

产品生产成本表是反映工业企业在报告期内生产的全部产品的总成本的报表。该表一般分为两种，一种按成本项目反映，另一种按产品种类反映。

(一) 产品生产成本表(按成本项目反映)的编制

1. 产品生产成本表(按成本项目反映)的概念和作用

产品生产成本表(按成本项目反映)是按成本项目汇总反映工业企业在报告期内发生的全部生产费用以及产品生产成本合计数的报表。此表的作用有如下几点：

(1) 可以反映报告期内全部产品生产费用的支出情况和各种费用的构成情况，并据以进行生产费用支出的一般评价。

(2) 将 12 月份该表本年累计实际生产费用与本年计划和上年实际生产费用相比较，可以考核和分析年度生产费用计划的执行结果以及本年生产费用比上年的升降情况。

(3) 将表中各期产品生产成本合计数与各该期的产值、销售收入或利润进行对比，可以计算成本产值率、成本销售收入率或成本利润率，还可以考核和分析该期的经济效益。

(4) 将 12 月份该表本年累计实际产品生产成本与本年计划数和上年实际数相比较，还可以考核和分析年度产品生产总成本计划的执行结果，以及本年产品生产总成本比上年的升降情况，并据以分析影响产品的各项因素。

2. 产品生产成本表(按成本项目反映)的结构和编制方法

1) 产品生产成本表(按成本项目反映)的结构

此表一般可以分为生产费用和产品成本两部分。表中生产费用部分按照成本项目反映报告期内发生的各种生产费用及其合计数；产品成本部分是在生产费用合计数的基础上，加在产品和自制半成品的期初余额，减去在产品和自制半成品的期末余额，计算出产品生产成本的合计数。这两部分可按上年实际数、本年计划数、本月实际数和本年累计实际数设专栏反映。

2) 产品生产成本表(按成本项目反映)的编制方法

此表的填列方法如下：

(1) 上年实际数：根据上年度 12 月份本表的本年累计实际数填列。

(2) 本年计划数：根据年初本年成本项目计划数分别汇总填列。

(3) 本月实际数：根据各种产品成本明细账中本月生产费用合计数，按照成本项目分别汇总填列。

(4) 本年累计实际数：根据本月实际数，加上上月份本表的本年累计实际数计算填列。

(5) 期初、期末在产品、自制半成品的余额：根据各种产品成本明细账的期初、期末在产品成本和各种自制半成品明细账的期初、期末余额分别汇总填列。

(6) 产品生产成本合计数：根据表中的生产费用合计数，加、减在产品、自制半成品期初、期末余额求得。

现列示某工业企业 201×年 12 月份按成本项目反映的产品生产成本表，如表 14-1 所示。

表 14-1　产品生产成本表(按成本项目反映)

编制单位：　　　　201×年 12 月　　　　单位：元

项目	上年实际数	本年计划数	本月实际数	本年累计实际数
直接材料	45 367	43 890	5 012	44 225
直接人工	18 234	19 346	1 886	18 923
制造费用	33 765	29 602	3 890	30 012
生产费用合计	97 366	92 838	10 788	93 160
加：在产品、自制半成品期初余额	4 834	4 798	4 699	3 980
减：在产品、自制半成品期末余额	3 562	4 944	5 987	5 190
产品生产成本合计	98 638	92 692	9 500	91 950

(二) 产品生产成本表(按产品种类反映)的编制

1. 产品生产成本表(按产品种类反映)的概念和作用

此表是按产品种类汇总反映工业企业在报告期内生产的全部产品的单位成本和总成本的报表。此表的作用有如下几点：

(1) 便于分析和考核各种产品和全部产品本月和本年累计的成本计划的执行结果，对各种产品成本和全部产品成本的节约(或超支)情况做出评价。

(2) 便于分析和考核各种可比产品和全部可比产品本月和本年累计成本的变动趋势。

(3) 对于规定有可比产品成本降低计划的产品,可以分析和考核可比产品成本降低计划的执行情况,促使企业采取措施,不断降低产品成本。

(4) 便于了解各产品成本节约(或超支)数额的大小,为进一步进行产品单位成本分析指明方向。

2. 产品生产成本表(按产品种类反映)的结构和编制方法

1) 产品生产成本表(按产品种类反映)的结构

此表可以分为基本报表和补充资料两部分。基本报表部分横向可以分为实际产量、单位成本、本月总成本和本年累计总成本四个专栏,按照产品种类分别反映本月产量、本年累计产量以及上年实际成本、本年计划成本、本月实际成本和本年累计实际成本。纵向按可比产品和不可比产品分别反映其单位成本和总成本。可比产品是指上一年度正式生产过、具有上年成本资料的产品。对于可比产品,因需要同上年度实际成本进行比较,所以表中不仅要列示本期的计划成本和实际成本,而且还要列示按上年实际平均单位成本计算的总成本。不可比产品是指上一年度没有正式生产过、没有上年成本资料的产品。对于不可比产品,因没有上年的实际单位成本可比,所以只列示计划成本和实际成本。

补充资料部分反映企业可比产品成本降低额和降低率。

现列示上例企业 201×年 12 月份按产品种类反映的产品生产成本表,如表 14-2 所示。

表 14-2　产品生产成本表(按产品种类反映)

编制单位:　　　　201×年 12 月　　　　单位:元

按本年计划单位成本计算	计量单位	实际产量			单位成本				本月总成本			本年累计总成本		
		本月实际	本年计划	本年实际累计	上年实际平均	本年计划	本月实际	本年累计实际平均	按上年实际平均单位成本计算	按本年计划单位成本计算	本月实际	按上年实际平均单位成本计算	按本年计划单位成本计算	本年实际
可比产品成本合计									9 650	8 810	8 520	91 750	83 800	84 750
其中:														
甲产品	件	50	600	500	79	73	72	76	3 950	3 650	3 600	39 500	36 500	38 000
乙产品	件	60	400	550	95	86	82	85	5 700	5 160	4 920	52 250	47 300	46 750
不可比产品成本合计									0	980	980	0	7 000	7 200
其中:														
丙产品	件	28	200	200		35	35	36	0	980	980	0	7 000	7 200
全部产品成本合计									9 650	9 790	9 500	91 750	90 800	91 950

补充资料(本年累计):

可比产品成本降低额 7 000 元(91 750 元－84 750 元);

可比产品成本降低率7.63%。

2）产品生产成本表（按产品种类反映）的编制方法

此表的填列方法如下：

(1) 产品名称：应按照企业规定的主要商品产品的品种分期列示。

(2) 本月实际产量：根据相应的产品成本明细账填列。

(3) 本年累计实际产量：根据本月实际产量，加上上月的本年累计实际产量计算填列。

(4) 上年实际平均单位成本：根据上年度本表所列全年累计实际平均单位成本填列。

(5) 本年计划单位成本：根据本年度计划填列。

(6) 本月实际单位成本：根据表中本月实际总成本除以本月实际产量计算填列。如果在产品成本明细账或产成品成本汇总表中有现成的本月产品实际产量、总成本和单位成本，表中这些项目都可以根据产品成本明细账或产品成本汇总表填列。

(7) 本年累计实际平均单位成本：根据表中本年累计实际总成本除以本年累计实际产量计算填列。

(8) 按上年实际平均单位成本计算的本月总成本和本年累计总成本，应根据本月实际产量和本年累计实际产量，乘以上年实际平均单位成本计算填列。

(9) 按本年计划单位成本计算的本月总成本和本年累计总成本，应根据本月实际产量和本年累计实际产量，乘以本年计划单位成本计算填列。

(10) 本月实际总成本：根据产品成本明细账或产品成本汇总表填列。

(11) 本年累计实际总成本：根据产品成本明细账或产品成本汇总表本年各月产成本计算填列。企业如果有不合格品，应单列一行，并注明“不合格品”字样，不应与合格产品合并填列。

(12) 补充资料中，可比产品实际成本降低额和降低率，应根据下列公式计算后填列：

可比产品成本降低额＝可比产品按上年实际平均单位成本计算的本年累计总成本－可比产品本年累计实际总成本

可比产品成本降低率＝可比产品成本降低额÷可比产品按上年实际平均单位成本计算的本年累计总成本×100%

需要说明的是，在按产品种类反映的产品成本表中，对于主要产品，应按产品品种反映实际产量和单位成本，以及本月总成本和本年累计总成本；对于非主要产品，则可按照产品类别，汇总反映本月总成本和本年累计总成本。此外，为了满足重点管理的需要，可另行编制“主要产品生产成本及销售成本表”，其项目及填列方法与该表相比，增加了销售数量和销售成本栏，这里不再赘述。

二、主要产品单位成本表的编制

（一）主要产品单位成本表的概念和作用

主要产品单位成本表是反映工业企业在报告期内生产的各种主要产品单位成本构成情况的报表。此表应按主要产品分别编制，它是产品生产成本表（按产品种类反映）中某些主要产品成本的进一步反映。此表的作用如下：

(1) 可以按照成本项目考核主要产品单位成本计划的执行结果，分析各项单位成本节约或超支的原因。

(2) 可以按照成本项目将本月实际单位成本和本年累计实际平均单位成本与上年实际平均单位成本和历史先进水平进行对比，了解其与上年相比的情况，与历史先进水平是否还有差距，可以分析单位成本变化、发展的趋势。

(3) 可以分析和考核主要产品的主要技术经济指标的执行情况。主要产品单位成本表可以分为按成本项目反映的单位成本和主要技术经济指标两部分。其中单位成本部分还可以分别反映历史先进水平、上年实际平均、本年计划、本月实际和本年累计实际的单位成本;技术经济指标部分主要反映原料、主要材料、燃料和动力等的消耗数量。

(二) 主要产品单位成本表的编制方法

1. 主要产品单位成本表的格式

主要产品单位成本表的格式如表 14-3 所示。

表 14-3　主要产品单位成本表

编制单位:　　201×年 12 月　　单位:元

产品名称:甲产品　　产品销售单价:100

产品规格:　　本月实际产量:60

计量单位:件　　本年累计实际产量:500

成本项目	历史先进水平	上年实际平均	本年计划	本月实际	本年累计实际
直接材料	38	40	39	40	40
直接人工	23	27	23	25	22
制造费用	10	12	11	11	10
产品单位成本	71	79	73	76	72
主要技术经济指标	用量	用量	用量	用量	用量
1. A 材料					
2. B 材料					

2. 主要产品单位成本表的编制方法

此表的填列方法如下:

(1) 表头部分:产品销售单价应根据产品定价表填列;本月实际产量应根据产品成本明细账或产品成本汇总表填列;本年累计实际产量应根据上月本表的本年累计实际产量,加上本月实际产量计算填列。

(2) 历史先进水平单位成本:根据历史上该种产品成本最低年度本表的平均单位成本填列。

(3) 上年实际平均单位成本:根据上年度本表实际平均单位成本填列。表中所列产品如为不可比产品,则不填列上述历史先进水平和上年实际平均单位成本。

(4) 本年计划单位成本:根据本年度计划填列。

(5) 本月实际单位成本:根据该种产品成本明细账或产成品成本汇总表填列。

(6) 本年累计实际平均单位成本:根据该种产品成本明细账所记年初起至报告期末止完工入库总成本除以本年累计实际产量计算填列。

(7) 主要技术经济指标部分:根据企业或上级机构规定的指标名称和填列方法计算填列。

三、各种费用报表的编制

各种费用是指一定时期在生产经营过程中,各个车间、部门为进行产品生产和销售,以及组织和管理生产经营和筹集生产经营资金等所发生的制造费用、销售费用、管理费用和财务费用。

制造费用属于产品成本的组成部分,后三项属于期间费用。企业应定期编制制造费用明细表、销售费用明细表、管理费用明细表和财务费用明细表。通过上述费用报表,可以反映企业各种费用计划(预算)的执行情况,了解企业在一定期间内各种费用支出总额及其构成情况,据以分析各种费用支出的合理性及其变动趋势,并为正确编制下期费用计划(预算)、控制费用支出、明确各有关部门和人员的经济责任提供依据。

(一) 制造费用明细表的编制

制造费用明细表是反映工业企业生产单位在报告期内为组织和管理生产所发生的各项费用及其构成情况的报表。由于辅助生产车间的制造费用已于期末通过辅助生产费用的分配转入基本生产车间制造费用以及管理费用等有关的成本、费用项目,所以,该表的制造费用只反映基本生产车间的制造费用,不包括辅助生产车间的制造费用,以免重复。为了反映各生产单位各期制造费用任务的完成情况,制造费用明细表可以分车间按月进行编制。

制造费用明细表一般按照制造费用的费用项目分别反映各该费用的本年计划数、上年同期实际数、本月实际数和本年累计实际数。

制造费用明细表的格式如表 14-4 所示。

表 14-4 制造费用明细表

编制单位: 201×年 12 月 单位:元

项目	本年计划数	上年同期实际数	本月实际数	本年累计实际数
薪酬	45 600	45 178	3 780	45 340
折旧费	60 900	65 000	5 300	60 500
办公费	900	1 000	100	950
水电费	12 500	12 000	1 030	12 100
机物料消耗	1 200	1 010	87	1 240
租赁费	650	600	50	650
差旅费	18 000	19 800	1 200	19 000
劳动保护费	1 500	1 550	130	1400
保险费	660	660	55	660
设计制图费	560	500	230	520
试验检验费	330	320	0	300
在产品盘亏和毁损	0	80	25	60
停工损失	2 000	1 980	120	1 880
其他	100	120	20	90
制造费用合计	144 900	149 798	12 127	144 690

制造费用明细表的填列方法如下:

(1) 本年计划数:根据本年度制造费用计划填列。

(2) 上年同期实际数:根据上年同期本表的本月数或本年累计实际数填列。

(3) 本月实际数:根据“制造费用”总账科目所属各基本生产车间制造费用明细账的本月合

计数汇总计算填列。

(4) 本年累计实际数:根据制造费用明细账中月末的累计数汇总计算填列。

(二) 销售费用明细表的编制

销售费用明细表是反映工业企业销售部门在报告期内为销售产品所发生的各项费用及其构成情况的报表。

销售费用明细表一般按照销售费用的费用项目分别反映各该费用的本年计划数、上年同期实际数、本月实际数和本年累计实际数。

销售费用明细表的格式如表 14-5 所示。

表 14-5　销售费用明细表

编制单位：　　　　201×年 12 月　　　　单位:元

项目	本年计划数	上年同期实际数	本月实际数	本年累计实际数
人工费				
业务费				
运输费				
装卸费				
包装费				
保险费				
展览费				
广告费				
差旅费				
租赁费				
机物料消耗				
低值易耗品摊销				
折旧费				
修理费				
其他				
销售费用合计				

销售费用明细表的填列方法如下：

(1) 本年计划数:根据年度销售费用计划填列。

(2) 上年同期实际数:根据上年同期本表的本月实际数或本年累计实际数填列。

(3) 本月实际数:根据销售费用明细账的本月合计数填列。

(4) 本年累计实际数:根据销售费用明细账本月末的累计数填列。

(三) 管理费用明细表的编制

管理费用明细表是反映工业企业管理部门在报告期内为组织和管理企业生产所发生的各项费用及其构成情况的报表。

管理费用明细表一般按照管理费用的费用项目分别反映各该费用的本年计划数、上年同期实际数、本月实际数和本年累计实际数。

管理费用明细表的格式如表 14-6 所示。

表 14-6 管理费用明细表

编制单位： 201×年 12 月 单位：元

项目	本年计划数	上年同期实际数	本月实际数	本年累计实际数
人工费				
折旧费				
修理费				
办公费				
差旅费				
运输费				
保险费				
租赁费				
咨询费				
诉讼费				
排污费				
绿化费				
机物料消耗				
低值易耗品摊销				
无形资产摊销				
长期费用摊销				
研究开发费				
技术转让费				
业务招待费				
工会经费				
职工教育经费				
劳动保护费				
待业保险费				
税金：				
房产税				
车船使用税				
土地使用税				
印花税				
存货盘亏和毁损(减盘盈)				
其他				
管理费用合计				

管理费用明细账的填列方法如下：

(1) 本年计划数:根据本年度管理费用计划填列。

(2) 上年同期实际数:根据上年同期本表的本月实际数或本年累计实际数填列。

(3) 本月实际数:根据管理费用明细账的本月末合计数填列。

(4) 本年累计实际数:根据管理费用明细账本月末的累计数填列。

(四) 财务费用明细表的编制

财务费用明细表是反映工业企业在报告期内为筹集生产经营资金所发生的各项费用及其构成情况的报表。

财务费用明细表一般按照财务费用的费用项目分别反映各该费用的本年计划数、上年同期实际数、本月实际数、本年累计实际数。

财务费用明细表的格式如表 14-7 所示。

表 14-7　财务费用明细表

编制单位：　　　　201×年 12 月　　　　单位:元

项目	本年计划数	上年同期实际数	本月实际数	本年累计实际数
利息支出(减利息收入)				
汇兑损失(减汇兑损益)				
调剂外汇手续费				
金融机构手续费				
其他筹资费用				
财务费用合计				

财务费用明细表的填列方法如下：

(1) 本年计划数:根据本年度财务费用计划填列。

(2) 上年同期实际数:根据上年同期本表的本月实际数或本年累计实际数填列。

(3) 本月实际数:根据财务费用明细账本月末的合计数填列。

(4) 本年累计实际数:根据财务费用明细账本月末的累计数填列。

任务三　成本报表分析概述

一、成本报表分析的意义

成本分析是为了满足企业各管理层次了解企业成本状况及进行经营决策的需要,以成本报表所提供的、反映企业一定时期成本水平及其构成情况的资料和有关的计划、核算资料等为依据,运用科学的分析方法,提示企业各项成本指标计划完成情况和成本变动原因、经营管理缺陷及业绩的一种管理活动。

成本报表分析的主要目的在于评价企业成本计划的完成情况,并通过研究各项成本指标的数量变动和指标之间的相互关系，提示影响成本指标变动的因素和原因，从而对企业一定时期的成本管理工作情况获得比较全面、本质的认识，为改进生产经营管理、节约生产耗费、不断降低成本、提高经济效益提供依据。

通过成本报表分析，可以正确认识和掌握企业成本变动的规律性，不断挖掘企业内部潜力，降低产品成本，提高企业的经济效益；通过成本报表分析，可以对企业成本计划的执行情况进行有效的控制，对执行结果进行评价，肯定成绩，指出存在的问题，以便采取措施，提高成本管理工作服务水平，为编制成本计划和做出新的经营决策提供依据，给未来的成本管理工作指明努力的方向。

二、成本分析的内容

成本分析的内容，通常包括以下几个方面：

(1) 成本计划执行情况的定期分析，即对全部商品产品成本、可比产品成本降低任务，主要产品单位成本等指标的计划执行情况进行分析和评价。

(2) 成本效益分析，即对每百元商品产值成本指标、百元销售收入成本费用、成本费用利润率指标的分析。

(3) 成本技术经济分析，即主要技术经济指标对产品单位成本影响的分析。

(4) 厂际产品单位成本的分析比较。

(5) 成本的预测分析。

(6) 成本的决策分析。

三、成本分析的原则

进行成本分析，应遵循如下原则：

(一) 全面分析与重点分析相结合

成本是企业经济活动情况的综合反映，只有从经济活动的各个方面相互联系地进行全面研究，才能真正揭示成本升降的原因。全面分析就是要求成本分析的内容具有全局性、广泛性，要以产品成本形成的全过程为对象，结合生产经营各阶段的不同性质和特点，做到事前进行预测分析，事中进行控制分析，事后进行查核分析。但分析时，应该抓住重点，找出关键性问题，进行透彻的分析。只有将主要问题分析清楚了，才能提出恰当的改进措施，促使成本进一步降低。

(二) 定量分析与定性分析相结合

定量分析是通过对成本变动数量的分析，来揭示成本变动幅度及各因素的影响程度，而定性分析是通过对成本性质的分析，揭示影响成本费用各因素的性质、内部联系及其变动的趋势。定量分析是定性分析的基础，定性分析是定量分析的进一步补充和说明。进行成本分析，必须在定量分析的基础上进行科学的定性分析，才能使成本分析更深入、更透彻。

(三) 纵向分析和横向分析相结合

进行成本分析时，不仅要从企业内部范围进行本期与上期的对比分析、本期与计划的对比分析、本期与历史先进水平的对比分析，而且还要加强与国内外同行业先进水平相对比，找出差距，取长补短，激发企业精神，达到或超过先进水平。

(四) 成本分析和成本考核相结合

为了达到成本分析的目的，还应将成本分析结果同企业内部各部门业绩考核相结合，将降低成本的任务落实到各责任部门，使得各职能部门的责任目标更具体、更明确，并且可及时将执行任务的结果进行反馈,使成本分析更实际、更深入。

四、成本报表分析的方法

成本报表分析的方法是完成成本报表分析的重要手段。常用的成本报表分析方法主要有比较分析法、比率分析法、连环替代法和趋势分析法等。

(一) 比较分析法

比较分析法是通过分析期的实际数与选定的基数的对比来揭示实际数与基数之间的差异,借以了解企业成本管理中的成绩和问题的一种分析方法。它又称为对比分析法,是成本报表分析的最基本方法。比较分析法的主要作用在于通过对比,揭露矛盾,发现问题,找出差距,分析原因,并为进一步降低成本指明方向。

对比分析法所比较的基数由于分析目的不同而有所不同,一般有计划数、定额数、前期实际数、以往年度同期实际数以及企业的历史先进水平和国内外同行业的先进水平等。在实际工作中,常用的有以下几种形式:

(1) 将实际数与计划数或定额数对比,可以揭示计划或定额的执行情况。但在分析时应注意计划或定额本身是否既先进又切实可行,因为实际数与定额数或计划数之间的差异,除了实际工作的原因以外,还可能是由于计划或定额太保守或不切实际。

(2) 将本期实际数与前期实际数或以往年度同期实际数对比,可以考察企业经济业务的发展变化情况,分析企业生产经营工作的改进情况。

(3) 将本期实际数与本企业的历史先进水平或国内外同行业的先进水平对比,可以在更大范围内发现与先进水平之间的差距,从而学习和赶超先进。

采用比较分析法时,还应注意相比指标的可比性。对于对比的各项指标,必须是同质指标的数量对比。例如,实际产品成本与计划产品成本对比,实际原材料费用与定额原材料费用对比,本期实际制造费用与前期制造费用对比等。同时,在经济内容、计算方法、计算期和影响指标形成的客观条件等方面,也应有可比的共同基础。如果相比指标之间有不可比因素,应先按可比的口径进行调整,然后再进行对比。

根据分析的需要,比较分析法可以是绝对数分析和相对数分析。例如,上期产品单位成本为100元,本期单位成本为80元,用绝对数分析,本期成本比上期绝对数降低20元;用相对数分析,本期成本比上期成本相对降低了20%。

(二) 比率分析法

比率分析法是通过计算各项指标之间的比率,以考察企业经济业务的相对效益的一种分析方法。比率分析法主要有相关指标比率分析法和构成比率分析法两种。

1. 相关指标比率分析法

相关指标比率分析法是通过计算两个性质不同而又相关的指标的比率,来进行数量分析的一种方法。在实际工作中,由于企业规模大小不等,单纯地对比产值、销售收入或利润等绝对数多少,不能说明各个企业经济效益的水平,但如果计算成本与产值、销售收入或利润相比的相对数,即产值成本率、销售收入成本率或成本利润率,就可以反映各企业经济效益的水平。

产值成本率、销售收入成本率和成本利润率的计算公式如下:

产值成本率=成本÷产值 ×100%

销售收入成本率=成本÷销售收入×100%

成本利润率=利润÷成本×100%

从上述计算公式可以看出，产值成本率和销售收入成本率高的企业经济效益差，反之，则企业经济效益好。成本利润率则相反，成本利润率高的企业经济效益好，反之，则企业经济效益差。

2. 构成比率分析法

构成比率分析法又称比重分析法，主要是通过计算某项成本指标的各个组成部分占总体的比重，即部分与全部的比率，来进行数量分析的一种方法。例如，将构成产品成本的各个成本项目（直接材料、直接人工、制造费用）分别与产品成本总额相比。通过这种分析，可以反映产品成本或者经营管理费用的构成是否合理。

直接材料费用比率＝直接材料费用÷产品成本×100％

直接人工费用比率＝直接人工费用÷产品成本×100％

制造费用比率＝制造费用÷产品成本×100％

需要指出的是，不论采用什么比率分析法，在进行分析时，还应将比率的实际数与其基数进行对比，揭示其与基数之间的差异。例如，进行相关指标比率的成本利润率分析时，还应将实际的成本利润率与计划的或前期的成本利润率进行对比，揭示其与计划、前期实际之间的差异。

（三）连环替代法

连环替代法，又称定量的因素分析法，是将某一综合指标分解为若干个相互联系的因素，然后顺序用各项因素的实际数替换基数，来计算分析各项因素影响程度的一种分析方法。

采用前述比较分析法和比率分析法，可以揭示实际数与基数之间的差异，但难以揭示产生差异的因素和各因素的影响程度。采用连环替代法可以解决这一问题，从而找出主要矛盾，明确进一步调查研究的主要方向。

运用连环替代法的一般计算程序是：

(1) 根据指标的计算公式确定影响指标变动的各项因素；

(2) 确定各个因素与该指标的关系，排列各项因素的顺序；

(3) 按排定的因素顺序和各项因素的基数进行计算；

(4) 顺序将前面一项因素的基数替换为实际数，将每次替换以后的计算结果与前一次替换以后的计算结果进行对比，顺序计算出各项因素的影响程度，有几个因素就替换几次。

(5) 将各项因素的影响（有的是正方向影响，有的是反方向影响）程度的代数和，与指标变动的差异总额核对相符。

假定某综合经济指标 N 受 A、B、C 三因素影响，关系式为 $N=A\times B\times C$。基期指标 N_0 由 A_0、B_0、C_0 组成，报告期指标 N_1 由 A_1、B_1、C_1 组成，即

基期指标：$N_0=A_0\times B_0\times C_0$

报告期指标：$N_1=A_1\times B_1\times C_1$

差异数：$G=N_1-N_0$

报告期指标与基期指标的差异数 G 即为分析对象，此差异是 A、B、C 三因素共同影响的结果，运用连环替代法就可以分析三因素变动对差异数 G 的影响程度。

其分析计算程序如下：

基期指标：$A_0\times B_0\times C_0=N_0$

第一次替代：$A_1\times B_0\times C_0=N_2$　　N_2-N_0 即为 A 因素变动的影响；

第二次替代：$A_1\times B_1\times C_0=N_3$　　N_3-N_2 即为 B 因素变动的影响；

第三次替代：$A_1\times B_1\times C_1=N_1$　　N_1-N_3 即为 C 因素变动的影响；

将 A、B、C 三因素变动的影响相加：

$(N_2-N_0)+(N_3-N_2)+(N_1-N_3)=N_1-N_0=G$

分析结果应与分析对象相符合。

还应注意的是，采用连环替代法，必须按照事物的发展规律和各因素的相互依存关系合理排列各因素的顺序。替代顺序一经确定，不应随意变更。因为同一因素因替代的顺序不同，对综合指标的影响程度将不相同，但所有构成因素综合影响程度不变。

替代顺序确定的一般原则是：

(1) 先数量、后质量。如果既有数量因素又有质量因素，先计算数量因素变动的影响，后计算质量因素变动的影响。

(2) 先实物量、后价值量。如果既有实物数量因素又有价值数量因素，先计算实物数量因素变动的影响，后计算价值数量因素变动的影响。

(3) 先主要、后次要。如果有几个数量因素或质量因素，还应区分主要因素和次要因素，先计算主要因素变动的影响，后计算次要因素变动的影响。

(4) 先分子、后分母。如果影响某项综合指标的因素之间存在的不是相乘关系，而是相除关系，先计算分子变动的影响，后计算分母变动的影响。

上述连环替代法的计算原理，可用下列公式表示：

基期指标：$A_0\times B_0\times C_0=N_0$

A 因素变动的影响：$N_2=A_1\times B_0\times C_0-A_0\times B_0\times C_0=(A_1-A_0)\times B_0\times C_0$；

B 因素变动的影响：$N_3=A_1\times B_1\times C_0-A_1\times B_0\times C_0=(B_1-B_0)\times A_1\times C_0$；

C 因素变动的影响：$N_1=A_1\times B_1\times C_1-A_1\times B_1\times C_0=(C_1-C_0)\times A_1\times B_1$；

在上述各项计算公式中，每个公式的第二个等号之后的计算公式可以作为连环替代法的一种简化形式，称之为差额分析法，即根据各项因素的实际数与基数的差额，来计算分析各项因素影响程度。这种分析如果与连环替代法的因素排列顺序相同，则计算结果完全相同。

【例 1】 某工业企业 201×年度甲产品的直接材料费用计划数和实际数如表 14-8 所示。

表 14-8　甲产品直接材料消耗情况表

编制单位：　　　　201×年 12 月　　　　单位：元

项目	单位	计划数	实际数	差异
产量	件	120	110	−10
单位产品直接材料消耗	千克	80	85	5
材料单价	元	7	6	−1
直接材料费用合计	元	67 200	56 100	−11 100

基期指标：120×80×7＝67 200

第一次替代：110×80×7＝61 600　　$N_2-N_0=-5\,600$ 元，即为产量减少变动的影响。

第二次替代：110×85×7＝65 450　　$N_3-N_2=3\,850$ 元，即为单位产品直接材料消耗增加变动的影响。

第三次替代：110×85×6＝56 100　　$N_1-N_3=-9\,350$ 元，即为材料单价降低变动的影响。

将产品产量、单位产品直接材料消耗、材料单价三个因素变动的影响相加：

$(N_2-N_0)+(N_3-N_2)+(N_1-N_3)=N_1-N_0=-11\ 100$ 元

从以上分析可以看出，甲产品直接材料费用节约 11 100 元，是三个因素共同影响的结果。由于产品产量减少使直接材料费用减少了 5 600 元，由于单位产品直接材料消耗增加，使直接材料费用增加了 3 850 元，由于材料单价降低，使直接材料费用减少了 9 350 元，三个因素共同影响的结果，使本期甲产品直接材料费用实际比计划节约了 11 100 元。这就确定了各个因素变动对成本升降的影响程度，同时还可以确定各个因素所占差异的比重，为制订降低成本方案提供可靠的依据。

再采用连环替代法的简化形式差额分析法计算如下：

产品产量变动的影响＝(110－120)×80×7 元＝－5 600 元

单位产品直接材料消耗变动的影响＝110×(85－80)×7 元＝＋3 850 元

材料单价变动的影响＝110×85×(6－7) 元＝－9 350 元

合计　　－11 100 元

上述计算结果与连环替代法的计算结果完全相同。

在实际工作中某项综合指标只有两项因素的情况下，由于能够简便、合理地排列因素的顺序，因而普遍采用差额分析法。例如，影响单位产品材料费用大小的因素只有材料消耗数量和材料单价两项，按照因素顺序排列的一般原则，可以很容易地确定材料消耗数量因素排列在前，材料单价因素排列在后，因而在单位产品材料费用的分析工作中，普遍采用这种分析方法计算材料消耗数量变动(量差)和材料价格变动(价差)对材料费用变动的影响程度，计算既准确又简便。

(四) 趋势分析法

趋势分析法是通过连续若干期相同指标对比，来揭示各期之间的增减变化，据以预测经济发展趋势的一种分析方法。

采用趋势分析法可以按绝对数进行对比，也可以按相对数进行对比；可以与基期数对比，也可以在各期之间进行环比。

五、企业成本分析的步骤

为了做好成本的分析工作，保证成本分析的质量，成本分析工作必须按照一定的步骤进行。成本分析的步骤，一般如下：

(一) 编制成本分析工作计划

成本分析工作计划主要确定分析的具体内容、范围、目的和要求，确定分析工作的组织分工和分析工作的时间安排等。分析工作计划制订后，应组织实施，在执行分析计划的过程中，会遇到一些意想不到的新问题、新情况，对此要根据实际需要，及时地调整和修订分析计划以保证分析计划切合实际。

(二) 搜集分析资料

分析资料是进行成本分析的重要依据。分析资料的种类很多，主要有：

(1) 计划资料，包括成本计划，企业的生产、技术、财务计划。

(2) 本期实际核算资料。

(3) 历史核算资料，主要包括上期、上年同期、具有可比性的各年度成本核算资料。

(4) 同类企业的核算资料，是指具有可比性的同类企业的核算资料，既包括先进企业的，又包括一般企业的；既包括本地区的，又包括不同地区的。

（三）检查和整理分析资料

为了保证分析资料的正确性和真实性，在分析之前，要对搜集到的资料进行检查，要剔除不正确的资料和不具有可比性的资料。分析资料经检查后，才能作为分析的依据。为了便于分析，需要对分析资料进行整理，对分析资料的整理要结合具体分析方法的要求进行。例如，对分析资料进行必要的归类和分组，编制资料类目表等。

（四）研究分析资料

研究分析资料就是利用分析资料，按照一定的分析方法，对分析对象进行分析研究，加工生产信息。

（五）做出分析结论

经过有关资料的分析研究之后，要对分析对象做出结论。分析结论因分析对象和管理的要求不同而不同。一般说来，分析结论要包括对分析对象做出评价，肯定成绩，揭示存在的问题，提出改进的措施等内容。

（六）编写分析报告

企业成本分析报告，是企业成本分析的书面报告文件。分析报告要对分析对象、目的、要求、依据的分析资料、采用的分析方法以及分析的结论做出全面反映。

（七）监督分析结论的采用

成本分析报告编出后，要及时送交有关部门采用和贯彻，并要监督有关部门采用和贯彻的具体情况，以保证成本分析的作用得到充分的发挥。

任务四　各种成本报表的分析

一、产品生产成本表的分析

利用产品生产成本表可以进行以下两个方面的分析：分析全部产品成本计划完成情况和分析可比产品成本降低任务完成情况。

（一）全部产品成本计划完成情况的分析

企业全部产品包括可比产品与不可比产品，由于不可比产品没有历史成本资料，因此，对全部产品成本的分析，就不能用实际总成本与上年总成本进行比较，而只能用实际总成本与计划总成本进行比较。

全部产品成本计划完成情况分析是一种总括性的分析。通过分析，一方面对企业本期全部产品成本计划的完成情况有一个总括的了解；另一方面通过对影响成本计划完成情况因素的初步分析，为进一步分析指明方向。

需要说明的是，在进行全部产品成本计划完成情况分析时，并不是把实际总成本与成本计划中的计划总成本直接对比，这是因为实际总成本和计划总成本中的产量和产品品种结构不同，二者不具可比性。为了使成本指标可比，必须先将成本计划中的计划总成本换算为按实际产量、实际品种结构、计划单位成本计算的总成本，然后再与实际总成本进行对比，确定成本计划的完成程度。

【例 2】 根据表 14-2 中产品生产成本表的有关资料，编制全部产品成本计划完成情况分析表（见表 14-9）。

表 14-9 全部产品成本计划完成情况分析表

201×年 12 月　　单位：元

产品名称	按本年计划单位成本计算	本年实际	实际比计划升降额	实际比计划升降率
可比产品成本合计	83 800	84 750	950	1.13%
其中：				
1.甲产品	36 500	38 000	1 500	4.11%
2.乙产品	47 300	46 750	−550	−1.16%
不可比产品成本合计	7 000	7 200	200	2.86%
其中：				
丙产品	7 000	7 200	200	2.86%
全部产品成本合计	90 800	91 950	1 150	1.27%

从表 14-9 中可以看出，全部产品的实际成本比计划成本增加了 1 150 元，其增长率为 1.27%。进一步分析可知，可比产品成本增加额为 950 元，增长率为 1.13%。其中，乙产品的降低额为 550 元，降低率为 1.16%，而甲产品上升 1 500 元。据此可判断，全部产品的成本计划没有完成是因为可比产品中的甲产品没有完成成本降低计划造成的，而不可比产品丙产品超支 200 元也没有完成成本降低计划，所以应进一步分析甲产品成本超支的原因和不可比产品丙产品超支的原因。

（二）可比产品成本分析

可比产品成本分析的主要目的，在于揭示可比产品成本降低任务的完成情况，查明影响可比产品成本升降的各种因素及其影响程度。所以，可比产品成本分析的内容主要包括可比产品成本降低任务完成情况分析和影响可比产品成本降低任务完成情况的因素分析。

1. 可比产品成本降低任务完成情况分析

可比产品成本降低任务就是产品成本计划中规定的本年可比产品计划总成本与按实际产量和上年平均单位成本计算的上年实际总成本相比较，确定计划成本降低额和降低率。对可比产品成本降低任务完成情况的分析，就是将可比产品实际成本与按实际产量和上年实际单位成本计算的上年实际总成本相比较，确定可比产品成本实际降低额和降低率，并同计划规定的计划降低额和降低率相比，评价企业可比产品成本降低任务完成的情况，确定各项目因素的影响程度，为进一步挖掘潜力、降低成本指明方向。可比产品成本计划降低额和降低率、实际降低额和降低率的计算公式如下：

可比产品成本计划降低额 $= \sum$[计划产量 ×（上年实际平均单位成本 − 本年计划单位成本）]

可比产品成本计划降低率 = 可比产品成本计划降低额 $\div \sum$（计划产量 × 上年实际平均单位成本）× 100%

可比产品成本实际降低额 $= \sum$[实际产量 ×（上年实际平均单位成本 − 本年实际单位成本）]

可比产品成本实际降低率 = 可比产品成本实际降低额 $\div \sum$（实际产量 × 上年实际平均单位成本）× 100%

2. 影响可比产品成本降低任务完成情况的因素分析

概括起来有以下3个：

(1) 产品产量。在产品品种结构和产品单位成本不变的情况下，产量增减会使成本降低额发生同比例的增减，企业可比产品成本的计划降低额是根据各种产品的计划产量计算的，实际降低额是根据实际产量计算确定的，但由于按上年实际平均单位成本计算的累计总成本也发生了同比例的增减，因而不会使成本降低率发生变动(成本降低率计算公式的分子和分母发生同比例变动，其商不变)。

(2) 产品单位成本。产品单位成本降低使成本降低额和降低率增加；反之，则减少。

(3) 产品品种结构。产品品种结构的变动也会影响成本降低额和降低率同时发生变动。成本降低幅度大的产品比重增加，会使成本降低额和降低率增加；反之，则减少。

因此，在企业生产多种可比产品的条件下，影响可比产品成本降低率变动的因素有两个，即产品品种结构变动和产品单位成本变动；影响可比产品成本降低额变动的因素有三个，即产品产量变动、产品品种结构变动和产品单位成本变动。

二、主要产品单位成本表的分析

在对企业全部产品及可比产品成本降低任务完成情况进行全面分析的基础上，还应对企业主要产品单位成本进行深入分析，以便寻求降低产品成本的具体途径和方法。

主要产品单位成本分析的目的，在于揭示各种主要产品单位成本和它所包括的各个成本项目的变动情况，查明单位成本升降的具体原因。

主要产品单位成本分析包括三个方面的内容：一是主要产品单位成本计划完成情况的分析；二是单位产品成本主要项目计划完成情况的分析；三是技术经济指标变动对产品成本影响的分析。

(一) 主要产品单位成本计划完成情况的分析

主要产品单位成本计划完成情况分析的主要依据是企业编制的主要产品单位成本表、成本计划和各项消耗定额资料等。分析的一般程序是：首先，从总体上分析主要产品单位成本比计划、上年实际平均、历史最高水平的升降情况；然后，再按成本项目分别进行比较分析，考察每个项目的升降情况；最后，针对某些主要项目的升降情况，做进一步深入的分析，查明造成单位成本升降的原因。

【例3】 以表14-3主要产品单位成本表中甲产品资料为例，编制甲产品单位成本分析表(见表14-10)。

表14-10 甲产品单位成本分析表

201×年12月

成本项目	本年计划	本年累计实际	实际比计划	
			降低额	降低率
直接材料	39	40	1	2.56%
直接人工	23	22	−1	−4.35%
制造费用	11	10	−1	−9.09%
产品单位成本	73	72	−1	−1.37%

从表14-10中可以看出，甲产品实际单位成本比计划单位成本下降了1元，降低率为1.37%，但从各成本项目来看，直接材料项目超支了1元，超支率为2.56%，而直接人工和制造费用都比计划下降了，分别下降了4.35%和9.09%。由此我们可以看出，查明直接材料上升的原因，是进一步分析的重点，同时对直接人工和制造费用下降的原因，也要进一步分析，查明原因，挖掘降低成本的潜力，进一步降低成本。

（二）单位产品成本主要项目计划完成情况的分析

1. 直接材料项目的分析

产品单位成本的材料费用计算公式如下：

单位产品材料费用＝材料耗用量×材料单价

从上述计算公式可以看出，影响产品单位成本中材料费用的因素有两个，即单位产品材料耗用量和材料单价。在对产品单位成本中材料费用项目进行分析时，主要分析这两个因素变动对单位产品材料费用的影响程度。

材料耗用量和材料单价变动对单位产品材料费用的影响程度可用下列公式计算求得：

（1）材料耗用量变动的影响：

材料耗用量变动的影响＝（实际单位耗用量－计划单位耗用量）×计划单价（与计划对比）

（2）材料单价变动的影响：

材料单价变动的影响＝（实际单价－计划单价）×实际单位耗用量（与计划对比）

【例4】 假定甲产品单位产品材料消耗量及材料单价资料如表14-11所示。

表14-11 直接材料计划与实际费用对比表

项目	材料消耗量/千克	材料单价/（元/千克）	材料费用/元
本年计划	7	14	98
本年实际	6	16	96
直接材料费用差异			－2

用上面公式计算：

（1）材料耗用量变动的影响＝（6－7）×14元＝－14元

（2）材料单价变动的影响＝（16－14）×6元＝12元

两因素影响程度合计＝－14元＋12元＝－2元

通过以上计算可以看出，甲产品的直接材料费用节约了2元，但分析结果表明：由于材料价格的提高使材料费用超支了12元，所以材料费用的节约主要是因为材料的消耗量下降所造成的，材料消耗量的节约弥补了材料价格提高所引起的材料费用超支。

2. 直接人工项目的分析

产品单位成本中的人工费用计算公式如下：

单位产品人工费用＝单位产品工时消耗量×小时工资率

从上述计算公式可以看出，影响产品单位成本中工资费用的因素为单位产品工时消耗量和小时工资率。其中，单位产品的工时消耗量反映企业劳动生产率的高低。劳动生产率越高，工时消耗量越少，单位产品中包含的工资费用也越少；反之，则越多。因此，提高劳动生产率是降低单位产品中直接人工费用的重要途径。小时工资率等于单位产品直接生产工人工资总额除以工时消耗总额，它反映直接生产工人的平均工资水平。小时工资率越高，单位产品中包含的工资费用越多;反之,则越少。

单位产品工时消耗量和小时工资率变动对单位产品工资费用的影响程度可用下列公式计算求得:

(1)工时消耗量变动的影响=(实际单位产品工时消耗量－计划单位产品工时消耗量)×计划小时工资率

(2)小时工资率变动的影响=(实际小时工资率－计划小时工资率)×实际单位产品工时消耗量

【例5】 仍以甲产品为例,编制甲产品直接人工成本分析表(见表14-12)。

表14-12 直接人工计划与实际费用对比表

项目	单位产品所耗工时	每小时工资费用	直接人工费用
本年计划	15	2	30
本年实际	12	2.2	26.4
直接人工费用差异			－3.6

用上面公式计算:

(1)单位产品所耗工时变动的影响=(12－15)×2元=－6元

(2)小时工资率变动的影响=(2.2－2)×12元=2.4元

两因素影响程度合计=－6元+2.4元=－3.6元

以上分析计算表明:该种产品直接人工费用节约3.6元,完全是工时消耗大幅度节约的结果,每小时的工资费用则是超支的,应该进一步查明单位产品工时消耗节约和小时工资率超支的原因。

3. 制造费用项目的分析

企业生产单位的制造费用属于间接费用,应以分配的方式于期末分配计入产品成本。制造费用的分配,一般以工时消耗量作为分配标准。因此,产品单位成本中的制造费用的计算公式如下:

单位产品制造费用=单位产品工时消耗量×小时费用率

从上述计算公式可以看出,影响新产品单位成本中制造费用的因素为单位工时消耗量和小时费用率。在企业制造费用总额一定的情况下,单位产品中制造费用就取决于劳动生产率的高低。劳动生产率越高,单位产品消耗的工时就越少,单位产品负担的制造费用也就越少;反之,劳动生产率越低,单位产品消耗的工时就越多,单位产品负担的制造费用也就越多。小时费用率等于生产单位制造费用总额除以工时消耗总额,小时费用率越高,单位产品的制造费用越多;反之,则越少。

单位产品工时消耗量和小时费用率变动对单位产品制造费用的影响程度可用下列公式计算求得:

(1)工时消耗量变动的影响=(实际单位产品工时消耗量－计划单位产品工时消耗量)×计划小时费用率

(2)小时费用率变动的影响=(实际小时费用率－计划小时费用率)×实际单位产品工时消耗量

(三)技术经济指标变动对产品成本影响的分析

企业产品成本除受上述各分析因素变动的影响外,技术经济指标变动对产品成本也会带来不同程度的影响。技术经济指标是指与企业的生产技术特点具有内在联系的经济指标。由于各类工业企业生产技术特点不同,因而用来考核企业经济活动的技术经济指标也不一样。企业的技术经济指标从不同的角度反映着企业生产经营活动的效果,技术经济指标完成的结果必然会直接或间接地影响企业产品成本水平。通过对影响产品成本变动的技术经济指标的分析,计算其变动对产品成本的影响,可以促使企业提高各项技术经济指标,以达到不断降低产品成本的目的。

企业技术经济指标包含的内容十分广泛,如材料利用率、劳动生产率、设备利用率、产量增长率、产品合格率等。技术经济指标变动对产品成本的影响主要表现在对产品单位成本的影响上。不同的技术经济指标,对产品单位成本的影响也不一样。有些技术经济指标提高或下降,会直接影响到产品单位成本的升降。如材料利用率的提高,必然反映到产品单位成本中材料成本的下降上;另一些技术经济指标的提高或降低,不是直接地影响到产品单位成本,而是反映到产品产量变动上,引起企业固定成本的相对节约或超支,从而间接地影响到产品单位成本的升降,如设备利用率等。还有一些技术经济指标的提高或降低,既直接影响到单位产品成本中变动成本的升降,又通过产品产量的变动,间接地影响到单位产品成本中固定成本的升降,如产品合格率。工业企业一般从材料利用率、劳动生产率、产品产量和产品质量等四个方面进行分析。

1. 材料利用率变动对单位成本影响的分析

材料利用率是指产品生产过程中投入材料的重量和实际利用材料的重量之间的比例。在产品的单位成本中,材料费用所占的比重一般都较大。材料投入生产后,减少边角余料、切割损耗以及切削废残料的发生,提高材料利用率,会降低产品成本。

材料利用率变动对产品单位成本的影响可用下列公式计算:

材料利用率变动对单位成本的影响=[(实际材料利用率-计划(或上年)材料利用率)÷实际材料利用率]×计划(或上年)单位成本中材料成本的比重

【例 6】 举例说明材料利用率变动对单位成本的影响,如表 14-13 所示。

表 14-13 材料利用率变动对单位成本的影响分析表

指标	本年计划	本年实际
1. 投入材料重量/千克	10 000	10 000
2. 实际利用材料重量/千克	9 000	9 200
3. 材料利用率/(%)	90	92
4. 产品产量/台	400	415
5. 材料单价(计划单价:元)	5	5
6. 材料成本(按计划单价计算)	50 000	50 000
7. 单位产品材料成本(按计划单价计算)	125	120.48

从表 14-13 可以看出,材料利用率实际比计划提高了 2%(92%-90%),对产品单位成本中材料成本的影响可计算如下:

假定计划单位成本中材料成本占 70%,则:

材料利用率变动对单位成本的影响=(92%-90%)÷92%×70%=1.52%

上述计算结果表明,由于材料利用率提高了 2%,使单位成本中材料成本下降了 1.52%。

2. 劳动生产率变动对单位成本影响的分析

劳动生产率变动并不直接影响产品成本，但却直接影响到产品质量，并通过产品质量间接地影响到产品单位成本。劳动生产率提高就意味着单位产品工时消耗的降低，从而使单位产品成本中负担的人工费用相应地减少。但劳动生产率的提高往往伴随着工资率的增长，从而使单位产品成本提高。因此，计算分析劳动生产率变动对成本的影响，要考察劳动生产率的增长速度是否超过人工费用率的增长速度。

劳动生产率提高百分比＝[单位产品计划（或上年）工时消耗－单位产品本年实际工时消耗]÷单位产品本年实际工时消耗

小时工资率提高百分比＝[（劳动生产率提高百分比－小时工资率提高百分比）÷（1＋劳动生产率提高百分比）]×计划（或上年）直接人工成本占单位产品成本比重

3. 产品产量变动对单位成本影响的分析

在进行产品产量变动对单位成本的影响分析时，需将产品成本区分为变动成本和固定成本两部分。产品产量变动之所以影响产品单位成本，是由于产品成本中包含一部分固定成本。单位产品中的变动成本是固定的，它与产品产量变动没有关系，而单位产品中的固定成本则是变动的，在一定条件下，即产量在相关范围内变动时，固定成本总额不变，因而单位产品中的固定成本将随产量的增加或减少而相应地降低或提高。因此，企业在生产能力许可且产品产销均衡的前提下，增加产品产量是降低产品单位成本的重要途径。

4. 产品质量变动对单位成本影响的分析

在生产消耗水平保持不变的前提下，产品质量的提高，必然会影响到产品单位成本的降低。由于影响产品质量的因素很多，因此，衡量产品质量的指标也就很多，通常有合格品率、废品率、等级品率等。在实际工作中，产品质量变动对单位成本的影响计算比较复杂，通常都通过废品率来反映。

废品率是反映企业产品质量优劣最常用的指标，它是产品生产过程中废品数量占全部产品产量的比率，用公式表示为：

废品率＝废品数量÷全部产品产量×100％

在其他因素不变的条件下，企业合格品率越高，则废品率越低，单位产品成本也就越低，因为废品所造成的损失需要全部由合格品来负担。产品质量（废品率）变动对单位成本的影响程度，可用下列公式计算：

产品质量变动对单位成本的影响＝废品率×（1－废品残值占废品成本的百分率）÷（1－废品率）

三、各种费用明细表的分析

制造费用、销售费用、管理费用和财务费用，都是企业为组织和管理生产经营活动以及筹集生产经营所需资金而发生的，其经济用途各不相同。有的作为生产费用，组成产品成本；有的作为期间费用，直接计入当期损益。这些费用的节约或超支，与企业生产单位和管理部门的工作质量有着密切的关系，也直接影响着企业的经营成果。因此，对各种费用支出情况进行分析，不仅可以促使企业节约各项费用支出，不断降低产品成本和增加利润，而且可以推动企业加强和改进生产经营管理，提高企业工作效率。

对各种费用明细表进行分析所采用的方法，主要是对比分析法和构成比率分析法。

在采用对比分析法进行分析时，可以将本年累计实际数与上年同期实际数进行对比，揭示本年实际与上年同期实际之间的增减变化，也可以将本年累计实际数与本年计划数进行对比，分析和考核费用计划的执行情况，确定实际与计划的差异，并进一步分析差异的原因。现以制造费用为例，说明各种费用明细表的分析方法。

【例 7】 根据表 14-4 中的资料编制制造费用分析表(见表 14-14)。

表 14-14 制造费用分析表

201×年 12 月

单位:元

项目	本年计划数	本年累计实际数	差异
工资	40 000	39 800	−200
职工福利费	5 600	5 540	−60
折旧费	62 600	62 180	−420
办公费	900	950	50
水电费	12 500	12 100	−400
机物料消耗	1 200	1 240	40
低值易耗品摊销	2 000	1 880	−120
租赁费	650	650	0
差旅费	18 000	19 000	1 000
劳动保护费	1 500	1 400	−100
保险费	660	660	0
设计制图费	560	520	−40
试验检验费	330	300	−30
在产品盘亏和毁损	0	60	60
其他	100	90	−10
制造费用合计	146 600	146 370	−230

从上述分析可以看出，本年度费用总额实际比计划降低了 230 元，说明制造费用计划完成较好，但办公费、机物料消耗、差旅费、在产品盘亏和毁损等项目超支数额较大，应对这些项目进行重点分析。

【项目总结】

本章重点讲述了成本报表的编制与分析，成本报表一般包括产品生产成本表、主要产品单位成本表、制造费用明细表、销售费用明细表、管理费用明细表和财务费用明细表等。

产品生产成本表是反映工业企业在报告期内生产的全部产品的总成本的报表。该表一般分为按成本项目反映的和按产品种类反映的两种。

主要产品单位成本表是反映工业企业在报告期内生产的各种主要产品单位成本构成情况的报表。此表应按主要产品分别编制，它是产品生产成本表(按产品种类反映)中某些主要产品成本的进一步反映。

成本分析是为了满足企业各管理层次了解企业成本状况及进行经营决策的需要，以成本报表所提供的、反映企业一定时期成本水平及其构成情况的资料和有关的计划、核算资料等为依据，运用科学的分析方法，提示企业各项成本指标计划完成情况和成本变动原因、经营管理缺陷及业绩的一种管理活动。

成本分析通常采用的具体方法有比较分析法、比率分析法、连环替代分析法、趋势分析法等。

1. 企业的成本费用报表的作用有哪些?

2. 企业的成本费用报表通常有哪些分类标准?如何进行分类?

3. 企业的成本费用报表是不是对外公布的报表?为什么?

4. 成本分析的步骤有哪些?

5. 成本分析的主要方法有哪些?

【项目测试】

一、判断题

1. 按规定成本报表是对外报送或公布的会计报表。 ( )

2. 成本报表的种类、项目、格式和编制方法等,可由企业自行确定。 ( )

3. 成本报表是企业进行成本、利润的预测、决策,编制产品成本和各项费用计划,制定产品价格的重要依据。 ( )

4. 产品生产成本表的基本报表部分,反映可比产品、不可比产品和全部产品的本月总成本和本年累计总成本。 ( )

5. 产品生产成本表的补充资料部分,只反映可比产品成本的降低率资料。 ( )

6. 制造费用明细表是对产品生产成本表的补充说明。 ( )

7. 不可比产品是指上年没有正式生产过,没有上年成本资料的产品。 ( )

8. 可比产品成本降低额是指可比产品本年累计实际总成本比上年累计实际总成本降低的数额。 ( )

9. 填列可比产品成本降低率指标时,如果成本下降,应用负数填列。 ( )

10. 制造费用明细表应包括辅助生产车间制造费用的发生额。 ( )

二、单项选择题

1. 下列指标中,不属于相关比率的指标是( )。

A. 产值成本率　　B. 成本利润率

C. 费用利润率　　D. 制造费用率

2. 下列各项中,属于产品生产成本表(按成本项目反映)不能提供的资料是( )。

A. 本年发生的全部生产费用　　B. 本年全部产品生产成本

C. 本年全部产品按上年单位成本计算的总成本　　D. 上年全部产品生产成本

3. 产品生产成本表(按产品种类反映)上只能在最后填列的项目是( )。

A. 本月实际单位成本　　B. 本年累计实际平均单位成本

C. 本月实际总成本　　D. 本年累计实际总成本

4. 制造费用明细表反映工业企业( )。

A. 辅助生产车间的制造费用　　B. 基本生产车间的制造费用

C. 所有生产车间的制造费用　　D. 所有生产单位的制造费用

5. 按照规定成本报表是(　　)。

A. 既是内部报表,又是外部报表　　B. 外部报表

C. 是否对外报送由企业自行决定　　D. 内部报表

三、多项选择题

1. (　　)是编制成本报表的依据。

A. 销售费用　　B. 制造费用

C. 管理费用　　D. 生产成本

2. 成本报表一般包括(　　)。

A. 产品生产成本表　　B. 主要产品单位成本表

C. 制造费用明细表　　D. 期间费用明细表

3. 下列各项中,属于产品生产成本表(按成本项目反映)能够提供的资料有(　　)。

A. 本年发生的全部生产费用

B. 本年全部产品生产成本

C. 本年全部产品按上年单位成本计算的总成本

D. 上年全部产品生产成本

4. 根据产品生产成本表(按成本项目反映),可以计算(　　)。

A. 直接材料费用比率　　B. 制造费用比率

C. 人工费用比率　　D. 可比产品成本降低率

四、计算与分析题

1. 某企业本年度各种产品计划成本和实际成本资料如表 14-15 所示。

表 14-15　成本对比分析表

项目	本年计划成本	本年实际成本	成本差异额	成本差异率
A 产品	1 000 000	980 000		
B 产品	2 500 000	2 600 000		
C 产品	3 800 000	4 000 000		
合计				

要求:根据上述资料,采用对比分析法,分析各种产品的成本差额和成本差异率并将计算结果填入表 14-15 中。

2. 某企业生产的甲产品,材料项目的有关资料如表 14-16 所示。

表 14-16　材料项目的有关资料

材料名称	单位耗用量		材料单价/元		材料成本/元		差异/元
	计划	实际	计划	实际	计划	实际	
A 材料	100	95	10	8	1 000	760	−240
B 材料	200	210	20	22	4 000	4 620	620
C 材料	500	490	8	7	4 000	3 430	−570
合计					9 000	8 810	−190

要求：根据上述资料，计算材料耗用量和材料价格变动对材料费用的影响。

3. 某企业生产甲、乙两种产品，均为可比产品。201×年 11 月末累计产量为：甲产品 80 件，乙产品 44 件；累计实际成本为：甲产品 1 580 元，乙产品 1 226 元。12 月份产品产量及单位成本资料见表 14-17 所示的产品生产成本表（按产品种类反映）。

要求：

计算、填列产品生产成本表（按产品种类反映），并计算可比产品成本降低额和降低率。

表 14-17　产品生产成本表（按产品种类反映）

201×年 12 月

<table>
<tr><th rowspan="2">产品名称</th><th rowspan="2">计量单位</th><th colspan="2">实际产量</th><th colspan="4">单位成本</th><th colspan="3">本月总成本</th><th colspan="3">本年累计总成本</th></tr>
<tr><th>本月</th><th>累计</th><th>上年实际平均</th><th>本年计划</th><th>本月实际</th><th>本年累计实际平均</th><th>按上年实际平均单位成本计算</th><th>按本年计划单位成本计算</th><th>本月实际</th><th>按上年实际平均单位成本计算</th><th>按本年计划单位成本计算</th><th>本年实际</th></tr>
<tr><td>甲</td><td>件</td><td>20</td><td>300</td><td>15</td><td>14</td><td>16</td><td></td><td></td><td></td><td></td><td></td><td></td><td>5 400</td></tr>
<tr><td>乙</td><td>件</td><td>6</td><td>50</td><td>30</td><td>28</td><td>29</td><td></td><td></td><td></td><td></td><td></td><td></td><td>1 650</td></tr>
<tr><td>合计</td><td></td><td></td><td></td><td></td><td></td><td></td><td></td><td></td><td></td><td></td><td></td><td></td><td></td></tr>
</table>

主要参考文献

1. 熊细银,熊晴海.成本会计[M].北京:电子工业出版社,2006.
2. 张宁,李兰田.成本会计学[M].北京:首都经济贸易大学出版社,2005.
3. 王书果,邵子复.成本会计[M].北京:对外经济贸易大学出版社,2005.
4. 欧阳清,杨雄胜.成本会计学[M].北京:首都经济贸易大学出版社,2003.
5. 曹建新,陈桂恩.成本会计学[M].广州:华南理工大学出版社,2005.
6. 李相波,徐月丽.成本会计学[M].上海:立信会计出版社,2010.
7. 赵翠萍.现代成本会计学[M].北京:中国物价出版社,2003.
8. 王辛平,陈增寿.成本会计学[M].北京:清华大学出版社,北京交通大学出版社,2004.
9. 郭庆秋.试论成本会计的发展历程[J].濮阳职业技术学院学报,2004(3).
10. 张维宾.成本会计(新编)[M].3版.上海:立信会计出版社,2013.
11. 全国会计专业技术资格考试领导小组办公室.成本会计[M].北京:经济科学出版社,1999.
12. 徐永超.成本会计学学习辅导与习题解答[M].上海:立信会计出版社,2004.
13. 刘英.成本会计学[M].3版.成都:西南交通大学出版社,2011.
14. 江希和.成本会计[M].2版.北京:高等教育出版社,2001.
15. 江希和,向有才.成本会计习题集[M].2版.北京:高等教育出版社,2006.